Lola Jaerschky

Leben mit den Mysteriendramen Rudolf Steiners

Leben mit den Mysteriendramen Rudolf Steiners

*30 Briefe
an eine frühere Kursteilnehmerin
von*

Lola Jaerschky

1987
Verlag der
Kooperative Dürnau

Verlag der Kooperative Dürnau
D-7952 Dürnau

Gesamtherstellung: Kooperative Dürnau

ISBN 3-88861-020-6

Vorwort

Es liegen bereits wichtige Arbeiten über die Mysteriendramen vor, die auch mir hilfreich waren beim Studium sowie bei der Vorbereitung auf die Aufführungen. Wenn zu diesen noch eine weitere hinzugefügt werden soll, so geschieht es, weil ein Gesichtspunkt noch nicht berücksichtigt ist, der mir wichtig erscheint: Die Dramen sind aus dem vollen Leben unserer Zeit heraus gestaltet. Sie enthalten die Probleme von Menschen des 20. Jahrhunderts sowie die Keime zu deren Lösungen. Es werden darin persönliche und soziale Konflikte durchlitten, die oft nur angedeutet sind, so daß sie vom Leser oder Zuschauer nicht immer realisiert werden.

Rudolf Steiner gibt in «Die Pforte der Einweihung» selbst einen wichtigen Hinweis für die Erarbeitung: Im Vor- und Zwischenspiel deutet er die Lebensverhältnisse der Hauptpersonen an, wie sie äußerlich vorhanden sind, und wohin sie führen müßten, wenn der Einschlag der geistigen Entwicklung fehlte. Diese Bilder waren mir eine Aufforderung, mir auch weiterhin vor Augen zu stellen, was an Lebenstatsachen hinter den Worten steht, die gesprochen werden.

In vielen Kursen, die ich seit fast 50 Jahren gehalten habe, erwies es sich, daß die Beziehung zum vollen Menschenleben besonderes Interesse zumal junger Menschen erregte. Die Briefform ergab sich aus dem Leben: Als ich krankheitshalber einen Kurs abbrechen mußte, arbeiteten die Teilnehmer weiter mit Hilfe brieflicher Anregungen. Der Stil erwuchs aus der Zusammenarbeit.

Dank gebührt meiner lieben Weggenossin, Frau Anne-Marie Schulze, ohne deren Anregung und Mitarbeit das Buch nicht geschrieben worden wäre, und meinem Freunde Dr. Hellfried von Schroetter, dem ich wichtige Hinweise verdanke.

Das Buch möchte denen, die sich um eingehenderes Verständnis bemühen, als Arbeitsmaterial dienen.

Berlin, Dezember 1985

Lola Jaerschky

Inhaltsübersicht

1. Brief 11
Methodisches – das Vorspiel im ersten Drama – niederes und höheres Ich

Vom Blickpunkt der physischen Welt

2. Brief 14
Prof. Capesius – Entwicklung des Denkens (II/1) – eine Christuserfahrung im Denken

3. Brief 20
Dr. Strader –Reinkarnation und Karma –Theodora – Scheitern beruflicher Pläne und Tod (I – IV)

4. Brief 27
Maria und Johannes – Einwohnung und Besessenheit (I/3) – Marias drei Opfer (III) – Trennung (II) – Johannes: Autor eines wichtigen Buches (III)

Vom Blickpunkt der Geistesschülerschaft und der geistigen Welt

5. Brief 32
Übersinnliche Erlebnisse – Kunstmittel der Darstellung: Rhythmus und Bild – Philia, Astrid und Luna – Kunstmittel: Repräsentanten (I/1)

6. Brief 40
Die Mantren für Capesius und für Johannes – einiges über Meditation (II/1, I/3)

7. Brief 46
Selbsterkenntnis – Luzifer und Ahriman – die Brücke zur geistigen Welt – zwei Wege – die andre Maria (I/4)

8. Brief 55
Weiteres zur Entwicklung des Denkens – Imagination – der unterirdische Felsentempel – Felix Balde und die andre Maria – Zeitenwende – die Brücke ist gebaut (I/5)

9. Brief 60
Sonne um Mitternacht – das Märchen für die Felsengeister – Geist des Erdgehirns – German – Humor und Ironie (I/6)

10. Brief 65
Im Geisterland (Devachan) – Urbild des Menschen – Geistbegegnung – Wirken der Seelenkräfte – die Ätherarten – erste Rückschau auf eine vergangene Inkarnation (I/7)

11. Brief 70
Kunstmittel: Laute – Sprachgestaltung und Eurythmie – Struktur der Verse – Johannes und die Widersachermächte – die Stimme des Geistgewissens (I/8 - 10)

12. Brief 76
Im Sonnentempel – Opferkraft der Gemeinschaft – Luzifer und Ahriman im Tempel (I/11) – Ausblick auf die Schlußbilder der drei weiteren Dramen

Dritte Ebene der Betrachtung: Reinkarnation und Karma

13. Brief 82
Schicksalsknoten – noch einiges zur ersten Rückschau (I/7) – der «Gegenspieler» in den Dramen: das niedere Selbst – zur zweiten Rückschau (Mittelalter) (II/6 - 9)

14. Brief 88
Verarbeitung und Folgen einer Rückschau – Kirche und Ritterorden im Mittelalter – die unbewältigte Aufgabe damals und heute – der Jude Simon (II/6 - 9)

15. Brief 98
Noch einiges zum Schulungsweg – Denken – Imagination

Vom Blickpunkt der physischen Welt

Das dritte Drama – das Werk des Johannes Thomasius – Mächte, die im Blute wirken – Sieg des höheren Ich – Straders Erfindung – Felix und Felicia Balde – der Rosenkreuzertempel

Vom Blickpunkt der Schülerschaft und der geistigen Welt

16. Brief 104
In Luzifers Reich – Maria und Capesius, Maria und Johannes – Johannes an der Schwelle (III/3 und 7)

17. Brief 110
Die Widersachermächte und ihre Gebärden in eurythmischer Darstellung – Capesius' Heilung – über die Lehrer/Schüler-Beziehung – das Märchen von der Phantasie (III/6)

18. Brief 117
Dr. Strader in Ahrimans Reich – Typus und Zahl – Ahrimans Eingriff in Gruppenschicksale (III/8)

19. Brief 124
Zum Schlußbild des dritten Dramas – die neuen Eingeweihten, Schüler des Benediktus, übernehmen die Führung der esoterischen Strömung – Wächter gegenüber Luzifer und Ahriman – die Wandlung der 'anderen Philia'

Vom Blickpunkt der Sinneswelt

20. Brief 133
Verlauf des vierten Dramas – äußere und innere Widerstände gegen das Gemeinsame

Vom Blickpunkt der Schülerschaft und Geistwelt

21. Brief 140
Straders Schau am Abgrund (IV/3) – noch einmal von der Wandlung der 'anderen Philia': Trägerin des Elementes der Liebe (IV/2) – der Geist der Jugend (IV/2 und 6) – der Doppelgänger (IV/4)

22. Brief 151
Johannes' Selbsterkenntnis – Sylphen und Gnomen – der Geist der Jugend (IV/2)

Vom Blickpunkt Reinkarnation und Karma: Die ägyptische Einweihung

23. Brief 157
Wirkungen in der Gegenwart: alte Schuld – die vier Elemente wirkend in Temperament und Wesen – der Wortebewahrer, der Siegelbewahrer, der Schwellenhüter, der Myste (IV/7 und 8)

24. Brief 164
Sonnenzeit und Weltenmitternacht – Felix Balde – Vorbereitung künftigen Wirkens (IV/5 und 6)

Vom Blickpunkt geistiger Entwicklung

25. Brief 174
Vorgeburtliche Erlebnisse werden dem Erdenmenschen bewußt: Maria, Johannes (IV/9 und 10) – Straders Entwicklung (IV/4)

26. Brief 181
Über Benediktus: der Geisteslehrer – der große Dominikaner in der Rückschau (II) – der höchste Opferweise in Ägypten – sein Opfer in der Gegenwart (IV)

Christuserfahrungen

27. Brief 186
Irisches Sonnenchristentum (I) – mittelalterliches Christentum der Rosenkreuzer und der Kirche (II) – das neue Christuserleben im 20. Jahrhundert – Opfer und Wandlung von Weisheit und Liebe (III/3 und 10) – Maria und Johannes

28. Brief 193
Christus: der Herr des Karma – Dreischritt der Inkarnationen – Marias Gang durch vier Inkarnationen (Ägypten/frühchristlich/Mittelalter/Gegenwart) – Johannes' Gang durch fünf Inkarnationen: vier mit Maria und diejenige, die er an der Schwelle zur geistigen Welt erlebt (III/7) – Dr. Straders Gang durch drei Inkarnationen: Gegenwart, Mittelalter (II), Ägypten (IV/8)

29. Brief 199
Das Christuserleben im 20. Jahrhundert: Im Schicksalswirken – in der Gemeinschaft – als Schöpfer neuer Liebesquellen – zwischen Luzifer und Ahriman

30. Brief 206
Wandlung des Zuschauers: Mitgehen mit der Komposition – Mysteriendramen-Proben unter der Regie Marie Steiners – Leben im Worte – Behandlung pädagogischer und sozialer Probleme – von der Rassenfrage – von seelischen Konflikten – vom Generationsproblem – von der Aufgabe Mitteleuropas aus dem Zeitgeist Michaels

Anmerkungen 215

I

Mit Freude entnehme ich Ihrem Brief, daß Sie die Mysteriendramen im Goetheanum erlebt haben. Sie schreiben von den Aufführungen: «Es war eine Kräftigung des Besten, was in mir ist.» Daß Sie vieles, wie Sie sagen, nicht verstanden haben, obwohl Sie sich lange vorbereitet hätten – lesend und im Arbeitskreis – ist selbstverständlich. Auch ich entdecke immer wieder Neues darin, was mir jetzt erst durchsichtig wird, und staune über die Lebensfülle, die darin verborgen ist.

Es würde mich sehr interessieren, Ihre Fragen zu hören, und ich verspreche Ihnen, darauf einzugehen, falls Sie einen Briefwechsel beginnen wollen. Ich greife jedenfalls sogleich etwas auf, was Sie als Problematik andeuten: Die dargestellten Personen hätten viele Erlebnisse, die den meisten Menschen fernlägen. Sie seien vielleicht weit fortgeschritten auf einem Weg des Geistes, aber allzuweit entfernt von einem selber.

Dazu möchte ich Ihnen sagen: Sicherlich haben die Hauptgestalten Erlebnisse, die uns noch versagt sind, so z.B. die Rückschau auf vergangene Erdenleben. Und doch kann man erleben, daß sie dem eigenen Wesen nahestehen. Ich möchte Ihnen dazu erzählen, wie es mir ergangen ist, als ich die Dramen – vor nun mehr als 50 Jahren – zum ersten Mal erleben durfte. Ich verstand natürlich auch sehr wenig. Aber ich war tief ergriffen, ja bestürzt, weil ich fühlte: Da sind Menschen, die nicht über Kleider und Essen oder Verdienstaussichten verschiedener Berufe oder über Beziehungen von Mann und Frau reden, sondern sie sprechen über innere Erlebnisse der Seele. Sie kennen ein Alltags-Ich, kennen aber auch ein höheres Ich, dem das erstere Werkzeug zu Übung und Wandlung ist.

Vorausgegangen war bei mir in jungen Jahren ein grundlegendes Erlebnis. Als ich einmal recht unzufrieden mit mir selbst und meinen Lebensumständen war, wurde mir plötzlich bewußt: «Das alles ist doch nicht das Eigentliche. Es ist nur das Beet, auf dem du selbst etwas pflanzen sollst! Was aber darauf wächst, das mußt du selbst bestimmen und pflegen!» Es war wie ein erlösender Blitz. Ich begann nun, mir Aufgaben zu stellen, Ziele zu setzen. Die Viertelstunde, in der ich täglich Überschau hielt, mir Übungen suchte, erschien mir als das eigentliche Leben, und alles übrige mußte und konnte ertragen werden.

Ich kannte also ein Doppeltes im eigenen Wesen: das gewöhnliche alltägliche, «niedere» Ich und ein höheres Wesen in mir. Ich kannte den «Drachen», der im 2. Bild von der «Pforte der Einweihung» von Johannes Thomasius geschaut wurde, und ich erschrak, tief betroffen, als in der «Prüfung der Seele» sein «Doppelgänger» für ihn sichtbar wurde und zu ihm sprach. Beruhigend und seltsam stärkend war die anschließende Stimme des Geistgewissens:

> So spricht verschwiegene,
> Doch nicht vertriebene,
> Vom Schein gemiedene,
> Im Blut gebliebene
> Geheime Kraft
> Der Leidenschaft. (II/5)

Das viermalige «I» schien Ruhe und Sicherheit zu strahlen. Da war eine objektive Kraft fühlbar, die Erlebtes in das helle Licht des Erkennens hob und das höhere Ich aufrief.

Seither liebte ich die Personen der Dramen. Nachdem ich zuerst geübt hatte, mir jedes Bild in die Erinnerung zu rufen und anschließend mit dem Text zu vergleichen, feststellend, was ich vergessen oder falsch im Gedächtnis hatte – als tägliche Übung –, folgte ich nun jeder einzelnen Gestalt in ihren Entwicklungen durch alle vier Dramen hindurch. Allmählich wurden sie deutlicher, plastischer, zumal ich begann, ein Prinzip anzuwenden, das Rudolf Steiner selbst andeutet:

«Die Pforte der Einweihung» beginnt mit einem Vorspiel, das nach dem siebenten Bild in einem Zwischenspiel weitergeführt wird. In letzterem sprechen die beiden Freundinnen von Theateraufführungen, die sie besucht haben. Die eine, Estella, erlebte die tragische Entwicklung eines jungen Malers im Stile eines naturalistischen Dramas. Die andere, Sophia, wohnte einer Aufführung innerhalb einer Gesellschaft bei, der sie angehörte. Das Stück enthielt – äußerlich gesehen – ganz ähnliche Verhältnisse, wie sie Estella sah. Aber da die Hauptperson ein Mensch war, der sich den zerschmetternden Erlebnissen nicht völlig überließ und geistige Hilfe fand, verhalfen gerade sie ihm zu einem Durchbruch, zu einer Geburt des höheren Ich. Er gelangte zu einem neuen Anfang und ging jenen Weg, der dann den Inhalt der Dramen bildet. Ich empfand dieses Vor- und Zwischenspiel als einen Aufruf, auch für die übrigen Personen der Dramen die Umstände herauszuarbeiten, die zu ihrem persönlichen Leben gehören.

Ist man gewöhnt, bei den Dramen Goethes, Schillers sowie auch Hauptmanns, Ibsens usw. die äußeren Tatsachen ausführlich dargestellt zu sehen und sodann über die Gedankeninhalte und geistigen Zusammenhänge, die in Gesprächen und Monologen zum Ausdruck kommen, eigene Betrachtungen anzustellen, so kann man hier die geistig-seelischen Wege mitmachen und hat die äußeren, oft nur angedeuteten Schicksalswege und seelischen Veranlagungen der einzelnen Gestalten selbst zu ergänzen. Eine ganz neue Art, mit einem Bühnenstück umzugehen, ergab sich daraus. Versuchen Sie es nur!

II

Sie greifen die Idee eines brieflichen Gedankenaustausches freudig auf. Wohlan denn, wollen wir es wagen! Sie baten mich auszuführen, wie ich mir die Beschäftigung mit den einzelnen Gestalten denke. Ich will beginnen mit Professor Capesius. Er ist der älteste der vier Hauptpersonen, wohl über 50 Jahre alt. Der lange Bart gehört zu ihm, wie ein ansehnlicher Sessel und die Bücherwände seines Studierzimmers. Die «Lebensliebesstürme», die seine reich empfindende, Schönheit liebende Seele wohl einst durchrüttelten, liegen hinter ihm. Er hat sich der Geschichte zugewandt. Seine Ideen, welche große Zusammenhänge aufdeckten, seine Ausdrucksfähigkeit, seine wohlgeformte Sprache machten ihn zu einem beliebten, erfolgreichen Hochschullehrer. Aber trotz aller Erfolge ist etwas in ihm, was verhindert, daß er sich damit begnügt, nur die vorhandenen Begabungen auszuleben. Er fühlt und spricht es aus, daß die «Gedankenwelten blasse Schatten» sind gegenüber dem vollen, dem tätigen Leben. Resignierend erlebt er den Dualismus der objektiven Schaffensmächte in der Welt der Sinne einerseits und des subjektiven menschlichen Bewußtseins andrerseits. Als ein weltoffener Mensch orientiert er sich über die verschiedenen kulturellen Strömungen. So ist er in den Umkreis des Geisteslehrers Benediktus geraten und bekennt nach Anhören seines Vortrags ehrlich, daß man hier «durch Vernunft zur Seele sprechen will» und «echte Lebenskräfte» schafft. Auch daß «kein Sektengeist» in diesem Kreise herrscht. Er kann und will die geheimnisvoll starke Wirkung nicht leugnen, aber er fühlt sich wie zurückgestoßen.

Da kommt das Schicksal ihm zu Hilfe: Ein Künstler des Kreises, ein junger Maler – Johannes Thomasius – kommt in seine Vorlesungen, um seine Kenntnisse zu erweitern und sein wissenschaftliches Denken zu schulen. An ihm erlebt er eine erstaunliche Entwicklung. Als er ihn kennenlernte, war er elend und leidbeladen. Ein wenig später fand er ihn kraftvoll verwandelt, aktiv. Nichts Äußeres – eine innere, geistige Entwicklung im Umkreis des Benediktus hatte dies bewirkt. Als er nach drei Jahren von ihm gemalt wird, läßt ihn sein

Porträt etwas ahnen von dem eigenen höheren Selbst, dem er zum Durchbruch verhelfen muß. Er beginnt ein intensives Studium der Geisteswissenschaft. So finden wir ihn nach einem weiteren Jahr in seinem Arbeitszimmer, in echtem Zwiegespräch mit dem «Lebensbuch» des Benediktus (II/1). Er liest und läßt die eigene Seele sprechen. Er erkennt die Abstraktheit seines Denkens. Er entdeckt, daß ihm seine Ideen aus der Fülle seiner Begabung zuströmten, aber daß nicht er selbst sie aktiv schöpferisch dachte.

> Ich selbst – ich lebte nicht in meiner Seele,
> wenn wahnbetört in Weltenfernen
> des Denkens Fäden hin sich spannen wollten.

Diese Unterscheidung von strömenden Vorstellungsinhalten und eigener Geistestätigkeit ist eine erste wichtige Erfahrung, ein gesunder Ausgangspunkt für alles Streben. Das Studium von Rudolf Steiners «Philosophie der Freiheit» kann dem Geistesschüler diese notwendige Grundlage geben. Hier regt sich das höhere Selbst und begreift sich als Glied einer geistigen Weltordnung. Auf Capesius, der als Mensch des 19. Jahrhunderts – vor 1879 geboren – viel fester mit seiner Hüllennatur, mit seiner Vererbungsströmung verbunden ist, wirkt dieser Durchbruch wie eine Spaltung seines Wesens, wie eine Krankheitskatastrophe. Aber Benediktus sagt zu ihm: «Ich finde euch im Glücke!» und hilft ihm, sich zurechtzufinden.

Was ist es, was ihn so verstört? Er vernimmt ermunternde, helfenwollende, warnende Stimmen, Inhalte, die nicht aus seiner eigenen Seele kommen. Ich werde später ausführlich auf die Wesen, die hier erscheinen, einzugehen haben, wenn einige Voraussetzungen für das Verständnis geschaffen sind. Hier nur soviel: Wenn die wahre Individualität, wenn das höhere Selbst dem gewöhnlichen niederen Selbst gegenübertritt, erscheint sich der Mensch nicht mehr so einheitlich, wie es im gewöhnlichen Bewußtsein der Fall ist. Triebhaftes, schattenhaftes Wesen wird erkennbar – auch davon wird später die Rede sein. Es nahen sich aber auch höhere, helfende geistige Wesenheiten, «welche die Verbindung der menschlichen Seelenkräfte mit dem Kosmos vermitteln» (wie sie im Personenverzeichnis des 2. Dramas genannt werden). Ihnen gesellt sich, wenn die Seele ihnen noch nicht gewachsen ist, auch eine hemmende Wesenheit zu. Die helfenden drei Seelenkräfte entsprechen der empfindenden, der denkenden und gemütstief fühlenden sowie der wollenden Seele. Jedem Menschen helfen seine eigenen drei Seelenkräfte, hier Philia, Astrid und Luna genannt, auch wenn sie auf der Bühne immer durch dieselben Gestalten, für verschiedene Personen auftretend, dargestellt werden. Diese Seelengeister weisen auf eine Realität hin und sind dem strebenden Geistesschüler liebende Helfer. Mit Benediktus' Hilfe gewinnt Capesius Vertrauen, auf dem eingeschlagenen neuen Wege weiterzugehen. Seine Seele ist im Grunde bereiter zu geistigen Erfahrungen, als er selbst es weiß. Das spricht sich aus in seiner tiefen Liebe zu Märchen. Er spürt die Geisteskräfte, die im echten Märchen walten. Er erlebt darin Ursprungskräfte der Menschheit. Sie sprechen größere Wahrheiten aus als Wissenschaft und Vernunft. Zugleich ist das Bildweben der Märchen jenseits des wissenschaftlichen Denkens und somit unverbindlich. Es fließt aus tieferen Quellen der Seele und erfrischt. So sucht er gern – wie ehemals die Brüder Grimm! – eine Märchenerzählerin im einsamen Häuschen auf – es ist Felicia Balde – und spürt in ihrer Nähe tiefe, erholende Ruhe. Hier berührt er wieder und wieder die Realität einer geistigen Welt, ohne sich darüber Rechenschaft zu geben.

Nach jenem Durchbruch des höheren Selbstes wird er relativ schnell weitergetrieben. Bald schon wird ihm das Erlebnis einer Rückschau in ein vorangegangenes Erdenleben.[1)] Aber er ist dem Erlebnis noch nicht gewachsen. Er wird krank daran und erst nach Jahren durch Benediktus' Hilfe geheilt. Danach wird ihm – im vierten Drama – eine wichtige Aufgabe zugewiesen: Er soll als Vortragender – vielleicht auch schreibend – mitwirken an einem größeren, gemeinsamen Werk. Über diese Aufgabe und seine Stellung dazu wird später in anderem Zusammenhang Genaueres auszuführen sein. Nur eines möge das Bild noch abrunden, ein wunderbares, gnadenvolles Erlebnis, das ihm zu Hilfe kommt. Er weigert sich zunächst, die Aufgabe zu übernehmen. Ihm sind auf dem Geistespfade inzwischen die ersten Früchte erwachsen, und er scheut davor zurück, diese zarten Erlebnisse in Worte zu fassen. Er fürchtet, mit seinen als schattenhaft-abstrakt erkannten Gedanken das Erleben der realen geistigen Welt zu trüben, zu verfälschen. Er wird darin bestärkt durch den

Mann der Märchenerzählerin, den Kräutersammler Felix Balde, wie auch durch die Gepflogenheit alter Eingeweihter, mit denen er in Berührung kommt. Die Rosenkreuzer führten immer eine deutliche Trennung durch zwischen dem, was sie im Tempel erlebten, und dem, was das äußere Leben erforderte, wozu auch das gewöhnliche Denken gehört. Diese Haltung wirkt – nebenbei bemerkt – auch nach in der scharfen Trennung von Glauben, der sich dem Übernatürlichen, Göttlichen öffnet, und gedanklicher Erkenntnis. Da wird ihm – wie durch eine Botschaft des gerade verstorbenen Freundes – eine umwälzende Wahrheit nahegebracht:

> Erstreben nichts, – – nur friedsam ruhig sein;
> Der Seele Innenwesen ganz Erwartung – – :
> Das ist die Mystenstimmung. – – Sie erweckt
> Sich selbst ganz ungesucht im Lebensstrom,
> Wenn sich die Menschenseele recht erkraftet, –
> Wenn sie gedankenkräftig geistig sucht.
> Die Stimmung kommt in stillen Stunden oft,
> Doch auch im Tatensturm; sie will dann nur,
> Daß nicht gedankenlos die Seele sich
> Dem zarten Schau'n des Geistgeschehn's entzieht. (IV/13)

Lesen Sie das ganze Bild! Auch wird ihm die neue Kunde verkündet: «Es wird sich deinem Schauen dann enthüllen, was du als Erdenmensch begreifen kannst.»

Das menschliche Denken wurde mit Recht als schädlich für das Schauen erlebt und deshalb von ihm getrennt gehalten. Wenn sich daran etwas ändern sollte, so mußte etwas Gewichtiges geschehen sein: Es mußte das Denken, d.h. das im Denken tätige Ich eine neue Kraft gewonnen haben.

Um das verstehen zu können, überblicken wir einmal die Entwicklung des Denkens: Im 6. vorchristlichen Jahrhundert beginnt sich aus dem schauenden – in Bildern sich kundtuenden – Bewußtsein allmählich ein Gedanken fassendes und mehr und mehr logisch verknüpfendes herauszubilden. Dieses ist die Voraussetzung für ein selbständiges, waches Bewußtsein vom Menschen-Ich. So erwachte es in der Menschheit wie ein Vorglanz des höchsten Menschen-Ich, der Menschwerdung Christi. Das Gedankenleben, die Gedankentechnik wurde dann im Mittelalter weiter ausgebildet von den Scholastikern. In der Neuzeit wurde die Sinneswelt damit erfaßt. Denken Sie nur, wie man im 9. Jahrhundert auf Abenteuer zog, durch unbekannte Gegenden, von spärlicher Kunde geleitet. Und wie dem Reisenden heute vom Verstand wohlgeordnete, übersichtliche Pläne vorgelegt werden für Reisen in fernste Länder! Im 18./19. Jahrhundert begann wieder ein Neues: Beobachtung und Denken richteten sich auf den Menschen. Kant konstatierte zunächst die Grenzen menschlichen Erkennens. Fichte richtete die Aufmerksamkeit auf den denkenden, Schiller auf den kulturschaffenden Menschen. Rudolf Steiner beobachtete das Denken selbst und erkannte seine schöpferische Tätigkeit als Ausfluß des schaffenden Weltengeistes. Das ist nicht mehr der abstraktschattenhafte, tote Intellekt, wie er auch dem Gelehrten Capesius zur Verfügung stand, den dieser noch mit Herzenskräften durchtränkte und mit Idealen verband. Er erweist sich vielmehr als Wille, ja als Kraft der Liebe. Rudolf Steiner stellt das dar in der «Philosophie der Freiheit». Albert Steffen spricht darüber in «Goethes Geistgestalt», im Kapitel von der «Auferstehung des Begriffes». Dieses neue Denken kann die Realität der geistigen Welt ergreifen. Das gedankliche Studium von Mitteilungen des Geistesforschers wird die erste Stufe der okkulten Schulung.

Es gibt ein Zweifaches: Einmal die Weiterentwicklung der Verstandeskräfte vom Altertum bis in die Gegenwart, die mehr und mehr zur Erfassung von Einzelheiten, von mechanischen, toten Gesetzmäßigkeiten führt. Andrerseits können wir beobachten, wie im 19. Jahrhundert etwas Neues das Denken zu ergreifen beginnt: Zunächst in Hingabe an die Sinneswelt, an die Phänomene, löst sich das Denken von der ertötenden Abstraktion und erfüllt sich mit Leben. Das sehen wir und schulen wir im goetheanistischen Denken.

Wir können aber heute, darüber hinausgehend, mit unserem als rein geistige Tätigkeit beobachtbaren Denken reale Geistigkeit ergreifen. Darin wirkt nicht nur der tote Intellekt. Darin wirkt Auferstehungskraft. Die den Tod überwindenden Kräfte neuen Lebens dürfen wir auch hier, wo sie im Denken auftreten, im Zusammenhang sehen mit Tat und Opfer Jesu Christi. Somit dürfen wir die Erfahrung, derer Capesius hier gewürdigt wird, als eine Christuserfahrung erkennen. Vielleicht wird er daraufhin zu neuen Aufgaben, zu neuer Tätigkeit gelangen. Wir hätten es in einem fünften Mysteriendrama, das geplant war, aber nicht mehr geschrieben wurde, erfahren.

III

Sie schrieben mir, daß meine Ausführungen über Capesius Ihnen manches verständlicher gemacht haben. Die Methode, die ich bei der Betrachtung anwende, zunächst einmal vom allgemein Menschlichen auszugehen, schaffe eine Brücke. Sie bitten mich, in ähnlicher Art auch über Dr. Strader zu schreiben. Ich folge Ihrer Aufforderung gern.

Dr. Strader steht vielen Menschen besonders nahe. Er ist jung. Er hat mit moderner Naturwissenschaft und Technik zu tun und lebt mit einer bewundernswerten Konsequenz: In jungen Jahren hat er die Klosterlaufbahn abgebrochen, als die naturwissenschaftlichen Schriften ihm die Glaubensinhalte zerstört hatten. Später, als er zu erkennen meint, daß er nicht die Vorraussetzung habe, um die Lebensrätsel zu lösen, wie es ihm vorschwebte, gibt er den Forscherweg auf und wendet sich der Lebenspraxis zu. Er steht zu dem, was er erkennt, und bringt sein Leben mit seinen Erkenntnissen in volle Übereinstimmung. Sie können sich denken, daß diese Haltung insbesondere in den dreißiger Jahren bei uns Begeisterung hervorrief, als so viele Menschen um Unterhalt und Karriere willen nicht zu dem standen, was sie dachten.

Aber der starke feurige Wille Straders, dieser forschende und nach Umgestaltung der Welt drängende Wille, stößt auf starke Widerstände. Suchen wir diese einmal auf! Nach dem Vortrag des Benediktus begegnet er – noch im Beginne seiner wissenschaftlichen Laufbahn – im kleinen Siebenerkreis Professor Capesius. Er ist mit ihm einig in der Ablehnung der geisteswissenschaftlichen Strömung. «Die Herzen wärmen mag die neue Offenbarung – der Denker sieht in ihr nur Schwärmerträume.» Aber anders als Capesius, der es ablehnt, wenn «Aberglaube sich vermengt mit Logik und Vernunft», interessiert er sich lebhaft für die Seherin Theodora, die hinzutritt und in prophetischer Art sprechend ihre Schau verkündet. Ihr Erscheinen ist ein Phänomen, das Beachtung verdient: Ein Mensch spricht da aus einem anderen Bewußtseinszustand heraus von einer merkwürdigen und sinnvollen Zukunftsentwicklung. Wie kam eine solche Aussage zustande? Dr. Strader geht nicht auf den Inhalt der Schau ein. Ihn interessiert der Bewußtseinszustand, die Persönlichkeit der Seherin. Ihre Worte könnten mit Gedankenübertragung zu tun haben. Denn auch Benediktus sprach von jener Sehergabe, die sie prophezeit. Straders Forschergeist ist interessiert. Ob dabei noch anderes mitspricht, ob schicksalsmäßige Zusammenhänge wirken, braucht uns hier noch nicht zu beschäftigen. Tatsache ist, daß er tief angerührt ist, so tief, daß er anschließend von einem eigenen okkulten Erlebnis spricht, einem aus dunkler Geistestiefe «schreckhaft» aufsteigenden «Traumeswesen». Es spricht aus ihm:

«Bezwingst du mich
mit deinen stumpfen Denkerwaffen nicht,
bist mehr du nicht
als flüchtig Truggebild des eignen Wahnes nur.»

Lassen wir das Wort auf uns wirken! Das naturwissenschaftliche Denken der anerkannten, «gesicherten» Forschung hat die materielle Außenseite der Welt gründlich erforscht. Wendet es sich dem Menschen zu, findet es auch hier nicht den Geist, nicht die Seele, sondern nur noch verschiedene seelische Phänomene, ein «Geseel», wie es in der Psychologie um die Jahrhundertwende auch einmal genannt wurde. Es steigt aber aus tiefen Seelengründen die Forderung auf, das im Menschen Wirkende ernst zu nehmen und mit angemessenen Methoden zu ergründen. Das Erlebnis eines höheren Selbstes, das sich von dem niederen löst und sich ihm gegenüberstellt, wird von Dr. Strader, der keinen denkerischen Weg sieht, der keine Methode hat, um Geistiges zu erkennen, zunächst als Existenzangst erlebt. Die Welt läßt es sich allenfalls noch gefallen, wenn man nur ihre Außenseite erforscht. Der Mensch fühlt sich, wenn er nicht in religiösen Glaubensbereichen Zuflucht sucht, sondern sich als moderner Mensch völlig auf den Boden der wissenschaftlichen Erkenntnis stellen will und den Geist leugnet, in seinem Sein gefährdet.

Kündigt sich das verborgene höhere Selbst, dieser Geistkern im Menschen, zunächst als quälende Existenzangst gespenstisch an, so wird Dr. Strader im 8. Bild auch eine positive Erfahrung: Er sieht das Porträt, das der Maler Thomasius von Capesius anfertigte. Es berührt ihn tief. Denn er erlebt, daß hier etwas dargestellt ist, was zu der wahren Individualität gehört, nicht nur eine äußere Ähnlichkeit, nicht die edle männliche Erscheinung, nicht der Professor, wie er durch Begabung und Leben geworden ist, steht vor ihm, sondern etwas, was verborgen im Menschen lebt. Das kündigt sich zuweilen im Antlitz der Jugend an, bevor die Ideale zugedeckt und im späteren Philistertum in Lebensroutine erstickt sind. Wie oft spüren die jungen Menschen Lebensziele, fühlen Kräfte in sich, die das Gewordene umgestalten wollen, und geraten denn doch in den Sog des Lebens mit seinen Konventionen! Etwas von diesem innersten Menschen offenbart das Porträt. Das rüttelt an Strader, schärft sein Gewissen, so daß ihm die Abstraktheit seines Denkens bewußt wird. Es stürzt ihn in Verwirrung, ja Verzweiflung, weil ihm der Geist, den er meint leugnen zu müssen, so real und so unfaßbar entgegentritt. «Ihr malt Gespenster – sie locken, sie zu suchen, und lassen sich nicht finden!» Capesius wiederum wächst im Anblick des Porträts und der Erschütterung Straders über sich hinaus:

> Wer hat dem Bilde solche Macht gesellt?
> Ich möcht' für mich es Sinnbild nennen,
> Was an dem Bilde ich erlebt.
> Es lehrte mich erkennen meine Seele,
> Wie ich vorher es nicht vermocht.
> Und überzeugend war die Selbsterkenntnis.
> Johannes Thomasius erforschte mich,
> Weil er die Kraft besitzt,
> Durch Sinnenschein zum Geistesselbst
> Durch sein besondres Schauen
> Im Geist hindurchzudringen.
> So seh' ich jenes alte Weisheitswort
> «Erkenne dich» in einem neuen Licht.
> Man muß, um zu erkennen, was man ist,
> In sich die Kraft erst finden,
> Die als ein wahrer Geist
> Sich vor uns selbst verbergen kann. (I/8)

Capesius folgt dem davoneilenden Strader. Die beiden Menschen werden Freunde.

Wir finden sie im 2. Drama. In dem großen Gespräch mit Capesius (II/4) faßt Strader selbst noch einmal zusammen, was ihm geschah. Die Begegnung mit der Seherin hatte ihn tief erschüttert, weil er sich sagen mußte: Wenn sie aus einem abnormen Bewußtsein eine Wahrheit aussagen kann, die dem Denken verschlossen ist, dann kann das Denken die Quellen des Lebens nicht finden, und ein denkerischer Forschungsweg ist sinnlos. Eine andere Erfahrung kam hinzu: Er erlebte, daß jene Geisteswissenschaft, die er als «Wahnwitz» und als auf «zweifelhaften Geisteswegen gewonnen» bezeichnen muß, in einem Menschen, den er kennt, in Johannes Thomasius Gesundheit und Schaffenskraft erzeugt hat. Das stürzte ihn in tiefe Zweifel, bewog ihn, sein Leben zu ändern. Er verzweifelt daran, das Dunkel je zu durchdringen. Einen Gedanken aber hat er mitgenommen aus der bestürzenden Begegnung mit der Welt des Benediktus: Die Lehre von Reinkarnation und Karma. Sie ist – so sagt der Wissenschaftler! – voll gedanklich zu durchdringen. Dazu braucht es keine anders gearteten Seelenkräfte. Sie leuchtet ihm voll und ganz ein, und er wendet sie auf sein Leben an: Ein Findling, ein Fremdling war er im Elternhaus, und fremd blieb sein Denken allem, was er denkerisch ergründen wollte. Er erkannte darin ein Schicksal, das er sich selbst in früheren Verkörperungen bereitet hatte und jetzt nicht aufzuheben vermag. Er resignierte, erkrankte und wandte sich einem anderen praktischen Berufe zu. Zur Zeit steht er einer Schraubenwerkstatt vor.

Auch diese Erschütterungen zeugen davon, wie ein tieferes Wesen in ihm zur Geburt drängt. Zunächst ist es Resignation und ausweglose Verzweiflung, die ihn fort von seinem Forscherweg und in die Schraubenwerkstatt treibt. Aber gerade hier legt er die Grundlage für künftige echte Geisteswege. Die neue Lebenssituation bringt Strader in enge Berührung mit der Lage der Werktätigen, ihrer Not und ihren z.T. menschenunwürdigen Lebensverhältnissen. Er sinnt auf Abhilfe. Wahrscheinlich hat er die sozialen Fragen gründlich durchdacht, Berührung gehabt mit Reformern, mit politischen Vorgängen. Darüber erfahren wir nichts Näheres. Aber es scheint mir nicht abwegig, daran zu denken. Zugleich empfangen wir einen wichtigen Hinweis. Wir hören im Sonnentempel (II/13) über die Strader-Seele:

> Sie wird im Tempel sich die Kraft erwerben,
> Das fremde Sein als eigenes zu empfinden
> Und so sich auch die Macht gewinnen können,
> Die aus Gedankenlabyrinthen führt
> Und nach den Lebensquellen Wege weist.

Eröffnen diese Worte nicht ganz allgemein eine wunderbare Perspektive? Viele Menschen sind im 20. Jahrhundert tief erfüllt von sozialen Idealen. Mögen sich auch ihre Hoffnungen nicht oder nicht so bald erfüllen, wie sie es dachten, die Menschen bereiten sich selbst damit doch die Kräfte zu, real Geistiges zu ergreifen und damit Wahrheitsquellen zu erschließen, aus denen einst echte Lösungen für die Probleme gewonnen werden können. Denn das gott- und geistentfremdete Denken ist ohnmächtig, sie zu lösen. Es muß zuerst der Abgrund überwunden werden, der aufgerissen ist: Der Gottesgeist, die Geisteskräfte sind «naturentblößt», abstrakt und «gottentfremdet, was natürlich ist» (II/13). Erst wenn die Brücke gebaut ist, können Ideen zum Heile verwirklicht werden.

Auf Dr. Straders zunächst so düsteren Lebensweg beginnt nach etwa sechs Jahren ein helles Licht zu leuchten. Er begegnet der Seherin Theodora wieder und wird bald innig befreundet mit ihr. Von ihr – fern dem Verstandeswissen – empfängt er dankbar, was sie an Geistesoffenbarungen zu geben hat. In ihrer Nähe schwinden die Zweifel. Er ahnt seine Geistesheimat in ihr, und dann fühlt er langsam, daß «nicht allein mein Geist den Worten lauschte – daß auch mein Herz dem Sprecher sich ergab.» In dem Bund mit ihr – ('als dein Herz das Schicksalswort gesprochen') – wird ihm zum ersten Male der Geist in der Seele unmittelbar bewußt. Das höhere Selbst regt sich. Das Erlebnis wiederholt sich zunächst nicht. Der Forscher aber wird wieder in ihm wach. Im Bereich der Technik gelingt ihm eine hoffnungsvolle Erfindung. Er berichtet selbst davon:

> Es reihte dann Versuch sich an Versuch,
> Bis endlich der Zusammenklang von Kräften
> Auf meinem Arbeitstische sich ergab,
> Der einst in seiner vollen Ausgestaltung
> Rein technisch jene Freiheit bringen wird,

> In welcher Seelen sich entfalten können. – –
> Man wird der Technik Kräfte so verteilen,
> Daß jeder Mensch behaglich nutzen kann,
> Was er zu seiner Arbeit nötig hat,
> Im eignen Heim, das er nach sich gestaltet. (III/1)

Und er verspricht sich davon eine Veredelung des Menschen, eine neue Bereitschaft und Offenheit für geistiges Leben. Seine eigene Entwicklung führt ihn in die Nähe von Felix Balde, dem Kräutersammler, und eines Rosenkreuzer-Mystenbundes, aber zunächst noch nicht zu Benediktus.

Da trifft ihn der schwerste Schicksalsschlag: Theodora wird ihm nach siebenjähriger Ehe durch den Tod entrissen (III/7). Aber das tiefe Leid und die unwandelbare Liebe zu dem Wesen, durch das der Geist zuerst zu ihm sprach, baut die Brücke über den Abgrund, welcher die «Geisteskräfte naturentblößt» und die Natur geistentfremdet erscheinen ließ. Er erlebt Theodora auch weiterhin an seiner Seite und wendet sich auf ihr ausdrückliches Geheiß an Benediktus als seinen geistigen Lehrer. Er wird zu einer hohen Aufgabe in der Mysterienstätte berufen und offenbart die Größe seiner Menschlichkeit, als er sich dort zum Zusammenwirken mit Johannes Thomasius bereitfindet, der ihm persönlich schweres Leid zugefügt hat. Denn dieser ist schuld an Theodoras Tod.

Die Schatten, die über seinem Leben liegen, dringen noch einmal auf ihn ein: Als es später darum geht (IV), daß die Schüler des Benediktus Einrichtungen des äußeren, praktischen Lebens aus Geisterkenntnis schaffen wollen, ist er der Mann, auf den sie hoffen bei der Verwirklichung ihrer Pläne. Die Gründung, die schon so nahe schien, kommt jedoch nicht zustande. Ich erwähnte schon, daß Capesius in dieser Zeit seiner Entwicklung Bedenken hatte gegen die Verpflichtungen, die für ihn in dem Plane vorgesehen waren. Und auch ein anderer verweigert die Mitwirkung. Dieser Widerstand aber, den Strader jetzt erleben muß, findet ihn bereit, ihn für die eigene Entwicklung zu nutzen. Die Einsamkeit, die er gelassen auf sich nimmt, wird ihm zum «Schwert» gegen Feinde im eigenen Innern. Er kommt zu einer klaren Erkenntnis der Widerstände, die sich in ihm selbst regen. Mitten in dieser Entwicklung stirbt er. Aber Benediktus spricht von ihm, zu ihm. «Du wirst als Geistesstern den Freunden leuchten – So werden sie durch dich noch stärker sich zu ihrem Geisteswerke rüsten können –».

Wir erfahren nicht mehr, welches das Geistesgeschenk ist, und wie es in der Welt wirkt. Denn das 5. Drama ist nicht mehr geschrieben worden. Der Erste Weltkrieg verhinderte es, die Sommerfestspiele fortzusetzen, die seit 1910 in München stattgefunden hatten. Dennoch enden die Dramen nicht nur tragisch, sondern nach einem Ausblick auf des «Chaos Dunkelheit», das mit dem Jahrhundertende herannahen wird, mit einer großen Hoffnung: Die Schüler des Benediktus werden sich «zu ihrem Geisteswerke rüsten» und sich als Seelenlichtes Offenbarer gedankenkräftig ... bezeugen» (IV/15). Doch hierüber später in anderem Zusammenhang.

IV

Sie fragen, warum ich meine Ausführungen mit Professor Capesius begonnen habe und nicht mit Maria und Johannes Thomasius, die doch die Hauptpersonen im 1. Drama sind. Nun, die Antwort ist einfach: Mit diesen beiden Gestalten sind noch tiefere Geheimnisse verbunden, an deren Darstellung ich zögernd herangehe. Aber ich will es versuchen, zumal damit Probleme berührt werden, die zu den brennendsten unseres Jahrhunderts gehören.

Über Johannes Thomasius' äußere und innere Schicksale wird im Drama selbst berichtet. Er wäre an der unerwiderten Leidenschaft zu Maria zerbrochen, wenn nicht in tief erschütterndem Miterleben von Marias Schicksal das höhere Selbst in ihm gewissermaßen geboren, also frei geworden wäre, und sich daraus ganz neue Lebensperspektiven ergeben hätten (I/3).

Maria lernen wir zunächst kennen als eine reich begabte Persönlichkeit, die, jeweils die Situation durchschauend, das rechte Wort findet, die Menschen um sich sammelt, hilft und harmonisiert. Zu Beginn währte die Freundschaft mit Thomasius schon zehn Jahre, ehe wir sie in der Krise miterleben. Marias Kindlichkeit, ihre Freude an allem Schönen in Natur und Kunst, ihr heiteres Gleichmaß von Jugend auf werden erwähnt. Aber sie ist in eine rätselhafte Lage geraten: Sie ist Johannes von ganzem Herzen zugetan. Warum kann sie seine Leidenschaft nicht erwidern? Warum führt ihre Verbindung nicht in das Glück gemeinsamen Genießens und geistigen Werdens, sondern in einen Konflikt, an welchem der Freund zu zerbrechen droht? Sie hatte ein Findelkind angenommen. Wir sehen es abends im Meditationszimmer Benediktus zugeführt, um ein Wort für die Nacht von ihm zu empfangen. Auch dieses Kind gedeiht nicht trotz all ihres liebevollen Bemühens, seit es sich seelisch bewußter seiner Pflegerin in Liebe verband. «Warum verderb ich Freund und Kind?» (I/3) Als sie mit Johannes Rat sucht bei dem weisen Lehrer, offenbart sich etwas Erschütterndes, dessen Verständnis jedoch nicht leicht ist.

Nähern wir uns, indem wir andere Erfahrungen zunächst zu Rate ziehen: Wir können uns erinnern, daß wir im Leben Menschen kennenlernen als Lehrer, als Ärzte, als Künstler, aus denen eine hohe gereifte Menschlichkeit spricht, deren Weisheit, deren Können uns mit staunender Bewunderung erfüllt. Sie verwandeln durch ihre Anwesenheit die sie umgebenden Menschen. Ein jeder gibt sein Bestes, Tiefstes – sie schaffen Harmonie. Und doch kann es sein, daß dieselben Menschen in ihrem persönlichen Leben, in anderer Umgebung Dinge äußern oder tun, die ein ganz anders geartetes Wesen, mit mancherlei Mängeln behaftet, offenbaren: Vererbte Eigenschaften, alte Gewohnheiten der Umgebung, ja Charakterschwäche können die Oberhand gewinnen, wenn die innere Aktivität nicht – vom Berufe her – aufgerufen ist. Durch diesen Hinweis sei darauf hingedeutet, daß der Mensch kein einheitliches Wesen ist, daß gutes und weniger gutes Wesen von ihm Besitz ergreifen kann. Im 3. Bild von «die Pforte der Einweihung» erleben wir mit und hören wir von Benediktus, dem geistigen Lehrer, daß Maria die Vorbedingungen dazu hatte, Gefäß und Werkzeug eines höheren Wesens zu werden. Ihr Selbst ist bereits so hoch entwickelt, daß es ganz durchdrungen und erfüllt werden kann von dem Geistselbst.[2] Die geläuterte Seele macht es möglich, daß ein «Gotteswesen» in ihr Mensch werden und in die Entwicklung eingreifen kann. Durch die Erschütterung bei der Enthüllung dieses Tatbestandes gewinnt der göttliche Kern die Freiheit, die physische Hülle zeitweilig zu verlassen und sie später wieder zu ergreifen. Es sind die Vorbedingungen gegeben, in die geistige Welt einzutreten. Während aber dieses reif gewordene höhere Selbst den Leib verläßt, kann dieser benutzt werden von Widersachermächten.

Es ist heute von einschneidender Bedeutung, solche Vorgänge zu erkennen, zu verstehen! Viel mehr, als wir es wahrhaben, greifen im 20. Jahrhundert übersinnliche Mächte in das Geschehen ein. Und zwar nicht nur verbunden mit einem Aufstieg der Seele und als vorübergehende Situation. Waren es früher unmäßige Leidenschaften, Ehrgeiz und Habsucht, die in den Tyrannen und Bösewichtern der Weltgeschichte wirkten, so werden heute die Katastrophen ausgelöst durch zeitweilig getrübtes Bewußtsein und Inspiration übersinnlicher böser Wesen. Lesen Sie einmal, wie die wichtigsten technischen Erfindungen, die heute die Existenz der Menschheit bedrohen, begannen mit Anregungen, die halb im Traum oder in abgedämpftem Bewußtsein, spät in der Nacht z. B., übermüdet auf dem Oberdeck eines Omnibusses heimschaukelnd, empfangen wurden.[3)] Rudolf Steiner wies darauf hin, daß die Katastrophe des Ersten Weltkrieges, den eigentlich niemand wollte, ausgelöst wurde, indem die dreißig bis vierzig Verantwortlichen in herabgedämpftem Bewußtsein handelten. Und die Begebenheiten der dreißiger Jahre bleiben völlig rätselhaft, wenn man nicht bemerkt, wie da nach der Verwundung bei abgemindertem Bewußtsein der «Gefreite» ergriffen wurde von einer weit größeren und bösen Intelligenz und zum «Führer» wurde. Die Aufarbeitung der Vergangenheit und die Vermeidung künftigen Unheils wird nur möglich sein, wenn man diese Verhältnisse durchschauen lernt. Im 3. Bild der «Pforte der Einweihung» sind die Möglichkeiten dazu gegeben.

Johannes Thomasius durchschaut, was geschieht, und besteht die Prüfung – die Mitteleuropa bisher nicht bestanden hat. Maria bejaht ihr Schicksal und nimmt ihre Aufgabe auf sich, Träger eines Gotteswesens zu sein. Sie bringt dafür ein dreifaches Opfer. Das erste ist der Verzicht auf die leidenschaftliche Verbindung, die Johannes ersehnt. Es ist ihr von ihrer Natur auferlegt. Das zweite ist später auch der Verzicht auf eine enge freundschaftliche Bindung, als sie erkennt, daß Johannes selbständig seinen Weg finden muß. Sie dringt auf Trennung. Zu dem dritten Opfer reift ihre Kraft, so daß sie es immerwährend neu vollziehen kann. Worin besteht es?

Wenn der Mensch geistig produktiv wird, ist es natürlich, daß sich in ihm tiefe Befriedigung, ein innerstes Glücksgefühl ausbreitet. Er spürt das Werden einer inneren geistigen Existenz, und diese entschädigt ihn für eventuelle Opfer, die ihm im Schicksal auferlegt sind. Auch Professor Capesius genoß lange Zeit hindurch das Leben in Ideen, das ihm durch seine Begabung, seinen Beruf gewährt war. Es ist also auch mit dem Gedankenleben ein feiner Egoismus verbunden. Maria erkennt das und hat die Kraft gewonnen, ein Gelübde auszusprechen:

> Doch wisse, in dem Herzen, das Maria
> In dieser Stunde dir entgegenstellt,
> Hat Geistesschülerschaft die Kraft belebt,
> Von allem Wissen stets die Eigenliebe
> Entfernt zu halten. Niemals will ich künftig

> Von jener Seligkeit mich finden lassen,
> Die Menschen fühlen, wenn Gedanken reifen.
> Zum Opferdienst will ich das Herz mir rüsten,
> Das stets mein Geist nur denken kann, um denkend
> Des Wissens Früchte Göttern hinzuopfern.
> Erkenntnis wird mir dann zum Weihedienst. (III/3)

Diese intime, höchste Selbstlosigkeit aber schafft ihr die Kräfte, Johannes in entscheidenden Lebenslagen zu Hilfe zu kommen. Auch für den erkrankten, gefährdeten Capesius wird sie dadurch zum Schutzgeist. In äußeren, verwirrenden Situationen, als das so hoffnungsvoll begonnene Werk scheitert (IV), durchschaut sie die tieferen Hintergründe und Zusammenhänge. Sie bleibt wach, als Johannes Thomasius aufs neue die alten Träume aufleben läßt, und führt ihn wie durch die «ewig leeren Eisgefilde» ins Licht, zur Kraft immer neuer Entsagung, die nun einmal die Voraussetzung seines Geistesweges ist.

Der Verzicht auf die Ehe ist – nebenbei bemerkt – keine allgemeine, abstrakte Forderung. Es geht da um ganz individuelle Erkenntnisse und Entscheidungen jedes einzelnen Geistesschülers. Wir sahen, wie für Dr. Strader durchaus gegeben war, daß ihm der «Geistesbote als Gefährtin vom Schicksal wirklich vorbestimmt» war. Und Felix Balde, der Kräutersammler, der so mancherlei übersinnliche Erfahrungen verkündet, lebt in glücklicher, manchmal ein bißchen streitbarer Ehe mit seinem Eheweib Felicia, der Märchenerzählerin.

Gehen wir nun ausführlicher auf Johannes Thomasius ein! Er bestand, wie schon angedeutet, die Prüfung bei Marias bestürzender Verwandlung. Er ließ sich nicht mitreißen von des Widersachers Täuschung – wie es tragischerweise Mitteleuropa geschah –, er wandte sich nicht, wie die so überraschend verwandelte Maria scheinbar, von dem Geisteslehrer Benediktus ab, sondern folgte der Vorangegangenen in dem Aufstieg in höhere Welten (I/3).[4] Er empfängt eine eigene Meditation von Benediktus, als dessen Schüler er nun bezeichnet werden kann, – darüber später – und gewinnt die ersten imaginativen Eindrücke, als er die Erlebnisse des Zusammenseins mit Capesius und Strader (I/4) meditativ betrachtet und verarbeitet. Er kann ferner wahrnehmen, was in Capesius aus früherem Erdenleben mitgebracht war. Das lebte im jungen Capesius und war, wie so häufig zu erleben ist, zurückgedrängt, erstickt, überdeckt durch den äußeren Gang des Lebens. Johannes kann es malen, wie ich schon geschildert habe.

Aus dem glücklichen Schaffen und Werden wird er nun gerissen durch die ihm von Maria auferlegte Trennung, die ihm zu voller Selbständigkeit verhelfen will. Er beginnt mit seinem Doppelgänger zu ringen, seine Leidenschaft zu besiegen. Da verbirgt sie sich und richtet sich, aufs neue erwachend, auf Theodora, Dr. Straders Gattin. Auf diese Schuld und ihre Folgen werde ich in anderem Zusammenhang eingehen. Um seiner Selbständigkeit willen zieht er sich von Benediktus zurück, verläßt den streng geregelten Pfad der Geistesschülerschaft mit seinen Übungen[4] und versucht, sich Rechenschaft zu geben über das, womit er sich ohne Studium, ohne Vorträge, ohne Marias Weisheit aus seinem eigenen Wesen heraus identifizieren kann. Er schreibt, was er selbst als seine Überzeugung darstellen kann. Dabei entsteht ein Buch. Nicht umsonst ist er drei Jahre lang Schüler des Professor Capesius gewesen und hat den Umgang mit Ideen sowie einen guten Stil erübt. Wir erfahren wenig sonst von ihm aus dieser Zeit. Sein Buch findet Anerkennung. Er hat mit ihm eine wichtige Brücke geschaffen zwischen dem, was in der Geisteswissenschaft an geistigen Forschungsergebnissen verkündet wird, und der wissenschaftlichen Bildung der Zeit. Darüber, wie er wieder in die Nähe von Maria und Benediktus kommt und zu neuem gemeinsamen Schaffen aufgerufen wird, kann erst aufgrund anderer Voraussetzungen gesprochen werden. Er wird zögern, sich an der schon erwähnten gemeinsamen Verwirklichung von geisteswissenschaftlichen Ideen, an jener Werkgründung zu beteiligen, und wird bei der Stockung, die durch den Tod Dr. Straders eintritt, wiederum reifen und zu neuen tiefen Einsichten gelangen.

Lassen Sie mich hier die Darstellung vom Gesichtspunkt der irdischen Verhältnisse aus betrachtet zunächst abschließen, um eben jene Voraussetzungen zu schaffen, die ein tieferes Verständnis möglich machen.

V

Eine erste Brücke zu einem Verständnis übersinnlicher Erlebnisse kann die Tatsache bilden, daß die Dramen nicht in Prosa, daß sie in Rhythmen, in Jamben (v -) zumeist gedichtet sind. Versfüße können uns auffordern, die dichterischen Bilder nicht nur vorzustellen, aufzunehmen und mitzufühlen, sondern die Schritte als Bewegung von Kürzen und Längen mitzuerleben, sie, innerlich schreitend, bewegt mitzumachen. Versuchen wir es einmal! Wohin bewegen sich Professor Capesius und Dr. Strader in dem ersten Gespräch des ersten Bildes? Professor Capesius beginnt, den Blick auf die Innenwelt gerichtet, die ihn lange trug:

> So hat man denn
> In vielen Jahren ernsten Strebens
> Durchwandert mancher Zeiten wechselnd Wesen –   (I/1)

Nun erlebt er «wankend wird die Stütze mir» –. Er beginnt unsicher zu werden, vergleichbar dem, wie man es im Dunkeln auf ungebahntem, abschüssigen Boden wird. Er ahnt, so schildert er es, ein Licht, ein Ziel, das ihn anzieht. Aber

> Nicht so, als ob an mir es wäre,
> Zurückzustoßen das Erlebte;
> Es scheint mir fast,
> Als könnte dieses Etwas meine Art
> In sich nicht dulden.

Er wird in seinem Schreiten, das ihn der Schwelle der geistigen Welt entgegenführt, zurückgehalten.

Dr. Strader schreitet – wir spüren seinen kräftigen, Widerstand beiseitestoßenden Schritt – noch einmal erinnernd seinen mit schweren Entschlüssen belasteten Lebensweg ab. Innehaltend erlebt er die Seherin Theodora und ihre Botschaft (I/1). Danach treten eine Reihe anderer Persönlichkeiten in den Raum. Er geht zuhörend mit ihnen mit. Es sind darunter Menschen, denen die geistige Welt eine Realität ist: Benediktus, Felix und Felicia Balde, Maria und ihre Freundinnen. Er nimmt die Wirkung auf, die von einem jeden ausgeht. Sein Schreiten wird unsicher. Alte Wunden brechen auf. Er steht am Abgrund. Aus der Tiefe bricht hervor, was ihn auch vorher schon oft schreckte:

> Gespenstig – aus dunkler Geistestiefe
> Ein schreckhaft Traumewesen – –
> Bezwingst du mich
> Mit deinen stumpfen Denkerwaffen nicht,
> Bist mehr du nicht
> Als flüchtig Truggebild des eignen Wahnes nur.

Maria und Johannes – schreiten sie auch? Sie durchwandern noch einmal die Vergangenheit, die sie in die gegenwärtige Lebenskrise gebracht hat, und bekennen, daß sie nicht weiter wissen. Auch sie stehen am Abgrund. Diesen aber ahnt der Zuschauer von Anbeginn, wenn nämlich die Bühne einen Augenblick leer bleibt und im Hintergrund allein eine Büste Ahrimans, des Herrn des Todes, zu sehen ist. Die Bewegung der Schwelle entgegen kann mitgemacht werden, wenn man die Versrhythmen ernst nimmt und mitschreitet.

Der zweite Teil des ersten Bildes ist merkwürdig. Es sprechen Menschen verschiedener Weltanschauungen, jeweils nur kurz: ein Vertreter religiösen Lebens – Theodosius; eine Frau, deren 'Urbild im Verlaufe als Seele der Liebe sich offenbart' – 'die andre Maria'; Romanus, ein Tatmensch aus dem äußeren Leben usw. Vier 'Urbilder' – diese Bezeichnung erscheint im Personenverzeichnis – sprechen durch ihre jeweiligen Vertreter. Wir werden vorbeigeführt an dem Vertreter des Fühlens oder 'des Geistes der Liebe', dem Vertreter des Wollens oder 'des Geistes der Tatkraft'. Auch in German, der ohne bewußte Anstrengung zur Geisteswissenschaft geführt wurde, steht nicht der volle, bewußt um Erkenntnis ringende Mensch vor uns. Wir erleben in ihm die Möglichkeit, daß «wie von selbst, wie von Natur» das Geisteswesen in ihn einzog – «diese Denkungsart, sie zog mich zu sich, so wenig ich auch selber tat».

Es stehen also die Repräsentanten[5] von verschiedenen Lebenshaltungen und Weltanschauungen vor dem Blick. Sie wollen Hilfe bieten, um den Abgrund zu überwinden, der sich auftut zwischen Erkennen und Handeln, zwischen Natur und Geist. Es wird ferner auch angedeutet, daß er überwunden werden kann, indem die Gedanken der Geisteswissenschaft Leben spendend zu liebevoll-selbstlosem Handeln führen, oder schicksalhaft als etwas ganz Selbstverständliches und Natürliches aufgenommen werden. Für den aber, der im Erkenntnisringen vollbewußt mit wachem Ich die Quellen des Lebens finden will, ist der Abgrund so nicht zu überbrücken. Es bleiben am Ende Dunkel, Ungewißheit und der Entschluß von Maria und Johannes, den Geisteslehrer aufzusuchen.

Das Miterleben des Schreitens im Versmaß des Jambus, der durch das ganze Bild geht, bringt uns selbst in Bewegung. Physisch sitzen wir der Schwere hingegeben und schauen zu. Aber unser Lebensgefüge, unser Ätherleib macht das Schreiten mit. Wir beginnen eine belebende, verwandelnde Wirkung zu spüren, die auch äußerlich wahrnehmbar wird. Es ist ja immer aufschlußreich zu sehen, wie Menschen nach einer Vorstellung aus einem Theater herauskommen: erregt, nachdenklich, versunken, debattierend, erhoben – ich erinnere mich an die Zeit, als ich noch studierend in Dornach in der Nähe des Goetheanum lebte. Zu Festeszeiten gab es eine oder mehrere Dramenaufführungen. Dann kamen die Gäste von auswärts. Man sah ihnen die Freude an, da zu sein, aber auch noch die Hetze der Städte, aus denen sie kamen, die Unruhe der Zeit. Nach einer Woche jedoch waren Gang und Gesten beruhigt, verwandelt, erfüllt. Es war erstaunlich zu sehen. Dieser tragende, besser: bewegende Rhythmus mit seiner Wirkung auf das Ätherische ermöglicht dann auch, manches aufzunehmen, was man zunächst begrifflich-inhaltlich nicht voll versteht.

Noch ein anderes Kunstmittel muß hier bedacht werden. Und dabei komme ich auf die Seelenkräfte Philia, Astrid und Luna zurück, von denen schon die Rede war. Im ersten Bild sind zunächst sieben Menschen versammelt: jene vier Erkenntnissucher Maria, Johannes, Capesius und Strader und die drei Freundinnen der Maria, die im weiteren Verlauf der Dramen als solche nicht mehr erscheinen. Hier sprechen sie bedeutsame Dinge aus. Philia kann mit sensibler Wahrnehmungskraft ausdrücken, was in den Empfindungen lebt: «... ein ganzer Chor aus Meinungen und Gesinnungen», der «zusammentönte in dem Kreise – der Harmonien gab es viele, doch auch so manche herbe Dissonanz». Sie fühlt, «was die Seele braucht, die an sich selber glauben soll». Astrid greift ein, als sie sieht, wie das scheinbar so fest gegründete Denken der beiden Wissenschaftler unsicher wird: «Ach könntet ihr den Boden doch betreten, den euer Denken meiden will!» Luna erscheint als ein realistischer Mensch, weniger geneigt zu gedanklichen Auseinandersetzungen, aber klar, bestimmt, fest gegründet in ihren Ansichten und abstrakter Diskussion abhold.

Die drei waren mir jede in ihrer Art aus dem Leben wohlbekannt. Wenn ich eine interessante Reise plante, wünschte ich mir eine meiner Freundinnen als Begleiterin, die der Philia glich. Dann, wußte ich, würde ich so unendlich viel mehr und Interessantes und Charakteristisches erleben, als ich es allein gekonnt hätte. Diese Freundin brauchte nur kurz über die Straße gegangen sein, – sie brachte eine Fülle lustiger oder wertvoller Eindrücke mit. In den Bombennächten hingegen, während des Krieges im Luftschutzkeller, dachte ich: Wäre doch meine 'Luna' mit ihrer Willensstärke in der Nähe! Sie würde immer wissen, was zu tun ist. Alles würde zu ertragen sein und die Bangnis schwinden. Sie verbreitete Ruhe und Umsicht. Auch meine 'Astrid' liebte ich sehr. Mit ihr umwanderte ich – nachdem wir uns eigentlich schon verabschiedet hatten – noch mehrmals den Bahnhof, wo unsere Wege sich trennten, weil der Austausch unserer Erlebnisse und Gedanken so beglückend fruchtbar war. Es fiel immer schwer, das Gespräch abzubrechen.

Im Drama spricht Astrid von den Wundern der Natur, in denen sie den schaffenden, sich vielfältig offenbarenden Geist zu erforschen sucht. Sie mag Maria am nächsten stehen – «Du, meines Geistes geliebtes Spiegelbild» – und in ihrem Hause wohnen. Gegen Ende des ersten Bildes ist sie es, die Maria im Gespräch mit Johannes unterbricht, weil ihre Anwesenheit an einem anderen Ort erforderlich ist.

Diese drei Gestalten treten im weiteren Verlauf nicht dramatisch mit ihren Schicksalen und ihren seelisch-geistigen Entwicklungen auf. Sie bleiben in der Erinnerung als Träger der lebhaft empfindenden, gemüthaft tief verständigen oder willensstarken Seelenkraft, mit der sie Maria unterstützen und ins Gespräch eingreifen. So aber können sie empfunden werden als 'Geister von Marias Seelenkräften', wie es im Personenverzeichnis heißt, oder als 'Wesen des menschlichen Geisteselementes'. Im dritten und vierten Drama werden sie 'Wesenheiten, welche die Verbindung der menschlichen Seelenkräfte mit dem Kosmos vermitteln', genannt.

Um sich mit Verständnis diesen übersinnlichen Wesenheiten und der Art ihrer Darstellung nähern zu können, mag es wiederum hilfreich sein, vergleichbare Gestalten im eigenen Umkreis aufzusuchen. Da gilt es zunächst zu unterscheiden: Wer ist so mit meinem Schicksal verwoben, daß er eine bewegende Rolle im Lebensdrama spielt? Und wer ist andrerseits Begleiter im Umkreis, besänftigend, verstärkend, anregend, beratend? Wer im eigenen Menschenkreis sind die dramatischen, die ins Schicksal eingreifenden Personen, und wer die begleitenden, von deren Stimmung und Tragekraft doch auch soviel abhängen kann? Letztere sind die Träger von Weltenströmungen, die helfend an uns herankommen. Hinter ihnen dürfen wir – unserem Alltagsbewußtsein verschlossen – geistige Wesen ahnen. Wir werden im nächsten Brief zu sprechen beginnen über Methoden, die das Bewußtsein erweitern können, und später dann auf die Inhalte des Schauens eingehen. Hier aber sei noch einiges hinzugefügt über die Seelenkräftewesen, deren dramatische Gestaltung es ermöglicht, daß Marias Freundinnen gleichsam als Abbilder der geistigen Urbilder erscheinen.

Ja, gibt es denn wirklich etwas – so muß man fragen –, was diesen Gestalten im Leben entspricht? Gibt es reale geistige Wesen, die dem Menschen zu Hilfe kommen und für jeden Menschen andere sind? Man kannte bisher wohl den Schutzengel, der den einzelnen Menschen behütet, führt, warnt, begleitet. Er wurde auf Bildern alter Zeiten wunderbar gemalt. Durch die Dramen kann uns deutlich werden, daß auch das höhere Ich, das sich herausringt, das kräftig wird und ins Leben eingreifen will, Helfer hat. Man darf sie kennenlernen durch die Dramen. Man darf sie rufen, ja, man soll sie rufen, so sagte mir eine der ersten Eurythmistinnen, Annemarie Dubach-Donat!

Wie ist dieses darzustellen? Ich sprach im Anfang des Briefes von dem Kunstmittel des Rhythmus. Ein zweites Kunstmittel ist gegeben durch das Erfassen der Bildgestalt sinnlich-sichtbarer Erscheinungen. Was heißt das? Es treten zunächst die drei Freundinnen der Maria auf. Sie werden durch eine gewisse Einseitigkeit ihres Wesens zu Trägern von Kräften, die, real vorhanden, den Menschen prägen und durchfluten. Sie lassen den Menschen als einen Repräsentanten bestimmter Kräfte erscheinen. In den übersinnlichen Erlebnissen späterer Bilder können sie zu imaginativen Bildern für die 'Geister der Seelenkräfte' von Maria, Capesius u. a. werden.

Ähnliches gilt für andere Gestalten des Dramas. Durch Romanus, der da sagte:

> Wenn Räderschwirren
> Mir in die Ohren tönt,
> Und wenn zufriedener Menschen Hände
> An Kurbeln ziehen,
> Dann fühle ich die Lebensmächte – –

blickt man einen Augenblick wie durch ein Fenster in die Welt der Fabriken, des Wirtschaftslebens. Durch Theodosius wurde die Welt des Glaubens, der Kirche anwesend. Als Johannes Thomasius später das in und nach dem Vortrag des Benediktus Erlebte zu verarbeiten sucht, durchdenkt, durchmeditiert, da bieten ihm diese urbildlichen Gestalten gewissermaßen das Bildmaterial für imaginative Bilder: Sie werden zu Hierophanten im Felsentempel des fünften Bildes. Der in dem Gespräch aus religiösem Empfinden von der Notwendigkeit des Glaubens sprach, wird zum Hierophanten des Fühlens und schenkt, im Süden stehend, die Wärme und Kraft der Liebe. Der Tatmensch wird – im Westen stehend – zum Hierophanten der Willenskräfte.

Auch hierzu lassen Sie mich, um das Verständnis zu erleichtern, ein Beispiel aus dem Leben geben. Der Gatte einer älteren Freundin, mit der mich mancherlei Schicksale verbanden, war eine starke, kluge, praktische Persönlichkeit, für mich der Inbegriff eines Menschen, der fest und sicher in der Welt steht und in allen Lebenslagen Rat weiß. Ihm eignete eine Lebenskunst, die aus religiösen und moralischen Quellen gespeist wurde, ein Sinn für Formen und Tradition. Mit ihm hatte ich eigentlich nur Berührung, wenn ich – die Alleinstehende – Rat brauchte in äußeren Dingen des Lebens, in rechtlichen, finanziellen, beruflichen Fragen. Er war mir der 'Repräsentant' der Welterfahrung und Tüchtigkeit.

Um das neue Kunstmittel zu verstehen, gilt es den Blick zu erweitern, zu verwandeln. Wir begnügen uns für gewöhnlich damit, einen solchen Menschen als Typ zu benennen und zu beschreiben. Wir können aber bedenken, daß er ja Weltenströmungen und Weltenkräfte an uns als Vertreter derselben heranträgt, die wir durch ihn erfahren. Gerade zu den einseitig vor uns hintretenden Menschen gehört unsichtbar die Weite und Fülle von in der Welt wirkenden Kräften. Da ist es, als ob Fenster in große Räume geöffnet sind. Solche Menschen können dann in der Imagination zum Bilde werden für weit Höheres, als sie selbst im Leben schon darstellen. Und durch solche Bilder können dann auch Verhältnisse höherer Welten dramatisch gestaltet und erlebt werden. An die Stelle also von Nebenpersonen, die Stimmungen, Charaktereigenschaften betonen, Lebensumstände verdeutlichen, treten in den Mysteriendramen Gestalten, welche die Entwicklungen der Hauptpersonen umgeben und begleiten, derart, daß der Blick geöffnet wird für eine spirituelle Umgebung, für Wesen und Kräfte, die unsichtbar um uns sind.

Eine Gestalt noch kann uns in diesem Zusammenhang beschäftigen: Helena, die gegen Ende des ersten Bildes, als Maria abberufen wird, zurückkommt, um mit Johannes zu sprechen. Sie hat mit echtem Mitgefühl beobachtet, daß hier ein junger Mensch tief unglücklich ist und vielleicht vor dem Tode steht. Sie ist überzeugt, daß er in seinem Streben falsche Wege eingeschlagen haben muß und daß sie selbst in der Lage sei, ihm zu helfen. Sie kommt aus einem Menschenkreis, der ihr ergeben ist und ihr Vertrauen schenkt, der ihre Ratschläge annimmt. «Ich seh die Früchte an so vielen, die mir vertrauend sich vereinen – –» und, wie sie meint, dabei gedeihen. Echte Hilfsbereitschaft, Überzeugung, den rechten Weg zu wissen, paaren sich mit dem Bestreben, den Künstler in ihre Kreise zu ziehen und vielleicht ihn Maria zu entfremden. Sie gehört auch in den Umkreis des Benediktus. Sie ist aber eine von jenen Anhängerinnen, die auf einer Stufe verharren, die höchstens ein erstes Durchgangsstadium sein darf. Sie sucht «jene Freude, die in den Worten keimt, durch die der Geist sich selbst verkündet». Sie ist nicht bereit, Schmerz und Opfer auf sich zu nehmen, die auf einem echten Erkenntniswege gefordert werden. Ihr geht es letztlich nicht um das Erleben der Geistwelt, sondern um eine Erhöhung des eigenen Lebensgefühls. «Gesundheit

nur ist unsrer Lehre wahre Frucht, und Lebenskraft erblüht aus ihr».
Mit letzterem spricht sie wohl eine Wahrheit aus, und es ist gut und richtig, Geisteswissenschaft auch um dieser Früchte willen zu pflegen. Entschließt sich aber ein Mensch, selbst den Weg in die geistige Welt zu suchen, nicht nur die Übungen regelmäßig zu machen, sondern auch ein Verantwortung Übernehmender, ein 'Repräsentant' der anthroposophischen Sache zu werden, so muß er bereit sein zur Wandlung, auch unter Schmerzen. Diese Einsicht hat Helena nicht. Sie maßt sich Führungsqualitäten an, ohne diese Konsequenzen zu ziehen. Sie bleibt also auf dem Standpunkt des Anfängers und des mehr von außen die Früchte Genießen-Wollenden stehen, obwohl sie beansprucht, andere zu führen. Diese Selbsttäuschung, verbunden mit ihrem Egoismus, zeigt sie als Repräsentantin einer die Entwicklung hemmenden Weltenmacht, die wir später genauer kennenlernen wollen. Johannes Thomasius durchschaut sie und kommt dabei zu einer äußerst wichtigen Erkenntnis:

> ... Daß selbst der höchsten Weisheit Worte
> In *deinem* Wesen Seelenwahn nur sind,
> Das zeigt ein einziger Augenblick.

Er begreift, daß es nicht nur darauf ankommt, überhaupt Geisteswissenschaft aufzunehmen. Das kann durchaus in Illusionen führen, kann Egoismus züchten und alle jene unliebsamen Eigenschaften hervorrufen, die von Estella im Vorspiel erwähnt werden. Das 'Wie' der Verarbeitung ist ausschlaggebend, das Erwecken des höheren Selbstes, der Weg, die Methode!

Das Auftreten von Repräsentanten, die zu imaginativen Bildern werden können, um Spirituelles darzustellen, das ist also das zweite Kunstmittel, das ich erwähnte. Es liegt mir sehr am Herzen, daß dieses verstanden wird, ebenso wie der Gebrauch des Rhythmus.

VI

Es freut mich, daß Sie meinen Ausführungen gut folgen konnten. Sie schreiben, daß Sie die Empfindung gewonnen haben, in einer Welt zu stehen, die hinter und zwischen den sinnlich greifbaren Menschen und Dingen sei und geheimnisvolle, unsichtbare Strömungen enthalte, und dieses sei Ihnen eigentlich auch wieder nicht fremd gewesen.

So möchte ich Ihnen heute von dem Weg sprechen, der diese Ahnung einer geistigen Welt zu deutlichen Empfindungen, ja Wahrnehmungen führen kann. Sie wissen, daß Rudolf Steiner in seinen Grundwerken, vor allem in 'Wie erlangt man Erkenntnisse der höheren Welten', hierzu viele Angaben macht und auch in Vorträgen davon gesprochen hat. Wir stehen da vor einer Fülle von Übungen, wissen oft nicht, welche wir beginnen sollen und wie uns beschränken. Wir merken allmählich: Es gibt nicht nur einen Weg für alle. Die Schulung ist individuell, und wir müssen selbst herausfinden, welches unser Weg ist. Die sogenannten 'Nebenübungen' zur Beherrschung des Denkens, Wollens, Fühlens usw. sind das Allgemeingültigste, und das 'Erkenne dich selbst!', das uns im ersten Drama entgegentönt, ergeht an jeden Menschen. Dann aber gilt es, aus der Fülle der Möglichkeiten die eigenen Mittel zu wählen. Blicken wir auf die Dramen, so wird uns das ganz deutlich. Als Johannes Thomasius Schüler des Benediktus wird (I/3), empfängt er ein bestimmtes Mantram. Professor Capesius findet lesend das Wort, das zu ihm gehört und das ihn künftig begleitet (II/1).

Beginnen wir wiederum die Betrachtung mit Capesius. Das Wort, das ihn in tiefste Bewegung bringt, lautet:

> In deinem Denken leben Weltgedanken,
> In deinem Fühlen weben Weltenkräfte,
> In deinem Willen wirken Weltenwesen.
> Verliere dich in Weltgedanken,
> Erlebe dich durch Weltenkräfte,

Erschaffe dich aus Willenswesen.
Bei Weltenfernen ende nicht
Durch Denkenstraumesspiel - - -;
Beginne in den Geistesweiten,
Und ende in den eignen Seelentiefen: -
Du findest Götterziele,
Erkennend dich in dir.

Es wird darauf verwiesen, sich zu erkennen als dreigegliederten Menschen. Professor Capesius konnte gut denken. Er hat in Ideen gelebt, die ihm zuströmten. Er dachte philosophisch, geschichtlich, beglückt über die entdeckten Zusammenhänge. Aber hätte er z.B. die Idee einer Pflanze denken können, wenn nicht die Idee Pflanze, mit allem, was zu ihr gehört - wurzeln, wachsen, blühen, fruchten, Leben, Organismus usw. - in der Pflanze wirksam wäre? Die Beziehungen, die jeder Teil, jede Funktion zum Ganzen hat, sind zusammengefügt, wie einem Plane folgend. Die materiellen Teile allein können sich nicht so sinnvoll zusammenfügen. So taucht die Idee der «Urpflanze» auf. Die schöne geometrische Form des Kristalls sowie die sinnvollen Einrichtungen des Tierkörpers weisen darauf hin, daß Weltgedanken am Werke sind, aus denen wir dann die unsrigen schöpfen.

In unserem Fühlen wird es fast noch spürbarer: Gefühle (Freude, Zuneigung, Trauer, Scham, Haß) steigen in uns auf. Wir fühlen uns von ihnen beschwingt oder bedrückt, beschämt usw., aber sie sind da, ohne daß wir selbst sie bewußt hervorbringen.

Und im Wollen ist es ganz deutlich: Wir haben Absichten, Vorstellungen, Ziele. Wie aber unsere Glieder dazu bewegt werden, auszuführen, was wir wünschen, entzieht sich der Beobachtung. Wir sehen erst wieder das Erreichte. Wir bleiben aber für gewöhnlich in unserem inneren Erleben stecken und machen uns nicht klar: «In deinem Denken leben Weltgedanken - in deinem Fühlen leben Weltenkräfte». Capesius ist zutiefst erschüttert. Wie soll er sich zu diesen Weltenkräften stellen? Im Denkbereich gilt es, die Realität der Weltgedanken wach aufzusuchen, ohne Egoismus, ohne Träumerei. Im Bereich des Fühlens soll er die eigene Seele erleben, von Weltenkräften durchströmt, gespeist. Sich selbst, sein eigenstes, tiefstes Selbst aber soll er selbst schaffend hervorbringen. Das höhere Selbst, die wahre Individualität, tritt ins Dasein, besser: in dauerndes Werden durch höchste Aktivität. Lasse die Gedanken, die sich fortspinnen wollen, hinwandern zu Erdenursprung und Erdenende! Das könnte leicht zu irrealen Spekulationen verführen, 'Traumspiel' werden. Aber – und nun kommt die eigentliche und schwerste Aufgabe: Verbinde Kosmos und Welt mit deinen eigenen Seelentiefen! Schlage die Brücke über diesen Abgrund! «Beginne in den Geistesweiten und ende in den eignen Seelentiefen!» Lerne erkennen diese Geistesweiten! Studiere, was der sie Schauende, der sie Erkennende, was die Geisteswissenschaft von ihnen sagt, und steige in das eigene Innere, bewußt, wach beobachtend. Auch zu diesem ist der Weg gewiesen. «Du findest dich selbst!», findest deine wahren Lebensziele – Götterziele.

Das Wort, mit dem er sich beschäftigt, ist gebaut auf die Dreiheit.[6]

Eine ganz andere Anleitung erhält Johannes Thomasius (I/3):

> Des Lichtes webend Wesen, es erstrahlet
> Durch Raumesweiten,
> Zu füllen die Welt mit Sein.
> Der Liebe Segen, er erwarmet
> Die Zeitenfolgen,
> Zu rufen aller Welten Offenbarung.
> Und Geistesboten, sie vermählen
> Des Lichtes webend Wesen
> Mit Seelenoffenbarung;
> Und wenn vermählen kann mit beiden
> Der Mensch sein eigen Selbst,
> Ist er in Geisteshöhen lebend.

Ihm wird zunächst eine Zweiheit vor Augen gestellt: Licht und Liebe, Raum und Zeit in ihrer Gegensätzlichkeit. Auf das Licht als Meditationsstoff hat Rudolf Steiner in verschiedenen Mantren hingewiesen (so z.B. 'Wahrspruchworte' oder 'Seelenkalender'). Licht ist ein geheimnisvolles Wesen in der uns umgebenden Welt. Es ist selbst unsichtbar und macht, wo es aufgeht, alle Dinge sichtbar. Es zeigt sie in Beziehung zueinander, vereint die uns umgebenden gleichsam in Bildern. Es ruft die Farben hervor und verwandelt, wo es aufgeht, die Seele im Anschauen. Öffnen wir nach der Nacht die Fensterläden: Licht strömt ein und weckt Zuversicht, Lebenslust. Draußen erwarten uns Sonnenglanz und Farbenfülle – oder das Licht ist gedämpft von Wolken und Regen, die Farben matt im Grau, und wir suchen den Weg nach innen, wo in geistiger Arbeit ein inneres Licht aufzuleuchten beginnt. Immer aber ist es das Licht, das uns erleuchtet und trägt, indem es das Empfinden von wesenhafter Gegenwart in uns bestärkt. – Und doch sind die derart erscheinenden Bilder mit ihrem jeweils tragenden Seinsgrund in ständiger Wandlung. Jede Stunde ist anders. Jeder Tag, jedes Jahr bringt Neues hervor. Was erzeugt die immerwährende Bewegung? Was ruft zu ständigem Entstehen und Vergehen? Die Schöpferkraft der Liebe mit ihrer Wärme ruft das immer neue Werden hervor! Kälte führt das Entstandene in den Tod. Liebe bringt hervor – Licht bringt zur Erscheinung. Licht wirkt an der geheimnisvollen Grenze, wo Unsichtbar-Geistiges übergeht in Sinnlich-Wahrnehmbares. «Im Lichte lebt Weisheit» – diesen Satz gab Rudolf Steiner gelegentlich seinen Schülern als Meditationsinhalt. Im Menschen lebt das Licht als Bewußtsein erhellend, Beziehungen herstellend, als Weisheit. Die schöpferische Liebe aber ergreift Gefühl und Willen. Sie ist an unbewußte Regungen gebunden, an Emotionen und Leidenschaft. Sie ist zunächst nicht frei von Illusionen und Täuschungen. Erst wenn das höhere Selbst sich losgerungen hat, voll geboren ist, und das Geistselbst wirksam wird, kann sie der Weisheit voll verbunden sein. Höhere Wesen als der Mensch ('Geistesboten', Angeloi, Engel) «vermählen des Lichtes webend Wesen» mit den Seelenoffenbarungen der Liebe. Johannes Thomasius leuchtet das Ziel seines Strebens auf, seine schwere Aufgabe: Die Zweiheit von Licht und Liebe mit seinem höheren Selbste zu verbinden und sich derart zu Geisteshöhen zu erheben.

Wenn wir uns so ein weniges – das vielfach zu ergänzen wäre – von dem Inhalte der mantrischen Worte vor Augen gestellt und durchdacht haben, so müssen wir uns klar sein, daß solches Tun nur eine Vorbereitung ist, noch nicht die Meditation selbst. Um die Worte und Inhalte zu einer solchen zu machen, dazu gehört nun, daß man die vorbereitenden Gedanken wieder ausschaltet und allein ruht auf Wort und Bild des Meditationsinhaltes. Erst dann erfährt man, erlebt man die volle Wirklichkeit dessen, was man bisher nur gedacht hat. Die Vorstellung erfüllt sich mit Leben, das einen mit seinen Kräften ergreift. Da dieser Vorgang schwierig ist und oft nicht erreicht wird, möchte ich noch eine Beschreibung einfügen, wie sie der Arzt Paul Jaerschky in seinem Buche 'Lebensbilder aus ärztlicher Erfahrung' gibt: «Man konzentriere Gefühle und Willensimpulse auf einen Gedanken. Man mache zunächst nur einen Gedanken in der Seele gegenwärtig. Aus freiem Willen stelle man ihn ins Zentrum des Bewußtseins und halte ihn daselbst fest, bis er mit der Seele eine Einheit geworden ist, mit den Seelenkräften ganz verschmolzen. Um dieses Einswerden zu erlangen, muß man üben Wochen, Monate, ja vielleicht Jahre hindurch. Denn alles übrige Denken und Empfinden, alles Fühlen und Wollen, alle Sympathie und Antipathie muß man strengstens fortweisen. – Hat die Seele sich den Gedanken in seiner Reinheit erobert, so muß der Mensch wissen, was die Seele beim Denken tut. – Auf diese Weise erfährt er: Die Erfahrung der Seele ist nicht weniger real als die des experimentierenden Physikers oder Chemikers. Denn er fühlt ja vollbewußt die handelnden Seelenkräfte, fühlt, wie der Strom eines Verborgenen heraufströmt, wenn er sich mit den handelnden Seelenkräften identifiziert hat. Der Übende fühlt den Strom seiner Aktivität anschwellen, erlebt seine kosmische Flut. Dann aber kommt der unvergeßliche Augenblick der Seele: Das Verborgene, das einfloß in die Denkkraft, das strömt nun wieder aus und strömt hinein in die Welt. Die kosmische Ebbe der Seelenkraft des Denkens ist die neue Erfahrung, eine neue Weisheit. Denn man fühlt dabei: Die Seele wird aus dem Leibe geholt, wird frei und vereinigt sich mit dem Allgeiste der Welt, der durch die Welt wehend wirkt. Diese Abtrennung der Seele vom Leib ist der erste Akt der Seelenkräfte-Ausbildung.»

Johannes Thomasius gelingt seine Übung. Er kommt zu den ersten übersinnlichen Erfahrungen. Professor Capsesius jedoch erfährt beim Durchdenken der Worte «In deinem Denken leben Weltgedanken –» eine tiefe Erschütterung, die nur durch das Dazwischentreten des Benediktus nicht zu einer Krankheit führt. Es bleibt aber die Gefährdung. Im dritten Drama, nach etwa 13 Jahren, finden wir ihn bei den Freunden im Balde-Häuschen in einem sonderbaren Zustand. Felix Balde sagt von ihm:

> Es lebt sein Geist in höhern Welten nur
> Und läßt ganz unbeachtet jene Dinge,
> Die durch die Sinne zu der Seele sprechen.
> Wie durch Gewohnheit nur vollführt er alles,
> Was er im Leben sonst zu tun gepflegt.
> Die alten Freunde sucht er stets zu sehn
> Und auch mit ihnen Stunden zu verleben,
> Obgleich er doch an ihrer Seite nur
> Dem eignen Wesen zugekehrt erscheint. (III/5)

Und wieder ist es Benediktus, der die Krise fruchtbar werden läßt. – Nachdem wir uns so verständigt haben über die Möglichkeit, Erfahrungen nicht nur in der sinnlichen Welt zu machen, und einiges weniges über den Schulungsweg ausgeführt ist, können wir nun darangehen, die Gestalten der Dramen nicht nur von den Perspektiven des irdischen Sinneslebens aus zu betrachten, sondern versuchen, ihnen auf ihren Geisteswegen zu folgen.

VII

Die neue Ebene, auf der wir die uns bekannten Personen aufsuchen wollen, betreten wir, wenn wir uns vergegenwärtigen, daß diese, wie schon erwähnt, eine Geistesschulung durchmachen, die sie zu Erfahrungen in der geistigen Welt führt. Wir sahen, wie Dr. Strader vor Betreten des Pfades ringt und fast zerbricht, bis Theodora als Geistesbote in sein Leben tritt. Wir erleben mit, wie er und zugleich Professor Capesius geweckt werden für die Wahrnehmung von verborgenen Geistesschätzen im Menschen selber durch das Porträt, das Johannes malte, und sprachen von der Geburt des höheren Ich. In Marias Leben und Schicksal hatte, wie wir sahen, der Geist unmittelbar eingegriffen. Ihre Leiden und Konflikte offenbarten auf verschiedene Weise ein höheres Ich, das in jedem Menschen waltet, aber meist nicht voll bewußt wird. Ihr eng verbunden ist Johannes Thomasius, auf den wir nun ausführlicher eingehen wollen. Erinnern wir uns, wie er aus Lebenskrise und Todesnähe geführt und später Schüler des Benediktus wurde.

Mit Maria lebend, ist er gewohnt zu meditieren. Gleich im zweiten Bild erleben wir, wie er sich nach den erschütternden Erlebnissen jenes Benediktus-Vortrages und des anschließenden Zusammenseins zu sammeln sucht mit dem alten Wort «O Mensch, erkenne dich selbst!» Er denkt diese Worte nicht nur, sondern er hat bereits die Kraft, sie zu hören! Sie tönen ihm aus seinem Umkreis von «Felsen und Quellen», von dem Festen der Erde und dem lebendig Strömenden. Er erlebt sich in Einheit mit der Welt. Nachdem er sich selbst aber außerhalb des Leibes ergriffen hat und nun zurückblickt auf das, was er vorher sein Selbst nannte, taucht er in Finsternis. «Es raubt mir jetzt mich selbst.» In diesem Außer-Sich-Sein wird er hingetrieben zu einem Menschen, dem er schweres Leid zugefügt hat:

> Er ließ im Kummer mich allein,
> Er raubte mir die Lebenswärme
> Und stieß in kalte Erde mich.

Johannes' Seele, die hier in der Meditation ihren Leib verläßt und ihr höheres Selbst noch nicht gewonnen hat, erlebt, was die Menschen nach dem Tode erleben, die sich ein Geisteslicht noch nicht entzünden können: Das Dunkel und die Leiden, die sie – oft unbewußt oder unbeachtet – anderen zugefügt haben. Sie wird mit dem Bösen konfrontiert, mit dem sie verbunden ist: Sie schaut sich im Bilde des Drachen. So fühlt sich Johannes wie an fremdes Wesen gefesselt, das ihm in Drachengestalt gegenübersteht. – –

In dieser Zeit erlebt er die ganze Labilität seiner jungen Künstlerexistenz, und es ist das Erlebnis des Völlig-am-Ende-Seins, das er dann mit Maria zusammen zu Benediktus trägt. Hier aber erweist es sich, daß der Zusammenbruch tieferen Kräften die Bahn freigemacht hat:

> ... Kraftvoll hat dein Selbst sich durchgekämpft,
> Auch als in eigner Brust die Zweifel wühlten
> Und dich den dunklen Tiefen überliefern wollten. (I/3)

Er hat durch die Geisteswissenschaft Schätze gesammelt, von denen Benediktus sagt:

> Ich durfte dir an Weisheitsschätzen geben,
> Was Kraft dir brachte,
> Dich selbst zu halten,
> Auch da du selbst an dich nicht glaubtest.

Er besteht, wie wir schon sahen, die Prüfung, d. h. er erkennt den Widersacher, der in diesem Augenblicke durch Maria spricht. Dadurch verfällt er ihm nicht und empfängt den Segen und seine Meditation von Benediktus.

Im vierten Bilde erleben wir ihn in seine Meditation versenkt, außerhalb der Bühne sitzend. Was er schauend in imaginativen Bildern erlebt, sehen wir auf der Bühne vor uns. Was mag er meditieren? «O Mensch, erkenne dich selbst!», den weckenden Anruf, den wir vom zweiten Bilde kennen? Oder ist er vielmehr hingegeben an die Worte, die ihm Benediktus gegen Schluß des dritten Bildes gab: «Des Lichtes webend Wesen – es erstrahlet durch Raumesweiten ...»?

Beides klingt hindurch. Denn ihm erscheinen die Wesen, die in Licht und Finsternis, in Wärme und Kälte als Widersachermächte leben, und das Bild beginnt mit den Worten: «O Mensch, erkenne dich!» Ihm erscheinen Luzifer und Ahriman. Mit ihnen hat der Mensch im Erdenleben zu tun, seit die Sinnesaugen aufgetan wurden und die materiell-stoffliche Welt ihm den Ausblick in die geistigen Welten, in die himmlische Heimat seines Ursprungs verdeckt. Sie muß er als erstes wahrnehmen lernen. Nicht nur *ein* böser Geist, der Teufel oder Mephisto, erscheint ihm. Denn das der göttlichen Schöpfermacht entgegenwirkende Böse ist zweifacher Art: Seit das große Werden begann und durch die Zeiten fortströmt, ist zweierlei Abirrung möglich: Ein Zurückbleiben und ein Vorgreifen; eine Macht, die alte Zustände erhalten will über ihre Zeit hinaus, und eine, die noch Unreifes zu früh zeitigt. Das Rechte liegt in der Mitte.

Darauf kann uns schon das gewöhnliche Leben aufmerksam machen: Mut ist eine hohe Tugend. Abirrungen von ihr sind zweifach möglich: Tollkühnheit und Feigheit. Oder nehmen wir die Tugend der Geduld: Ihr steht gegenüber die Ungeduld wie die Lässigkeit. Bleiben wir bei der einfachen Gegenüberstellung einer Zweiheit, etwa gut/böse, irdisch/himmlisch usw., so nimmt, ohne daß wir es merken, die eine Seite Züge an, die in Illusionen führen, wie denn auch der Himmel zuweilen als Ort des Wohllebens und der Bequemlichkeit vorgestellt wird und das Böse höchst widersprüchlich bald als verführerisch Schönes, bald als abstoßend Häßliches erscheint. Rudolf Steiner hat auf diese Widersprüche hingewiesen und die Zweiheit des Bösen dem Göttlich-Guten gegenübergestellt. Wir lernen sie nun im vierten Bilde kennen. Die beiden Wesen charakterisieren sich selbst.

Luzifer: Es wollten Geister
         Dir Schleier vor die Sinne legen.
         Ich riß entzwei die Schleier.
         Es wollten Geister
         In dir nur ihrem Willen folgen.
         Ich gab dir Eigenwollen.

         Erfüllen durft ich dich

> Mit starker Eigenheit,
> Mit Selbstseinsglück.

Davon kündet auch die Bibel im Bericht vom Sündenfall.

Die andere Macht, Ahriman, setzte mit ihrem Wirken etwas später ein. Dann nämlich, als die Erde immer dichter und materieller geworden war und der Mensch in die Illusion verfallen konnte, dieses stoffliche Dasein sei das Ganze, und nichts Geistig-Schöpferisches, keine Urgedanken seien damit verbunden.

> Ahriman: Du hast gefunden
> Der Erde Licht. - - -
> Ich härte sichern Boden.
> Es wollten Geister
> Der Sinne Schönheit dir entreißen.
> Ich wirke diese Schönheit
> In dichtem Licht.
> - - - - - -
> Mich schauten deine Leibesaugen
> In allem Erdenwerden.

Zu den Worten kommen aber bei der Aufführung die Gestalten und ihre Gesten: Luzifer in Rot, das auch den oberen Teil seines Kopfes überhöht, mit schönen, stolzen, aber ansaugenden, heranziehenden Gebärden, mit mächtiger, wohltönender Stimme – Ahriman, wie ihn auch die schon erwähnte Büste im rosenroten Zimmer der Maria zeigte: mit niedriger Stirn, vorspringendem Kinn, dazu abgehackten Bewegungen und rauher Stimme. Johannes Thomasius empfängt den sicherlich starken Eindruck, wie es dem Meditanten gebührt, in völligem Gleichmut, das Geschaute sich in ruhigem Sprechen einprägend:

> Das ist das Zeichen,
> Von dem Benediktus sprach.
> Die beiden Mächte stehen vor der Seelenwelt ...

Ich erinnere Sie an diese Szene, die Sie ja gesehen haben, so ausführlich, weil wir ja lernen sollten, diese Haltungen, diese Gebärden und Stimmen wiederzuerkennen in sehr vielem, was uns im Leben umgibt. Wir werden diesen beiden Mächten in den Dramen noch oft begegnen, sie in ihren eigenen Reichen aufsuchen und immer wieder neu und anders kennenlernen. Ich möchte hier nichts weiter hinzufügen und fahre mit Johannes' Erleben im vierten Bilde fort.

Johannes' erste übersinnliche Erfahrung mit Luzifer und Ahriman geht sogleich über in das Erscheinen des Geistes der Elemente, zusammen mit Capesius und Strader. Johannes sieht die beiden Wissenschaftler, wie sie von der Naturgewalt in das Erdenleben gestellt sind, so wie alle Menschen von ihr das Erdenkleid empfangen. Es ist kein bloßes Erinnerungsbild der beiden Menschen. Capesius, den er als alten Menschen kennengelernt hat, erblickt er nicht so, wie er ihn sah mit allem, was das Leben aus ihm machte, sondern verjüngt. Er schaut ihn so, wie er war, als er das Erdendasein begann, als sich das Urbild seines Wesens – seine Jugendideale und vorgefühlten Aufgaben – in seiner Erscheinung offenbarten. Dr. Strader hingegen, den jungen Naturwissenschaftler, sieht er vor sich, wie er werden muß, wenn er auf dem materialistischen Wege weiterschreitet. Der jugendliche Capesius genießt die Lebensfülle, die aus ihm hervorbricht, und sucht Selbstbestätigung:

> Ich fühle in dem neuen Feld
> Erwarmen meines Lebens Kräfte –
> – – – – – – – – – – – – –
> Und Vorgefühl der höchsten Leistung
> Entringt sich meinem Herzen. –   (I/4)

Der Entschluß zu seiner Lebensaufgabe bricht aus ihm hervor:

> Ich will in Worte wandeln
> Des Reiches Offenbarung,
> Das herrlich mich erquickt.
> Und Menschenseelen sollen
> Zu schönstem Sein erblühn,
> Wenn ich Begeistrung aus den Quellen,
> Die hier mir fließen,
> Eröffnen kann dem Leben.

Er ist – und das kann auch kaum anders sein – voll seligen Überschwanges. In ihm wird etwas von dem Wesen fühlbar, das wir gerade vorher als luziferisch erlebten.

Strader aber muß das Wort hören, das ihn in der Jugend tief erschreckte:

> Es ziemt dir, zu bekennen,
> Daß niemand wissen kann,
> Woraus des Denkens Quellen strömen
> Und wo des Daseins Gründe liegen.

In seiner Altersresignation und Beschränkung auf das rein Materielle klingt Ahriman durch. Beider Worte aber rufen Unwetter hervor. Die Art des Denkens, das diesen beiden Menschen eigen ist, kann der Natur nur Zerstörung bringen. Nie aber kann es den Dank abstatten für das, was die Erde uns schenkt.

Nun aber, allein gelassen, beginnen sie nach einer Brücke zu suchen, die Menschenwesen und Naturgewalten verbinden kann. Dabei vertraut Capesius dem «Trieb der innern Wesenheit», während Strader Ziel und Wirkung seines Tuns vorher bedenken und festlegen möchte. Da zeigt sich ihnen ein sonderbares Wesen. Es ist wie aus dem Felsen herausgeboren. Eine sanfte Musik geht seinen Worten voran. Es will «der Erde eignes Denken im Menschenkopfe denken». Es scheint die gesuchte Brücke zu kennen:

> ... Erwächst mir meine Kraft zu ihrer Höhe,
> So können alle Wesen meines Reichs
> In hehrster Schönheit strahlen.
> Es glänzt dann funkelnd Licht
> Von Fels und Wasser;
> Der Farben reichste Fülle
> Verbreitet sich im Umkreis, - - -

Solche gesegneten Augenblicke schenkt eine zarte, tiefe Liebeskraft, die jeden Anblick verklärt und etwas vom tiefsten Wesen der Dinge offenbart. Sie ist ein Geschenk, das dem Künstler werden kann, wenn er in der sinnenden Betrachtung einer Landschaft, eines

Kunstwerkes, eines Menschen etwas Urbildliches und Wesenhaftes erfaßt. Es ist eine Gnade und eine Kunst des Betrachtens mit der Liebe des Herzens. Geist in der Empfindungsseele[7] kann man es nennen. Als ich nach einem Beispiel dafür suchte, kam mir Rainer Maria Rilke in den Sinn, den Sie, wie ich weiß, kennen und schätzen. Er wies den Weg einer vom Gedanklichen ausgehenden Geistesschulung ab. Er vertiefte sich in das Anschauen mit Geduld und Zartheit, bis ihm die Impression zu sprechen begann und ihr Wesen verriet. Da sprach zu ihm das 'Felsenwesen'. Daher sind seine Reisebriefe so schön und inhaltvoll. Aber er durchlitt auch lange Zeiten, die er als unfruchtbar empfand. Dann schwiegen dem Empfindsamen die Sinne. In einer solchen Zeit der Entbehrung begegnete ihm gegen Ende des Ersten Weltkrieges eine junge Studentin der Kunstgeschichte und Literatur. Sie wirkte damals in den wiederaufkommenden mittelalterlichen Mysterienspielen mit und wurde Anfang der Zwanziger Jahre Schauspielerin in Dornach: Elya Maria Nevar spielte lange Jahre den Luzifer am Goetheanum. Sie erzählte mir aus Rilkes Münchener Zeit. In diesen Jahren war das Verebben jener inneren Kraft für den Dichter ein qualvolles Erleben, und die zarte und poetische Begegnung mit der jungen Frau, die seine Art des Anschauens so gut verstand und teilte, belebte immer wieder, was da verlöschen wollte, bis ihm dann erneut ein Durchbruch gelang, ein 'Eingang in die großen Zusammenhänge', wie Rilke selbst es bei der Vollendung der Duineser Elegien nannte. Vielleicht hilft Ihnen dieses Beispiel, das Felsenwesen als ein real wirkendes zu erleben. Rilke nahm den Weg an, den es wies. Die beiden Wissenschaftler Capesius und Strader aber lehnten ihn ab. Ein zweiter Weg, den es ihnen weist, führt zurück in ein «Vergessen, was Vernunft gebeut», ein Erwecken der «Kindesseele, von des Gedanken Bildern unberührt». Auch diese Richtung ist eingeschlagen worden von Menschen der Jahrhundertwende, die ein primitives, naturnahes Dasein z.B. in Ascona und in der Südsee suchten. Es sind keine kulturerneuernden Impulse von ihnen ausgegangen, wie sie hofften.

Capesius und Strader fühlen sich – und Capesius spricht es aus – : «auf uns nur selbst zurückgewiesen», «ratlos» und haben bloß gelernt,

> ... Daß uns geziemt zu wirken,
> Und in Geduld die Früchte zu erwarten,
> Die aus dem Wirken reifen.

Johannes, in dessen Innerem ja die Vorgänge zu denken sind, wiederholt am Ende mit kurzen Worten, was er erlebt. Das Felsenwesen aber erwähnt er nicht im Rückblick! Diese geheimnisvolle Gestalt scheint sich ihm zu entziehen. Das ist verständlich. Denn die Frau – in jenem ersten Gesprächskreis –, die mehr gegen Ende der Szene zu Worte kam, hat mit dem zu ihr gehörigen, aus dem Felsen geborenen Wesen zunächst wenig Ähnlichkeit. Und doch sprach aus ihr ebenso die naturgegebene Liebe. Sie ließ sie unmittelbar die Art und die Nöte der Menschen erfassen, die dann ihrer Hilfe teilhaftig wurden. Johannes' Imagination gestaltet mit dieser Frau in freier Art das Felsenwesen, was aber sein gewöhnliches Bewußtsein nicht gleich durchschaut. Sie wird 'die andre Maria' genannt. Sie trat mit Theodosius, dessen 'Urbild im Verlaufe als Geist der Liebe sich offenbart', zusammen auf. Sie ergriff das Wort, um darzustellen, wie die Kraft der Geisteswissenschaft überfließt in die praktische Liebestätigkeit.

Maria ergänzt dazu:

> Unsere Freundin hat erschöpft
> Des Lebens beste Kräfte durch die Arbeitsüberfülle.
> Und aller Lebensmut war ihr genommen,
> Durch schweren Schicksalsdruck – –
> Die Kräfte hatte sie geopfert
> Der Kinder sorglich Leitung,
> Der Mut war hingesunken,
> Als ihr ein früher Tod
> Den teuren Gatten nahm – –
> – – – – – – – – – – –
> Da brachten Schicksalsmächte sie
> In unserer Geisteslehre Bann,
> Und ihre Lebenskräfte
> Erblühten noch zum zweiten Male.

Damit ist in unscheinbarer Art etwas sehr Gewichtiges ausgesprochen. Es lebte in dieser Frau eine natürliche Liebes- und Opferkraft.

Diese konnte belebt und erhalten werden, als sie durch die Lebens- und Altersverhältnisse aufgebraucht war. An der 'andren Maria' erwies es sich, daß Gedanken nicht nur 'blasse Schatten' sind, wie Capesius äußerte! (Sie erinnern sich an seine Worte: «Wo nur Gedankenblässe wirkt, erlahmt das Leben und auch alles, was sich dem Leben zugesellt,») Sondern daß sie «den neuen Menschen aus erstorbenem Keim» schaffen können, wenn sie aus dem Geiste stammen. Vom Geist her kann, so sagt sie, die Brücke gefunden werden zu den natürlichen Kräften, zur Liebes-Wärme-Quelle (I/1). Die 'andre Maria' als das Felsenwesen des vierten Bildes fügt hinzu:

> Ihr seht in mir die niedre Schwester nur
> Des hohen Geisteswesens,
> Das jenes Reich bewohnt,
> Aus dem ihr eben kommt.

Ihre Schwester, das «hohe Geisteswesen» – das ist Maria, die in der Weisheit des Geistselbst lebt und Trägerin eines Gotteswesens ist. Ihr ist jedoch des «Blutes Feuerkraft genommen», wie sie es im dritten Bilde ausdrückt. Wir werden darüber noch zu sprechen haben bei Ausführungen über das Schlußbild der 'Pforte der Einweihung'. Wir rühren hier an tiefe Geheimnisse der menschlichen Natur. – Ich möchte es für heute hiermit bewenden lassen.

VIII

Sie baten mich, noch mehr zu sagen über die 'andre Maria'. Es war Ihnen auch aufgefallen, daß Johannes sie nicht erwähnt, als er das Geschaute am Schluß seiner Schau zusammenfaßt. Ich tue es um so lieber, als sie in dem dann zu besprechenden fünften Bilde wieder eine wichtige Rolle spielt.

Sie erscheint im vierten Bilde als «sonderbares Wesen» – «als ob der Fels es selbst geboren hätte», verändert gegenüber ihrer Erscheinung in Marias rosenrotem Zimmer. Was in ihr als mitgebrachte Anlagen lebt, Mitgefühl, Hilfsbereitschaft, Liebeskraft, offenbart sich in der Seelenwelt, in die sich Johannes nun versenken konnte, als naturgegeben, als naturverwandt. Es möge offenbleiben, ob Johannes sie bei der Schlußzusammenfassung nicht wiedererkennt als Urbild der Kräfte, die in der 'andren Maria' leben, oder ob ihm die Kraft erlahmt, das Geschaute festzuhalten. Wir müssen bedenken, daß er noch am Anfang steht. Rudolf Steiner sagt in seinen Vorträgen über die Mysteriendramen[8], daß es sich bei Johannes Thomasius noch nicht um reale Imaginationen handelt. Er kommt erst im dritten Drama an und über die Schwelle zur geistigen Welt. Aber die Seelenwelt leuchtet in sein sich wandelndes Denken hinein, macht es zu einem imaginativen Denken. Wir werden also auf Übergänge verwiesen, von denen ich im fünften Briefe schon sprach.

Erlauben Sie hierzu wieder einige grundsätzliche Bemerkungen, fortführend, was im zweiten Briefe über das Erkenntnisleben schon angedeutet wurde. Während bisher das irdische Denken und das Schauen der geistigen Welt durch Imagination, Inspiration streng getrennt zu halten waren, wurde das Denken im 20. Jahrhundert fähig, zum Geiste vorzudringen. Das ist ein gewaltiger Schritt in der Kulturentwicklung. Ich habe mir die Entwicklung folgendermaßen verdeutlicht:

1. Das Denken spinnt Fäden zwischen den Wahrnehmungen und kommt zu Begriffen.
2. Das Denken richtet sich auf sich selbst, ergreift sich als Tätigkeit des Geistes.

3. Das Denken öffnet sich Geistinhalten, erhält die Geschenke von Inspirationen (was z. B. der anthropososophische Arzt, der Lehrer erleben kann). Es wird bildhaft, empfängt imaginative Einschläge.
4. Das Denken verstummt. Imagination und Inspiration werden empfangen.

Der liebevolle, sich an Höheres hingebende Menschenverstand wird zur Brücke, die Sinneswelt und Geisteswelt verbindet. Was Johannes Thomasius in der Meditation erlebt, sind reale Eindrücke der geistigen Welt, oder genauer: der Astralwelt, der Seelenwelt. Aber diese sind noch Täuschungen unterworfen, noch keine reinen Offenbarungen der geistigen Welt. Es ist eine Zwischenstufe, ein Anfangsstadium, ein erstes Betreten der Brücke, die in späteren Kulturepochen beide Welten voll verbinden wird. Goethe hat diese Wandlung des Bewußtseins dargestellt in seinem Märchen von der grünen Schlange und der schönen Lilie. An diese Inspiration knüpfte Rudolf Steiner an, als er für die Sommerfestspiele in München 1910 'Die Pforte der Einweihung' schuf.

Auch das fünfte Bild zeigt deutlich seine Verwandschaft mit dem Goethischen Märchen. Wieder sehen wir Johannes Thomasius meditierend außerhalb der Bühne. Was mag dieses Mal Inhalt und Ausgangspunkt seiner Meditation sein? Vielleicht schöpft er die Kraft aus dem ihm von Benediktus gegebenen Mantram und ruht auf den Worten:

> Und Geistesboten, sie vermählen
> Des Lichtes webend Wesen mit Seelenoffenbarung.
> Und wenn vermählen kann mit beiden
> Der Mensch sein eigen Selbst,
> Ist er in Geisteshöhen lebend.

Er mag das Wirken von Geistesboten ahnen, die da walten in menschlichen Geschicken und im Geschichtsverlauf. So wird ihm die Imagination des Felsentempels, einer Stätte der Beratung und Zielsetzung, wo vorangeschrittene Führer der Menschheit, die Hierophanten, zusammenwirken. Noch spielt sich ihr Tun im Verborgenen ab, «unterirdisch». Die Zeit aber naht und ist heute schon da, wo Übersinnliches, wo ein Wissen um die Geistwelt und das verborgenen Weben des Schicksals in das allgemeine Bewußtsein eintreten muß. Johannes wohnt dem Gespräch der Hierophanten im Felsentempel bei und erlebt diesen geschichtlichen Umschwung. Seine individuelle Entwicklung ist mit diesem eng verbunden.

Die Verwandlung seines ganzen Wesens, die er begonnen, bedarf höherer Hilfe. Sein Fühlen und Wollen muß gereinigt, gestärkt werden, wenn das höhere Selbst voll wirksam werden soll. Er ist nun schon so weit, daß sich in seinem Schauen die Seelentätigkeiten des Denkens, Fühlens und Wollens zusammenschließen mit dem, was im Umkreis, in den Himmelsrichtungen waltet: Das Licht wahrer Erkenntnis leuchtet ihm aus dem Osten. Die Kraft der Liebe erwarmt im Süden. Die Tatkraft handelnden Willens eignet dem Westen. Johannes wird mit den Gaben der Hierophanten des Ostens, Südens und Westens beschenkt. Der kalte, finstere Norden aber ist der Ort eines hemmenden Wesens. Hier steht Retardus, der die Beschäftigung mit den Erscheinungen der Sinneswelt und die Ausbildung materialistischen Denkens inspiriert. Er verwaltete sein Herrscheramt bisher mit Recht und wirkte dem Unheil zu rascher Entwicklung, einer Verfrühung also, entgegen.

Ist es wirklich an der Zeit, daß er abtritt? Daß die Initiationswissenschaft die ganze Kultur ergreift? Soll das höhere Wissen, das bisher dem Glauben erahnbar war oder in Geheimgesellschaften in strenger Abgeschlossenheit gepflegt wurde, jetzt an die Öffentlichkeit dringen? Das Zeichen, auf das Retardus wartet, wird gegeben! Es besteht darin, daß zwei Menschen erscheinen: Der eine, der sich als Sonderling dem Leben der übrigen Menschen fernhielt, gibt seinem Leben eine neue Wendung: Dem Kräutersammler Felix Balde war, wie in alten Zeiten, die Geistesschau geschenkt. Er fürchtete, sie zu trüben, ja zu vertreiben, wenn er sich der Bildung der Zeit aussetzte, und zog sich in die Einsamkeit zurück. Jetzt naht er sich dem Tempel, um sich im Weihedienste mit den Brüdern im Tempel zu vereinen. Er hatte erlebt: «Es hungern in Erdentiefen Erzgewalten.» Das äußere Wissen, das die Menschen allein pflegen, zerstört die Erde. Das Absterben und Unfruchtbarwerden, die Verheerungen auf der Erde, Stürme und Erdbeben künden davon. (Das wurde 1910 geschrieben. 1985 liegt es offen zutage!) Ein neues Geisteswissen muß künftig durch die Einweihung gewonnen werden. Daran will er mitwirken. Mit ihm betritt 'die andre Maria' den Tempel. Auch die naturgegebene Liebe, Charakterstärke und selbstlose Hingabe genügen heute nicht mehr, auch nicht die Frömmigkeit, die sich dem Göttlichen gläubig verbinden will. Denn sie werden gefesselt von einer Zivilisation, die durch und durch agnostisch, materialistisch ist.

> Wir wollen ferner im Verein mit jenen Brüdern,
> Die in dem Tempel leisten Weihedienste,
> In Menschenseelen fruchtbar wirken. –

Diesmal erkennt Johannes Thomasius 'die andre Maria', die er am Ende des vorigen Bildes nicht benannte. Das Urbildhafte in ihr äußert sich, wie schon erwähnt, in der mit einer gesunden Konstitution veranlagten Liebeskraft, die zumeist Genüge findet, wenn sie helfend, wohltätig im Leben wirken kann.

> Die Frau, die nach des Gatten Tod
> Dem Geisteslicht sich zugewandt,
> Ich sah sie hier in ihrem tiefsten Wesen.

In der Meditation erlebt Johannes also, daß sich dieses Naturgegebene, Naturverwandte, das zunächst dem Erkenntnisleben fernsteht, und von dem man glaubt, daß es «von selbst entstehen muß», durch echte Berührung des Geistes unterhalten, ja erzeugt werden kann, wenn die natürlichen Kräfte erschöpft sind. Die Brücke ist gebaut. Das gilt auch umgekehrt: Das weiter entwickelte, geistdurchdrungene Denken offenbart sich als Liebeskraft. In der 'Philosophie der Freiheit' spricht Rudolf Steiner von diesem tiefsten Wesen des Denkens (Kap. 8, Zusatz).

Wunderbar sind die beiden Marien einander gegenübergestellt: Die warmherzig-tätige, die noch im vierten Drama als Pflegerin des schwer erkrankten Strader auftritt, und die mit Erkenntnis gesegnete, verzichtend opfernde. Tätige Opferliebe wird Erkenntnis; dem Geiste geöffnetes Denken erzeugt Liebeskraft. Die beiden Marien gehören zusammen und müssen gemeinsam wirken. Mehr noch: Wir hören im Sonnentempel (I/11), wie auf geheimnisvolle Weise die

Wandlung der 'andren Maria' die Fähigkeiten der Maria erhöhen. Die 'andre Maria' spricht:

> Ich muß erkennen, daß ein Edles nur
> Im Lichte heilsam wirken kann,
> Und wende mich zum Tempel.
> Mein Fühlen soll in Zukunft
> Dem Liebeslicht nicht seine Wirkung rauben.

Der Hierophant vollendet:

> Durch deine Einsicht gibst du mir die Kraft,
> Marias Seelenlicht den Weg zur Welt zu bahnen.
> Es mußte stets die Kraft verlieren
> An Seelen deiner frühern Art,
> Die Licht mit Liebe nicht verbinden wollen.

Die 'andre Maria' des ersten Bildes wird zum Repräsentanten einer Liebeswärme, die sich, zunächst naturerzeugt, jetzt dem Feuer des Geistes eint.

IX

Das sechste Bild, von dem ich heute sprechen will, steht in der Mitte des Dramas. Das weist auf eine wichtige Stellung innerhalb des Ganzen. Das Bild war mir lange schwer verständlich. H. D. Goudoever schrieb darüber in der Zeitschrift 'Goetheanum' 1974/75. Das erleichterte mir den Zugang. Und jetzt glaube ich, besser zu verstehen, was daraus spricht.

Sie erinnern sich: Im vierten Bilde erlebten wir Capesius und Strader vor dem Geist der Elemente. Dieser repräsentiert die Naturgewalten, welche die Menschenseelen aus dem vorgeburtlichen Seelensein in die Erdenwelt bringen. Daß der Mensch der Natur, der Erde etwas schuldet für sein irdisches Dasein, ist in der heutigen Zeit vergessen. Mehr noch: Der Mensch hat gar nichts, was diese Schuld begleichen könnte. Sein Forschen und Denken wirkt vorwiegend zerstörerisch: Baumsterben, Bodenunfruchtbarkeit lassen sich nicht mehr übersehen! Auch die beiden Denker und Forscher halten es nicht für nötig «zu bezahlen». Und sie haben auch gar nichts, was hier von Wert wäre! Aber Capesius hatte in jenem ersten Gespräch – auf das wir immer wieder zurückkommen – davon gesprochen, daß es einen Menschen gäbe, der durch seine Worte Lebenskräfte erneuere. Er kennt eine Märchenerzählerin, die im Walde mit ihrem Manne, dem Kräutersammler Felix Balde, einsam wohnt. Ein Besuch in ihrer Hütte, ein Märchen aus ihrem Munde belebten ihn, wenn die eigenen Gedanken und Tätigkeiten erlahmten. Sie also schöpft aus einem Geistesschatz, welcher den aufbauenden Lebenskräften der Natur nahesteht. Sie soll nun für die Schuld der beiden Wissenschaftler bezahlen. Sie tut es, obwohl eine gewisse Bitterkeit in ihr ist.

> ... Sie schenkten (die beiden Wissenschaftler) unsrem Sohn
> Erkenntnis ihrer Art.
> Es war recht gut gemeint.
> Doch unser Kind
> Empfing dadurch den Seelentod.
> – – – – – – – – – – – –

Des Sohnes Geistessinn
Erstarb im finstern Schatten
Der dunklen Wissenschaft.

Ja, vor dem Geist der Elemente erfährt sie sogar, daß sie etwas von ihrer ätherischen Lebenskraft damit hingibt, wenn sie nun im Geiste ein Märchen erzählt.

Mit der Tilgung dieser Schuld ist auf etwas tief Bedeutsames hingewiesen, was uns alle angeht. St. Exupéry sagt einmal: «Wir bleiben verantwortlich für das, womit wir uns einmal vertraut gemacht haben.» Das übersehen wir gern: Wir bleiben verbunden und haben einzustehen für die Menschen, denen wir Anregungen gegeben haben! In Gemeinsamkeit nur werden wir der Geisteskräfte teilhaftig. Gemeinsam nur gehen wir einer helleren Zukunft entgegen! Frau Balde nimmt das Opfer willig auf sich, sie erzählt – Sie spricht von einem Wesen, das der Sonne folgt in ihrem Zeitenlauf, ungehemmt und nicht verweilend, herabblickend auf das Menschentreiben. Dieses wird bewegt von den Seelenkräften Liebe und Haß, die in wechselndem Gewande immer die Wiederkehr des Gleichen darbieten. Da findet das Sonnenwesen einen alten Forscher. Er ist beschäftigt mit dem Wesen des Menschen, der da eingespannt ist in die Kräfte von Sympathie und Antipathie, von Leben und Tod. Er sinnt über den Menschen, der leben muß im Blute und im Knochenbau. Und auch in sich selber erlebt er das Getriebensein von Liebe und Haß, ohne Ausweg – als schweren Druck. Das Rätsel dieser tiefen Frage hält das kosmische Wesen in seinem Laufe fest. Es verharrt die Nacht über, und jener Denker darf es erleben als 'Sonne um Mitternacht'. So wurde in alten Zeiten die große Stunde der Offenbarung in den Einweihungsstätten genannt. Der heutige Sucher erreicht diese Stufe inmitten der Prüfungen des Lebens. Ich erinnere an das Wahrspruchwort Rudolf Steiners: «Die Sonne schaue um mitternächtige Stunde!» In diesem Weihnachtsspruch heißt es:

So finde im Niedergang
Und in des Todes Nacht
Der Schöpfung neuen Anfang,
Des Morgens junge Macht.

Im Dunkel lebend
Erschaffe eine Sonne.
Im Stoffe webend
Erkenne Geistes Wonne.

Der Durchbruch durch jene seelische Sphäre, die durch Liebe und Haß bestimmt wird, in das reine Erleben des Geistes, dieser Höhepunkt bedeutete für den alten Forscher das Ende seines Forscherlebens.

Und als es kam zum zweitenmal
Der Sonne folgend über jenes Haus,
Da fiel sein Blick auf einen toten Mann.

Ein solches Erlebnis muß aber nicht immer das Erdenleben beenden. Wir können uns daran erinnern – H. D. Goudoever macht darauf aufmerksam –, daß Frau Balde das Märchen den Felsengeistern erzählt, die im toten Reich der mineralischen Welt leben und die, in dem Bilde des Todes angesprochen, das Erleben des Geistes mitmachen können.

Hier aber ist der Sinn aller Entwicklungen des Rosenkreuzerdramas 'Die Pforte der Einweihung' bildhaft enthalten. «Im Dunkel lebend erschaffe eine Sonne!» Ein österliches Geschehen ist angedeutet: Die Geburt des wahren Menschen, des höheren Ich aus Leid und Tod. Die Geistesschüler gehen durch solche Erlebnisse im Laufe ihrer Entwicklung.

Nun aber folgt etwas Seltsames und zunächst Rätselhaftes: Als Frau Balde verstummt, beginnt der 'Geist des Erdgehirns' zu sprechen. Es ist etwas im Menschenkopfe, was mit hineinsprechen will, wenn dieser sich bemüht, ein Höchstes auszusagen. Es ist etwas, was drängt, Geistiges zu verspotten, Gesagtes zu verzerren. Das könnte einen Redner oder Schriftsteller mahnen: Vielleicht mischt sich auch in das, was ich zu sagen habe oder zu schreiben mich bemühe, etwas Verzerrendes oder Herabziehendes ein?

Die Imagination für den 'Geist des Erdgehirns' liefert German, der von sich sagte (I/1), das Geisteslicht sei wie von selbst in sein Gehirn gedrungen. Er sprach aus, daß er die Schnurren liebe und nur sie geistvoll fände. Die Fähigkeit des Sich-Gegenüberstellens, Abgrenzens, die Fähigkeit der Kritik also, wird zur Ironie, wird, wenn sie mit einem liebevollen Herzen verbunden ist, zu gesundem Humor. Diese gehören zur Entwicklung eines selbständigen kräftigen Ich.

Hier aber geht es nun nicht um den Humor des Menschen, sondern wir befinden uns im Bereich elementarer Gewalten, die in den

Menschen hineinwirken und diese Anlage schaffen. Es tritt uns im sechsten Bilde eine entsprechende Fähigkeit entgegen als unverhüllter Spott. Dieser aber zeigt unbarmherzig auf, wie weit des Menschen Streben noch entfernt ist von seinem Ziele. Wir kennen die Augenblicke erschreckender Selbsterkenntnis, da man sich über das bedrückend Unvollkommene witzelnd in befreiendem Lachen zu erheben versucht. In der Fähigkeit des distanzierenden Humors wirken die Kopfkräfte des Menschen, mehr oder weniger gemildert durch die Liebeskraft des Herzens. Es sind Kräfte, die der Mensch inmitten der Unvollkommenheiten seines Erdenlebens entwickelt. Sie zeugen von der Stärke und der Überlegenheit des Ich, das sich wehren will. Sie stehen aber – so sehen wir hier – in einem größeren Zusammenhang: Sie stammen von dem Geist des Erdgehirns.

German spricht:

>Ich bin der Geist des Erdgehirns;
>Im Menschen lebt von mir
>Ein zwerghaft Abbild nur.
>Es wird so manches drin gedacht,
>Das Spott nur auf sich selber ist,
>Wenn ich es in der Größe zeige,
>Wie es in meinem Hirn erscheint.

Die Kraft der Distanzierung – Satire, Spott, Ironie – darf nicht fehlen, wenn das volle Menschenleben dargestellt wird.

Es mag hier erinnert werden an etwas, das Verwandtes zum Ausdruck bringt, an eine Einzelheit der großen Holzplastik, die Rudolf Steiner schuf als die Gestalt des Menschheitsrepräsentanten. Über den Widersachermächten ist oben – links vom Betrachter – aus dem Felsen herauswachsend mit Kopf und Armen, ein seltsames, betrachtendes Wesen geschnitzt, das mit Distanz, nicht ohne Mitgefühl, leicht spöttisch herabblickt auf die Zwiesprache Luzifers und Ahrimans, diese beiden zu einer Dreiheit ergänzend. Es bringt eine gewisse Überlegenheit, eine Ahnung von Freiheit in diese Seite der Gruppe.

Der Name 'German' deutet darauf hin, daß es sich um eine Begabung handelt, die mit dem Germanentum verbunden ist. Warum wohl? Diesem ist aufgegeben, den Wesenskern des Menschen, das

Ich, zu entwickeln. Der Mensch soll zum vollen Bewußtsein des Ich-Kernes kommen und diesen erleben als Ausgangspunkt einer geistigen Entwicklung.[9]

Mir war es immer erstaunlich, daß Johannes Thomasius in seiner zusammenfassenden Schlußbetrachtung diese Erscheinung sogleich in Zusammenhang bringen kann mit dem Menschenkreise, den er im ersten Bild erlebte:

> Dies war der Mann,
> Der von sich sagte,
> Das Geisteslicht sei wie von selber
> In sein Gehirn gedrungen. (I/6)

Wir haben also in diesem sechsten Bilde – unscheinbar und leicht übersehbar – einen erhabenen Mittelpunkt des ganzen Dramas: Es enthält das Bild der 'Sonne um Mitternacht'. Es spricht von der Entwicklung des Ich durch Opfer. Es stellt – unausgesprochen – das Rosenkreuz vor uns hin.

Auf dieses Mittelpunktsbild folgt dann das Siebente Bild, das den wunderbar harmonischen Abschluß der Geisterlebnisse bildet, welche den Umschwung im Drama – in diesem Falle den Durchbruch zum Geist-Erwachen und damit einen guten Ausgang – bringen.

X

Sie äußern sich dankbar darüber, daß ich über German geschrieben habe. Auch Ihnen sei diese Gestalt recht unverständlich geblieben. Damit standen wir nicht allein. Viele Fragen von Kursteilnehmern meiner langjährigen Dramenarbeit galten ihm, und auch ich habe lange Zeit gebraucht, bis er mir lebendig wurde. Ich muß aber noch hinzufügen: Dieser Mensch, der «die Schnurren liebte», der das Absurde rund um sich herum fühlte und sich ihm distanzierend im Spott gegenüberstellte, hat, als wir ihn kennenlernen, schon eine Entwicklung durchgemacht. Er ist auf etwas gestoßen, was «stärker ist im Menschenwesen als unseres Witzes Kartenhaus». Er durchschaute das Unzulängliche seiner Natur entsprechend und geißelte es oder genoß es, wenn es verspottet wurde. Aber er brauchte dabei nicht stehenzubleiben: Er erkannte die reale Geistigkeit, die von Benediktus ausging und über Spott erhaben ist, ergriff sie und setzte sich für sie ein. Er wird zum Magnus Bellicosus und – laut Personenverzeichnis des vierten Dramas – zum 'Träger des Elementes der Hingabe', zum Kämpfer für die Verwirklichung des Geistes im Erdenwerke (IV/3).

Heute kommen wir nun an das Gebiet des Geistes heran: Höhepunkt und Ziel der Meditationserlebnisse im ersten Drama (I/7). Wir finden Johannes Thomasius jetzt nicht mehr neben der Bühne. Er wird unmittelbar Miterlebender und Mithandelnder. Er ist meditierend hindurchgewandert durch die Seelenwelt, auch elementarische Welt genannt, und darf nun in dem, was im Buche 'Theosophie' Geisterland oder Devachan genannt wird, dem Urbild der Maria begegnen. Es geschieht selten, daß ein Mensch dem Urbild eines anderen, von ihm geliebten, nicht nur träumend, fühlend, sondern bewußt begegnet. Was Menschen zueinander zieht, sind zumeist seelische Bande, die schon erwähnten Kräfte der Sympathie, sind Schicksalsfügungen, über die wir dann zu sprechen haben werden, wenn wir die Betrachtung auf der Ebene des Karmischen weiterführen werden. Wir ahnen vielleicht etwas vom tieferen Wesen eines Menschen und seinen Aufgaben im Leben, aber schauen wir es? Wenn wir an das uns gut bekannte Leben Goethes denken, so liebt er den Frühling, Natur und Kunst mit der aufblühenden Liebe zu Friederike Brion. Er liebt das Ideal edler Mütterlichkeit und Häuslichkeit in der Wetzlarer Lotte. Auch in Lili, die ihm wohl Lebensgefährtin hätte sein können, kann er ihr eigenes Urbild nicht finden und wendet sich ab; vielleicht in Frau von Stein, die seinen Geist hervorlockt und fördert. Aber auch hier dringt er eigentlich doch nur vor zu einer Ahnung von alter Schicksalsverbundenheit («Ach, Du warst in abgelebten Zeiten meine Schwester oder meine Frau!»), und um dem Urbild seines eigenen Wesens wie dem der anderen näherzukommen, wendet er sich nach Italien. Im Süden belebt er – gewissermaßen unbewußt – die Kräfte einer vergangenen – der griechischen – Inkarnation und damit der Individualität, die durch die Verkörperung schreitet. Johannes Thomasius, dem Geistesschüler des 20. Jahrhunderts, ist es gegeben, Maria zu erschauen:

> ... Wie ewig du im Geiste stehst,
> Nicht menschlich war dein Wesen;
> Den Geist in deiner Seele,
> Ihn konnt ich klar erkennen.

So spricht er. Der Weg, der Aufstieg, die Begegnung wird vorbereitet. Es ist nicht nur eine seelische Kraft nötig für einen solchen Augenblick. Im ganzen Lebensgefüge, im Lebensleib – den wir Ätherleib nennen – muß eine Wandlung stattfinden. Der Ätherleib ist in den Funktionen des physischen Leibes tätig, der ohne ihn erstarrt, tot wäre. Der Ätherleib belebt auch das Gehirn. Löst er sich von diesem in gesunder Weise infolge einer inneren Entwicklung, so werden die Gedanken lebendiger, bildsamer. Wird er ganz selbständig, so kann ein gesundes Schauen eintreten.

Wenn das höhere Selbst erfaßt, gepflegt und schöpferisch tätig wird, so strömen dem sich lösenden Ätherleib kosmische Ätherströme zu. Der strebende Geistesschüler wird sie als verjüngende, heilende Kräfte erleben. Wir sprachen davon, als wir uns der 'andren Maria' zuwandten. Auch Johannes Thomasius empfängt sie und, wie es seinem Wege entspricht, mit Hilfe Marias. Sie bereitet sie ihm im Verein mit jenen helfenden Geistern, die dem höheren Selbst zu Hilfe kommen, Philia, Astrid und Luna. Die ätherischen Bildekräfte[10] sind, wie wir wissen, vierfacher Art. Wir unterscheiden den Lichtäther, der in der Erscheinung des physischen Lichtes wirkt, den chemischen Äther, der die Verbindung und Lösung der physischen Elemente bewirkt nach Zahlengesetzmäßigkeiten, die zugleich musikalische Harmonien enthalten. Er heißt daher auch Klangäther. Wir kennen die lebendige Wärme, den Wärmeäther, wenn wir erholt und gesund sind. Wir verspüren die verwandelnde Kraft des Lichtes, das uns farbige Formen vor Augen stellt, und die Lebenskräfte, mit denen wir auch die Widrigkeiten des Daseins kraft einer gesunden Konstitution bewältigen. Ja, auch den chemischen oder Klangäther kennen wir: Wenn er in gesundem Maße vorhanden ist, halten wir gern und selbstverständlich Ordnung in unserer Umgebung und disponieren mit Sicherheit. Wenn er fehlt, entsteht ein Durcheinander, und die Unübersichtlichkeit verwirrt uns. Wenn man ihm einseitig verfällt durch eine entsprechende Konstitution, entsteht der Ordnungs- oder Putzfantiker.

Wenn wir dies alles durchdacht haben, sind wir gerüstet, besser zu verstehen, ja innerlich mitzumachen, was im Beginn des siebenten Bildes geschieht. Maria ruft die 'Schwestern' zur Arbeit auf. Philia, die in der wahrnehmend-empfindenden Seele lebt, erfüllt sich mit «klarem Lichtessein» und eratmet sich «belebenden Klangesstoff» aus kosmischen Weiten. Wir treten gewissermaßen in einen Raum des Lichtes und Erklingens ein. Astrid, die gemütstief verständige, verinnerlicht, verwebt die neu zuströmende Fülle: «... es soll erglitzernd klingen – es soll erklingend glitzern» und fügt sie dem Dunkel ein. Es funkeln und glitzern die Farben des Regenbogens in musikalischen Harmonien. Luna erwärmt und verdichtet, stärkt und ruft im Schaffen das Bewußtsein auf. Dieses alles klingt noch menschlich und den irdischen Erfahrungen angenähert. Das Gespräch wird aber sogleich weitergeführt in die Region, wo diese ätherischen Kräfte ihre Heimat haben: in die elementarische Welt. Da sind sie märchenhafte Wesen, Gnomen, Undinen, Sylphen, Salamander. Und diese sind Geistwesen wie die Hierarchien, die ja selbst nirgends in dem Kunstwerk der Dramen auftreten. Sie werden aber doch innerlich anwesend sein und wirken in den Worten der 'Seelenschwestern': «Ich will erbitten von Weltengeistern –», «Ich will von Urgewalten –

erflehen Mut und Kraft». Ja, durch Astrids Worte leuchtet etwas hindurch von Christus-Wirken:

> Ich will die Liebesströme,
> Die Welt erwarmenden,
> Zu Herzen leiten
> Dem Geweihten;
> Auf daß er bringen kann
> Des Himmels Güte
> Dem Erdenwirken,
> Und Weihestimmung
> Den Menschenkindern.

So sind wir mit aufgestiegen durch die Seelenwelt in die himmlische Welt, wo der Geistesschüler Maria findet. Er berichtet von seinem Wege zu ihr. Wir haben ihn in den vorangehenden Bildern z. T. kennengelernt.

> Doch ob ein Traum mir dämmerte,
> Ob Geisteswirklichkeit mich schon umgab,
> Ich konnte es noch nicht entscheiden.
> - - - - - - - - - - -
> Und jetzt erst, da vor dir
> Im Geist ich stehen darf,
> Erstrahlt mir volles Licht.
> In dir hat schon mein Sinnensehn
> Die Wirklichkeit so fest ergriffen,
> Das mir Gewißheit ist
> Auch hier im Geisterland:
> Es steht kein Zauberbild vor mir.
> Es ist die wahre Wesenheit,
> In der ich dir begegnet dort,
> In der ich hier dich treffen darf.

Ist dieses nicht das Höchste und Schönste, was Menschen miteinander erleben können?

Da aber, wo in der Begegnung das höhere Selbst voll anwesend wird, in diesem Augenblicke kann sich der Blick auf vergangene

Erdenleben öffnen. Denn das Selbst ist nicht nur im gegenwärtigen, es ist in vielen Erdenleben wirksam. So haben wir hier eine erste Rückschau, vermittelt durch die Seherin Theodora. Die Individualität, die jetzt in Maria verkörpert ist, war einst ein irischer Christusbote, und vor ihm lauschte, der Botschaft voll hingegeben, ein Weib. Es ist ein tief erschütternder, gewaltiger Augenblick.

Ich erinnere mich lebhaft: Bei der Einweihung des zweiten Goetheanum 1928 – und in vielen Jahren danach – wurde Johannes Thomasius von Ilja Duwan gespielt. Er hatte eine leicht russische Färbung in der Sprache, weswegen er später ersetzt wurde. Er war mit dem damals berühmten 'Blauen Vogel'- Ensemble in die Schweiz gekommen und blieb dann in Dornach. Duwan war ein wunderbarer Schauspieler. Die ganze starke Seelenhaftigkeit, Innigkeit, Ehrfurcht des östlichen Menschen lag in seiner Gebärde, wenn er in diesem Augenblicke des siebenten Bildes langsam, ehrfürchtig niederkniete. – Maria aber spricht nun von ihrem eigenen Wege, von dem Willen, «sich hinzugeben ganz dem Geist», der sie erfüllte, als sie durch Benediktus von dem Gotteswesen hörte, das er zu ihr gelenkt hatte. «Zu Benediktus sendend einen Strahl der höchsten Liebe, ging ich dir voran.» Das ist das Gegenbild zu dem, was im dritten Bilde auf dem physischen Plan geschah zur Prüfung von Johannes, zu der 'Besessenheit' der Maria. Von Benediktus empfing Johannes die Kraft, ihr zu folgen. Da sie beide seine Wirksamkeit erfühlen, erscheint er selbst:

Die Geistesführung einte zur Erkenntnis euch –
Nun eint euch selbst zum Geisteswirken!

Das Mantram aber, das Johannes empfing in der Stunde seiner schweren Prüfung im dritten Bild, wird nun abgewandelt. Wenn es vorher dem Kosmos zugewandt begann, so wird nun Licht und Wärme in der Menschenseele zum Ausgangspunkt. Das Licht der Wahrheit kann vermählt werden mit der «Liebe Segen». «Geistesboten, sie vermählen der Menschen Segenswerke mit Weltenzielen». Wenn der Mensch sich zu den 'Geistesboten' erhebt, «erstrahlet Geisteslicht durch Seelenwärme». Das ist die zentrale Aufgabe für den Geistesschüler Johannes.

XI

Zuerst möchte ich auf Ihre Frage eingehen, eine Frage, die mir auch von anderen gestellt wurde. Ich hätte etliche geisteswissenschaftliche Erklärungen gegeben über die Seelenkräfte, über die Ätherarten, hätte die übersinnlichen Welten, die Seelenwelt, die Geisteswelt erwähnt. Ob man denn den Dramen – wie es bei einem Kunstwerk doch sein müsse – überhaupt folgen könne, wenn man nur dem künstlerischen Erleben hingegeben sei, ohne eine gründliche Vorarbeit mit den Vorträgen Rudolf Steiners? Ein Kunstwerk müsse doch in sich selbst verständlich sein, auch wenn man später durch weitere Beschäftigung damit noch mehr und Bedeutsameres herausholen könne! – Das ist gewiß wahr. Ich möchte aber doch an den zweiten Teil von Goethes Faust erinnern, der seine Geheimnisse erst bei gründlichem Studium hergibt. Die Aufführung und die Darstellung werden von tieferem Verständnis der Schauspieler getragen sein müssen. Sonst kann das Wesentliche nicht in Erscheinung treten. Dann aber wirkt dieses auch auf solche Zuschauer, die sich ohne Vorarbeit dem Augenblick hingeben und sich am dramatischen Ablauf erfreuen.

Auch bei den Mysteriendramen wirken die Bilder, wirkt die Sprache auf den unbefangenen Zuschauer. Die Komposition der Bilderfolge nimmt ihn mit und vermittelt ihm mehr, als er vielleicht selbst im Augenblick bemerkt. Geht man aber näher auf sie ein, so erschließen sich, auch bei jahrzehntelangem Studium, immer neue Geheimnisse.

Wir sprachen von den Kunstmitteln des Rhythmus' und der Bildgestaltung. Ich erinnere an die 'Repräsentanten', an die Urbilder von Weltenkräften. Und ich möchte heute sprechen über die Laute als einem weiteren Kunstmittel der Sprache. Wenn wir z.B. am Anfang des siebenten Bildes den Seelenkräften lauschen, dann werden wir zunächst einmal auf das sehen, was die Wortbilder beschreiben, wie z.B. 'Weltenweiten', 'Ätherfernen' usw. Sodann können wir davon absehen und nicht mehr nachdenken über 'Lichtessein' und 'Klangesstoff', 'Seelenstrahlen' usw., sondern nur dem folgen, was wir unmittelbar hörend wahrnehmen: z.B. im I Ei: das Aufleuchten und dann das Weiten und Ausbreiten, und im A O: das liebevolle Umschließen dessen, was man staunend aufgenommen hat. Nehmen wir als Beispiel die Laute der Anrede. Philia sagt:

> ... Daß dir, geliebte Schwester,
> Das Werk gelingen kann –

während die entsprechende Stelle bei Astrid lautet:

> ... Daß du, geliebte Schwester,
> Die Seelenstrahlen lenken kannst.

Und bei Luna:

> ... Daß du, geliebte Schwester,
> Der suchenden Menschenseele
> Des Wissens Sicherheit erzeugen kannst!

Da beginnt die erste mit dem doppelten, hellen 'I', das nach kurzer Stütze auf dem 'E' noch einmal aufklingt, man könnte auch sagen aufblitzt im «gelingen». Dann weitet sich der dreifache Lichtstrahl im sich staunend öffnenden 'A'. An der entsprechenden Stelle bei Astrid bekommt alles Folgende eine dunklere Grundlage. Es heißt: «... daß du». Das darauf folgende 'E' wird fester. Die Konsonanten werden stärker mitgenommen, das feste 'K', die gestaltend beherrschenden 'S'-Laute. Und die konsonantische Dichtigkeit nimmt weiter zu, wenn Luna spricht:

> Ich will erwärmen Seelenstoff
> Und will erhärten Lebensäther
>
> Sie sollen sich verdichten – –
> – – – – – – – – –
> Der suchenden Menschenseele –

Auch wenn wir das nicht bewußt verfolgen, machen wir es mit und spüren uns selbst verschiedenartig angesprochen und aufgerufen, vom Leicht-Lichthaften zum Beweglich-Farbigen ins dunklere Feste geführt. Im musikalischen Bereich kommen wir eher zu solchen Erlebnissen. Das Wort-und Lauterleben ist uns durch das Intellektuelle der Begrifflichkeit verdeckt. Da ist die Eurythmie eine große Hilfe, um wieder Laute hören zu lernen. Rudolf Steiner macht auf dieses Hören selbst aufmerksam im Vortrag vom 17.9.1910 (Basel) und warnt davor, geisteswissenschaftliche, theosophische bzw. anthroposophische Begriffe in die Dramen hineinzuinterpretieren, was ganz unkünstlerisch wäre.

Das ist vielleicht nicht ohne weiteres verständlich, wenn man nicht selbst mit der Eurythmie[11] in Berührung gekommen ist. Deshalb möchte ich Ihnen erzählen, wie ich selbst sie kennenlernte. Als ich im Anfang der zwanziger Jahre zuerst eine Eurythmie-Aufführung sah, hatte ich keinen Zugang zu ihr. Mein Geschmack war geschult an Tanzaufführungen von Mary Wigmann, Loheland, Laban und anderen Schulen jener Zeit. Tanzaufführungen waren, seit Isadora Duncan im Anfang des Jahrhunderts, sich schulend an Gebärden griechischer Plastiken, aufgetreten war, beliebt und vielfältig dargeboten. Von daher ließ sich die Eurythmie nicht erfassen. Erst als ich mich ihr selbst tätig näherte, öffnete sich mir der Blick. Ich war gewohnt, daß die Bewegungen der Glieder, die Sprünge, die geschmeidigen Wendungen des Körpers Lust und Leid, Elementarisch-Naturhaftes – und besonders viel Dämonisches zum Ausdruck brachten. Hier sah ich, daß etwas anderes, Neues auf der Bühne entstand: eine reine Farbigkeit der Bewegung, Farben, die den ganzen Raum durchfluteten, veränderten. Diese Gesten, die mit dazu gesprochenem Wort oder Musik eine künstlerische Einheit bildeten, machten offenbar, was in der Sprache und Musik lebte an realer, vielfältiger Geistigkeit. Auf der kleinen Bühne der Schreinerei in Dornach, oder nach 1928 auf der großen Bühne des zweiten Goetheanum, war es wie ein Sonnenaufgang, wenn die Eurythmistin aus dem Vorhang trat, die Arme erhebend und sich sodann mit dem gesprochenen Wort oder erklingenden Ton vereinte, und das Farbenspiel ätherischer Bewegung begann. Am stärksten wurde es mir wahrnehmbar, wenn Elena Zuccoli auftrat. Die Realität des Ätherischen war greifbar nahe. Sie offenbarte sich aber insbesondere auch im Zusammenspiel der gelaufenen Raumformen. «Da ergießen sich gesundende

Ätherströme in die Zuschauer», sagte, wahrhaft erschüttert, ein Arzt, als er die eurythmische Aufführung einer Beethoven-Symphonie miterlebt hatte.

Will man aber, von dem Kunstwerk ausgehend, Geisteswissenschaft studieren und Erarbeitetes vertiefen, dann erlebt man, daß unendlich vieles in dem Kunstwerk enthalten ist, was aus der vollen Wirklichkeit und Lebendigkeit der geistigen Welt geschöpft ist und zu lebendigem Erkennen führen kann. Rudolf Steiner sprach auch aus, daß er keine Vorträge mehr zu halten brauchte, wenn man erfassen könnte, was in den Dramen enthalten sei. Aber – ich wiederhole – für das unmittelbare Erfassen des Kunstwerkes ist das nicht nötig. Das erfordert nur ein vorurteilsloses Mitgehen und Sich-Ergreifen-Lassen. Die Realität wirkt dann durch sich selbst. So konnten und können die Dramen öffentlich aufgeführt werden bei den Tagungen in Dornach wie an anderen Orten. Szenen daraus konnten sogar während des Ersten Weltkrieges in Kleinformat mit Liebesgaben an die Front mitgeschickt werden. Soviel zum Problem der Verständlichkeit ohne Kommentar.

Ich komme nun noch zum neunten Bild des ersten Dramas. Auf den Höhepunkt und Umschwung im siebenten Bilde folgend, sahen wir Johannes im achten Bilde voller Schaffenskraft. Im neunten Bilde, das wie eine Oktave des zweiten Bildes – welches ihm den Drachen vor Augen brachte – ist, schaut Johannes sein höheres Selbst und erlebt den neu gegründeten Geistesbund mit Maria. Aber ehe es dann im elften Bilde zum harmonischen Schlußbild kommt, ist noch ein intimes Erlebnis eingeschaltet, das schon einen Keim enthält für spätere Entwicklungen und Konflikte. So erleben wir das folgende Tempelbild am Schlusse, das wohl eine wunderbare und glückliche Zusammenfassung bringt. Aber wir ahnen, daß doch nicht alle Schwierigkeiten aufgehoben sind. Johannes nämlich wendet sich im zehnten Bild – in Anknüpfung an den unterirdischen Felsentempel – dem dort im Süden stehenden Theodosius zu, dem 'Urbild des Geistes der Liebe'. Durch ihn erstrebt er «wärmend Licht» und ein Erspüren, «wie die Schaffensmacht in mir ersteht». Hier aber liegt seine noch unbewältigte Aufgabe. Noch steht er nicht voll auf jener Höhe, daß ihm «erstrahlet Geisteslicht durch Seelenwärme». Es geschieht ihm die Täuschung, daß er das Nahen des Weisheitsträgers Benediktus erlebt als erkältend, als Gegenkraft. Er selbst erkennt es mit Schrecken. Wieder spricht Theodosius. Seine Worte wollen Johannes geistig unabhängig machen und auf sich selbst stellen – ein Schritt, der vollzogen werden muß. Aber Theodosius ruft den «Geist, der ihm im Innern lebt». Und es erscheint nicht das höhere Selbst, wie Johannes erwartet, sondern die Widersachermacht – Luzifer und Ahriman! Sie ist mächtig im Menschen. Er muß sie erkennen in ihrem Wirken und immer wieder abweisen können, wenn das höhere Selbst tätig werden soll. Von Luzifer tönt die Mahnung, sich sein eigenes Wesen zu bewahren, sich nicht göttlichem Wesen hinzugeben, das die freie Entfaltung hemme. Ahriman zeigt ihm «der Erde Licht». Er erinnert ihn, daß er hier «festen Boden» finde. Er warnt ihn, daß sein Ringen und Schwanken «die Kraft des Seins» zerstreue. Es ist nicht unberechtigt, was hier gesprochen wird. Reale Gefahren für die Bewältigung der irdischen Existenz werden genannt, die jedoch überwunden werden müssen und können. Luzifer und Ahriman aber sprechen, um ihn vom Wege abzubringen.

Johannes kann bei dieser Gegenüberstellung nun nicht mehr nur ruhig konstatieren wie vordem, daß es diese Widersachermächte gibt. Er muß sie durchschauen und vertreiben. «Erlebe ich nur neuen Wahn, da ich mir Wahrheit heiß erfleht?» Aber da er in diese Dramatik eintreten muß, kämpfend um Sein und Nichtsein, kommt der bedrohten Menschenseele etwas zu Hilfe. Eine 'Geistesstimme aus den Höhen' spricht:

> Es steigen deine Gedanken
> In Urweltgründe;
> Was in Seelenwahn dich getrieben,
> Was in Irrtum dich erhalten,
> Erscheinet dir im Geisteslicht,
> Durch dessen Fülle
> Die Menschen schauend
> In Wahrheit denken!
> Durch dessen Fülle
> Die Menschen strebend
> In Liebe leben. (I/10)

Die Situation, die Verwirrung schuf, wird durchschaubar. Was in der Seele lebt, so daß sie unfähig ist, Wahrheit und Wahn zu unterscheiden, wird im Geisteslichte erkennbar. Das höhere Selbst kann sich im Seelenraum halten, sich zurechtfinden. Das könnte es aber nicht aus eigenem Vermögen. Es kommt ihm eine Kraft aus der Höhe zu Hilfe, ein Wesen, das nicht auf der Bühne erscheint – «noch nicht», wie Rudolf Steiner selbst sagt (im Vortrag vom 18.8.1911, München). Es ist ein Wesen, das mit den Geistern der Seelenkräfte zusammengehört. Wir werden es allmählich kennenlernen und darauf zurückkommen.

Versuchen wir zunächst, nur die innewohnende Struktur seiner Worte, das Kunstmittel, auf uns wirken zu lassen! Wir können die ersten fünf Zeilen als zusammenhängend empfinden und den Fünfklang im Pentagramm erleben. Wir können den zweiten Teil mit den kürzeren Zeilen als zwei Dreiecke abschreiten, die ineinandergeschoben ein Sechseck[13] bilden. Durch die Eurythmie kann sich das Erleben einer Struktur verfeinern. Man fühlt es, daß der Bau der Verse nicht gleichgültig ist für das Verständnis, daß er dem Inhalt angemessen sein kann. Wir kennen die vierzeilige Liedform lyrischer Frühlings- und Liebesgedichte sowie die inhaltsschweren Stanzen voller Lebensweisheit. Die Sonettform (zwei Vierzeiler und zwei Dreizeiler) nähert sich den Zahlenverhältnissen des Goldenen Schnittes, der den Größenverhältnissen der idealen Menschengestalt annähernd entspricht. Anderes wird anwesend durch jede dieser Formen. In unserem Falle erscheint das dem Menschen zugehörige Pentagramm und darauf folgend die beiden Dreiecke, zum Sechseck ineinandergefügt – das nach oben und das nach unten weisende – und wir können zeichenhaft an das sich lösende höhere Ich erinnert werden[13].

Dem Schlußbild soll ein besonderer Brief gewidmet sein.

XII

Das elfte Bild bringt die Krönung, die Zusammenfassung des ganzen dramatischen Geschehens. Ein Tempel ist der Ort, wo Menschen das Göttliche suchen, wo Götterwesen sich Menschenseelen offenbaren. Aus dem übrigen Leben herausgehobene Augenblicke bringen Überschau über Erreichtes, lassen Ziele aufleuchten. In alten Zeiten standen Tempel an Stätten, in denen die Einweihung gesucht wurde. Sie waren verschiedenen geistigen Strömungen geweiht, bestimmten Göttern, Gestirnen. Der Sonnentempel war der höchste. Er vermittelte die universalsten Fähigkeiten, göttlichen und irdischen Aufgaben zugewandt. Dort bereitete man das Kommen des Christus vor.

Es ist solch ein Sonnentempel, zu dem uns das Schlußbild führt. Die noch 'verborgene Mysterienstätte der Hierophanten' wird aber doch so geschildert, daß wir ahnen: sie wird aus der Verborgenheit heraustreten. Dann freilich in neuem Gewande und in neuen Formen. Es treten äußerlich keine Götterwesen in Erscheinung. Es wird aber durch sieben Stufen der Gespräche, sieben Opfer, die dargebracht werden, eine solche Verwandlung und Steigerung erreicht, daß die Menschenherzen mehr und mehr hinaufgehoben werden und Menschenworte durchsichtig werden für höheres Wesen, das aus ihnen spricht. Wilfried Hammacher hat ausführlich und Wesentliches enthüllend über das Schlußbild der 'Pforte der Einweihung' gesprochen in seiner 'Einführung in die Mysteriendramen'. Im Lichte dieses Bildes, von dieser Höhe kann angeschaut werden, was erreicht ist im Verlaufe der dramatischen Entwicklungen des ersten Dramas.

Zunächst wird Retardus – wir lernten ihn kennen als den Hintanhaltenden – in seinem Wirken zurücktreten müssen. Capesius und Strader, die von ihm ihre Intelligenz, ihre Wissenschaft erhielten, haben Schritte getan in Richtung auf die Geisteswissenschaft des Benediktus. Zwar stehen sie im ersten Anfang, aber sie haben den Weg begonnen und werden Hilfe finden, ihn zu gehen.

Im Tempel enthüllt sich uns nun ein wunderbares Geheimnis: Auf dem Geisteswege ist der Mensch nicht mehr allein. Was ein anderer errang oder opferte, kommt dem Ganzen zugute. Das gibt eine Alchemie der Seelen. So erleben wir ein ergreifendes Tauschen der Seelenkräfte, eine innere Gemeinschaft mit. Luzifer und Ahriman müssen hier schweigen und ihre Kräfte den Geistessuchern nicht in eigennütziger, sondern in wohltätigem Sinne zukommen lassen.

Was aber wird Johannes und Maria geschenkt aus der Kraft dieser Gemeinschaft? Maria lebte bisher ganz dem Weisheitsstreben hingegeben und dafür tätig. Eine gewisse Hoheit und vielleicht Kühle mag zuweilen befremdend gewirkt haben. Im Gegensatz zu ihr sprach aus der 'andren Maria' eine volle, warme Menschlichkeit, die sie den Mitmenschen eng verband. Sie konnte die Herzen unmittelbar aufschließen. Daß auch sie ihre Kraft letztlich empfing aus dem Mitleben mit der Gemeinschaft und der Berührung mit der Geisteswissenschaft, wurde überdeckt durch ihre mitgebrachten natürlichen Fähigkeiten. Sie trägt ihre warme Liebeskraft in diese Gemeinschaft, und so ist es möglich, daß für Maria geschieht, was Theodosius so ausspricht:

> Ich konnte ihr der Liebe Licht,
> Doch nicht der Liebe Wärme geben - - - - -
> Durch deine Einsicht gibst du mir die Kraft,
> Marias Seelenlicht den Weg zur Welt zu bahnen.
> Es mußte stets die Macht verlieren
> An Seelen deiner frühern Art,
> Die Licht mit Liebe nicht verbinden wollen.

Und Johannes gelobt im Miterleben dieser geheimen Alchemie:

> Das Opfer, welches du dem Tempel bringst,
> In meiner Seele soll es nachgebildet sein.
> In ihr soll Liebeswärme sich
> Dem Liebeslichte opfern.

Er bejaht das Band, das ihn mit Maria verbindet, und verlangt nicht mehr nach der Liebeswärme der Leidenschaft. Philia, Astrid und Luna werden ihm dabei helfen.

Eine andere Kraft erwächst aus des Kräutersammlers Entschluß, nicht mehr eigenwillig auf einsamen Wegen Erleuchtung zu suchen, sondern sich dem Tempel zu verbinden. Das ist eine schicksalswendende Tat. Aus dieser strömt Johannes neue Willenskraft zu. Er sagt: «Ich will in meinem Geist der Willenskraft den Weg zum Seelentempel weisen».

Theodora aber, die als Seherin auf Dr. Strader einen so tiefen Eindruck machte, tritt diesem helfend an die Seite.

Ich habe dieses alles ausführlich besprochen und mit gewiß unzureichenden eigenen Worten hingedeutet auf Geheimnisse, die man sich vielleicht scheut, derart zu enträtseln. Ich habe es getan, weil mir scheint, die genauere Einsicht könnte uns helfen, vergleichbares Geschehen im eigenen Umkreis wahrzunehmen. Wenn wir uns zusammenschließen mit anderen zu gemeinsamem Ringen um Geisterkenntnis, dann geschehen auch unter uns Hilfestellungen, Verwandlungen, die wir wahrnehmen und nutzen lernen sollten.

Sie hatten mir eine wichtige Frage gestellt, auf die ich nun eingehen will, nachdem ich erst einmal das Ganze dargestellt habe. Wie ist es denkbar, daß im Tempel Luzifer und Ahriman vorhanden sind und mitsprechen? Ist der Tempel nicht der Ort, wo Menschen Götterwesen suchten? Und geschützt waren vor dem Bösen wie Orest vor den Erinnyen? Es hat Sie betroffen gemacht, die Widersacher im Sonnentempel zu sehen.

Es ist wahr: In alten Zeiten wurde der Tempel gebaut, damit der Gott auf der Erde, in einer bestimmten Gegend, anwesend sei. Er wirkte dort auch ohne den Menschen, wie wir es von Griechenland wissen. Der Tempel in Jerusalem war das Haus Jahwes. Nur der Hohepriester hatte Zutritt zum Allerheiligsten. Der Allerhöchste offenbarte – und die Menschen empfingen. Sie waren 'Knechte Gottes'. Zu den Tempeln zogen aber auch Menschen, um die Weihe zu suchen. Ihr Erden-Ich wurde ausgeschaltet. Im Schlafe erhoben sie sich nach langer Vorbereitung zur Schau der Geistwelt. In den ägyptischen Szenen des vierten Dramas können wir solch einen Vorgang miterleben. Inzwischen nun hat sich Entscheidendes vollzogen. Wir sprachen bei der Entwicklung des Denkens (Brief VIII) bereits von der Entwicklung des Bewußtseins und dem neuen Einschlag, der im

20. Jahrhundert erfolgt ist. Der Mensch hat ein starkes Selbstbewußtsein entwickelt, das ihm seine Freiheit gibt. Er kennt die Zweiheit vom niederen und höheren Ich sowie die Aufgaben, die daraus erwachsen. Das Ereignis von Golgatha hat stattgefunden. Die Worte des Johannes- Evangeliums gewinnen immer mehr Bedeutung: «Ihr seid meine Freunde, wenn ihr tut, was ich euch gebiete – Ich sage hinfort nicht, daß ihr Knechte seid –» Und: «Ihr werdet die Wahrheit erkennen, und die Wahrheit wird euch frei machen!» Es tritt nun der mündig gewordene Mensch, der die Verantwortung für sein Wesen – auch für seinen Doppelgänger – auf sich nehmen muß, in den Tempel ein, nicht mehr das unmündige Kind, das in das Haus seines Vaters kommt. Auch nicht jener, der sein Ich und Erdenbewußtsein auszulöschen bereit ist, um erhabenen Götterwesen zu nahen, wie es in alten Zeiten der Fall war. Es ist die Situation des Ich, daß es sich vorfindet zwischen den Widersachermächten, zwischen dem Teufel und Satanas, d.h. zwischen Luzifer und Ahriman. Im Tempel muß sich erweisen, wie weit sie Macht über den Menschen haben, oder wie weit es ihm gelungen ist, sie zu durchschauen und sich von ihnen zu befreien. Das Evangelium berichtet von dem Gottessohne, daß er in der Wüste versucht wurde und die Widersacher «auf eine Zeit» von ihm wichen. Vergangene Zeiten haben Ihn gemalt als Cruzifixus, als Auferstandenen, die Notwendigkeit von Opfer und der Schaffung einer neuen Erde den Gläubigen einprägend.

Rudolf Steiner hat Ihn künstlerisch dargestellt zwischen den beiden Widersachermächten, sowohl in der plastischen Gruppe als auch in der Malerei. Er hat darauf hingewiesen, daß die Bezeichnung der Evangelien 'Teufel' und 'Satanas' zwei verschiedene Wesen benannten. Die Überwindung von Luzifer und Ahriman ist ein ständiger Kampf während der Erdenentwicklung; das Gleichgewicht zwischen ihnen zu schaffen, die ständige Aufgabe. Wenn also nun eine Zusammenschau im Tempel stattfindet über das, was erreicht und was weiter anzustreben ist, dann können Luzifer und Ahriman nicht fehlen. Ahriman muß bekennen, daß er auf den Geist von Maria und Johannes verzichten muß. «Doch bleibt mir's unbenommen, die Seelen mit dem Scheine zu beglücken. Sie werden nicht mehr glauben, daß er die Wahrheit sei, doch schauen können, wie er sie offenbart». Damit ist etwas Gewaltiges ausgesprochen. Ahriman wirkt in allem

Stofflich-Sinnlich-Wahrnehmbaren. Aber die Seelen sind so weit fortgeschritten – man darf auch sagen: sie sind so weit von guter göttlicher Wesenheit, von Christuslicht erfüllt –, daß sie dem Sinnenschein nicht mehr verfallen. Und Luzifer kann sie – auf diesem ersten Gipfel stehend, den sie erreicht haben – nicht mehr verderben. Er wird ihnen dienen, so daß seine «Kraft im Geiste ihnen erst die schönsten Früchte reifen» läßt. Das darf er sagen, da künstlerische und denkerische Betätigung zunächst eine Gabe Luzifers ist. Das reine Göttlich-Geistige aber wird im Tempel erlebbar durch Philia, Astrid und Luna, die künden: «Es wird aus allem Weltenwerden – die Seelenfreude sich dir offenbaren. Es wird dein ganzes Sein die Seelenwärme jetzt durchleuchten können». Und schließlich: Das in der Seele göttlich aufgehende Licht vereint sich dem Menschen-Ich. Luna: «Du wirst dich selber leben dürfen, wenn Licht in deiner Seele leuchten kann.» Die Mitwirkung des freien Menschen-Ich kann nicht anders dargestellt werden, als wenn Luzifer und Ahriman – die ständigen Begleiter – mit anwesend sind.

Im zweiten Drama werden wir am Schluß eine vergleichbare Situation vorfinden. Nach dramatischen Prüfungen ist nun aber von den Geistsuchern allein Maria mit den Hierophanten im Tempel. Luzifer hat einen Sieg über Johannes errungen. Er ist fern. Für Capesius und Strader, die noch im Anfang ihres Strebens sind, wird von den Brüdern der Weg vorgezeichnet, durchschaut, erhellt. Maria aber ist aufgerufen, der Macht Luzifers entgegenzutreten.

Im dritten Drama werden wir später sehen, wie das Tempelthema sich weiter verwandelt, vom imaginativen Geistgeschehen übergeführt wird in das irdische Geschehen der Gegenwart. Die Menschen müssen nun im Leben das Wächteramt übernehmen gegenüber den luziferischen und ahrimanischen Mächten. Diese treten hier nicht selbst auf.

Im vierten Drama schließlich dürfen wir teilnehmen an einem Tempelgeschehen alter Zeit in Ägypten. Hier spielt sich alles nach uralter Sitte ab. Hier wird noch nicht mit dem Einzel-Ich gerechnet. Alle sind Träger bestimmter Aufgaben. Der Einzuweihende löst sich vom Erdenleibe und soll in die höheren Welten aufsteigen. Luzifer und Ahriman sind nicht wesenhaft, sondern nur als Bildsäulen in 'Sphinxgestalten' anwesend. Sie beginnen aber wesenhaft zu werden und zu sprechen – und markieren damit eine mächtigen Bewußtseinsruck –, nachdem das vorgeschriebene Tempelgeschehen durchbrochen ist durch die erste freie Tat eines sich bewußt und verantwortlich fühlenden Menschen-Ich. Ich werde später ausführlich darauf eingehen. Das letzte Drama schließt nicht mit einem Tempelbild. Es sei denn, man erlebt den Einzelmenschen, der aus tiefster Einsicht, Ahriman überwindend, spricht, selbst als Tempel, in dem der Geist sprechen kann.

XIII

Sie haben es bejaht, daß ich versuchte, auf mehreren verschiedenen Ebenen dem Verlauf der Dramen, insbesondere zunächst des ersten Dramas, zu folgen: Beginnend mit dem Erdenleben und den dort sich ergebenden Verhältnissen, gingen wir dazu über, den dargestellten Persönlichkeiten nachzugehen auf ihren Geisteswegen, ihren Erlebnissen als Meditanten und ihrem imaginativen Schauen. Ich wies auf die Kunstmittel hin, die es möglich machen, solches künstlerisch darzustellen: den Rhythmus, den Bildgebrauch (irdische Erscheinung/Ur-bild), das Miterleben der Laute und der Komposition.

Wir wollen noch eine dritte Ebene aufsuchen, die uns dann auch über das erste Drama hinausführen wird. Das ist die Ebene, wo Reinkarnation und Karma in den Lebenszusammenhängen zu finden sind.

Wenn wir im Schlußbild der 'Pforte der Einweihung' darauf zu sprechen kamen, daß die Kräfte der Gemeinschaft, des sozialen Ganzen, eine wichtige Rolle spielen, so müssen wir nun bedenken, daß die Menschen nicht zufällig zusammengeführt wurden. Wer in unserem Umkreis auf uns wirkt, besonders, wenn es tief und bedeutsam geschieht, der ist uns zugeführt! Wir können sehr wohl davon unterscheiden andere Beziehungen zu Menschen, die uns eine Zeitlang begleiten, mit denen wir dieses oder jenes unternehmen und gewisse Interessen teilen, die aber nicht so intim zu uns gehören. Rudolf Steiner erwähnt, daß man von den ersteren bald intensiv träumt. Versuchen Sie nur einmal, es zu beobachten!

> Es formt sich hier
> In diesem Kreise
> Ein Knoten aus den Fäden,
> Die Karma spinnt
> Im Weltenwerden.

In dem Gespräch des ersten Bildes, in dem die Reden der einzelnen so Bedeutsames auslösen in den Gemütern von Capesius und

Strader wie auch insbesondere von Johannes, da kann man etwas ahnen von diesen sich verschlingenden Fäden, dem sich bildenden 'Knoten'. Wir spüren die Atmosphäre dicht werden. Zu diesen Schicksalen gehört die Einwohnung eines Gotteswesens in Maria ebenso wie die tiefe Betroffenheit Dr. Straders in der Begegnung mit Theodora. Die Beziehung, die Capesius zu der Märchenerzählerin Felicia Balde entwickelte – und dadurch zu dem Baldehäuschen und Felix Balde –, läßt etwas davon ahnen. Ja später, im dritten und vierten Drama, wird erkennbar daß auch die anderen Gestalten, die im zweiten Teil des Gespräches das Wort ergreifen, in dieses Schicksalsnetz einbezogen sind. Dazu gehört jedoch nicht Helena, deren «Urbild im Verlauf sich als Luzifer offenbart». Auch Philia, Astrid und Luna treten später nicht mehr als Freundinnen auf.

Dr. Strader bekennt – wie schon erwähnt – im zweiten Drama (4. Bild) im Gespräch mit Capesius:

> Es gibt da kein Entweichen – – –:
> Des Erdenlebens Wiederholung,
> Sie kann und darf kein Denken leugnen,
> Das nicht mit allem brechen will,
> Was Forscherfleiß erkannt in langer Zeiten Lauf.

Es ist eine Wahrheit, die in das allgemeine Denken im 20. Jahrhundert Einlaß begehrt.

Ein anderes aber ist es, die Realität wahrzunehmen und für den einzelnen Fall zu klaren Erkenntnissen vergangener Erdenleben zu kommen. Zu letzterem gehört eine strenge Schulung, gehören Imagination und Inspiration, also höhere Erkenntnisstufen.

Ein erstes Bild einer Vergangenheit, welche die tiefe Verbindung von Maria und Johannes erhellt, wurde dargestellt im siebenten Bilde des ersten Dramas, als der irische Mönch die Christusbotschaft nach Mittel- oder Westeuropa trug, dort tiefe Liebe erweckte, aber auch die Feindschaft derer, welche die alten Heidengötter bedroht glaubten. Obwohl der irische Mönch deren Wirken gelten ließ – «sie schenkten eurem Denken Kraft – sie pflanzten Mut in eure Herzen» – war er bedroht. Denn er verkündete zugleich: «Doch stammen ihre Gaben aus einem höhern Geisteswesen.» Es ist nicht unmöglich, daß er dort den Tod fand, vielleicht durch denjenigen, der Rache schwur und der in diesem gegenwärtigen Leben als Findelkind zu Maria geführt wurde. Das Wissen um die alte Verbundenheit der beiden Geistsucher wird bekräftigt durch Benediktus:

> Ihr werdet jetzt im Sinnensein
> Mit neuen Kräften stehen,
> Und mit dem Geiste,
> Der euch erschlossen ist,
> Dem Menschenwerden dienen können.
> Es hat das Schicksal euch verbunden,
> Vereint die Kräfte zu entfalten,
> Die gutem Schaffen dienen müssen.
> Und wandelnd auf dem Seelenpfade
> Wird euch die Weisheit selber lehren,
> Daß Höchstes kann geleistet werden,
> Wenn Seelen, die sich Geistessicherheit verliehn,
> In Treue sich zum Weltenheile binden.
> Die Geistesführung einte zur Erkenntnis euch,
> Nun eint euch selbst zum Geisteswirken. (I/7)

In die 'Prüfung der Seele' wird die in vier Bildern dargestellte Rückschau nicht mehr nur Seligkeit bringen und zu gemeinsamem Wirken von Maria und Johannes führen. Sie wird zu einer ernsten Prüfung der Beteiligten.

Vergegenwärtigen wir uns zunächst die äußere Lage der Hauptpersonen im zweiten Drama. Es ist etwa ein Jahr vergangen. Maria und Johannes leben in einer Freundschaft zusammen, die das Werden und Schaffen auf das kräftigste unterstützt. Von der Malertätigkeit des Johannes heißt es:

> Du kannst auf diesem Wege – –
> Das Wagnis unternehmen,
> Was geistig nur die Seele schaut,
> Dem Sinnenschein zu offenbaren.
> Es wird dir nicht verborgen bleiben,
> Wie Formen, Gedanken gleichend

> Den Stoff bezwingen;
> Und Farben, gefühlsverwandt
> Die Lebenskraft durchwärmen.
> So darfst du auch die höhern Reiche
> Mit deinem Können bilden. (II/3)

Das ist eine Aufgabe, die höchste Anforderungen stellt. Er soll nicht nur in den Sinneserscheinungen Wesenhaftes erspüren, wie es ihm bei dem Porträt von Capesius gelang. Er soll Übersinnlich-Geschautes in Farbe und Form offenbaren. Dabei ist die Klippe zu umgehen, abstrakt-intellektuell Erdachtes darzustellen. Es bedarf echter Geisterlebnisse sowie der Fähigkeit, Farben und Formen 'sinnlich-sittlich', also geistig real zu erleben. Die Aufgabe ist ihm von Benediktus selbst gewiesen. Oft schien es ihm unmöglich, sie zu erfüllen. Er durfte sich ihr aber nahen. Denn er begann, «Eigenwesen» zu «bannen» und sich zu «schaffenden Weltenmächten in Seligkeit entrückt» zu empfinden,

> Zu fühlen mit dem flutenden Lichtesmeere,
> Zu leben mit den strömenden Farbengluten,
> Erahnend waltende Geistesmächte
> Im stoffentrückten Lichtesweben,
> Im geisterfüllten Farbenleben.

Dieser Auftrag des Künstlers zeigt übrigens auch, was Rudolf Steiner von diesem erwartete! In der zeitgenössischen Malerei gab es damals – um 1911 – intensive Bemühungen in der gleichen Richtung. Es sollte jedoch zu diesen hinzugefügt werden, was nur durch eine echte Geistesschulung erreichbar war. Durch die malerische Ausgestaltung des ersten Goetheanum schuf Rudolf Steiner selbst die Grundlage für eine Entwicklung dieser neuen Malart.

Professor Capesius, der im zweiten Drama stärker in den Vordergrund rückt, hat inzwischen mit dem ernsten Studium der Geisteswissenschaft begonnen. Wir sahen bereits, wie er in die Krise geriet, die zum Durchbruch des höheren Selbstes führte. Dr. Strader hat seine wissenschaftliche Laufbahn aufgegeben, als er daran zweifeln mußte, zu echten Ergebnissen kommen zu können. Er steht, wie Sie bereits wissen, einer Schraubenwerkstatt vor.

Damit sich die Entwicklung des Johannes Thomasius in richtiger Art und seinem Alter entsprechend – er muß das 35. Jahr überschritten haben – vollziehen kann, muß er nun Marias Führung entwachsen und zu voller Selbständigkeit kommen. Dieses Gebot wird zuerst Maria bewußt. Beiden fügt es tiefe Schmerzen zu. Maria – einsichtig – nimmt sie willig auf sich. Johannes wehrt sich verzweifelt gegen die Trennung, die ihn nicht nur der menschlichen Geborgenheit und Wärme beraubt, sondern auch sein künstlerisches Schaffen in Frage stellt. Wir hören in 'Die Prüfung der Seele' wie in den beiden folgenden Dramen nichts mehr davon, daß er Bilder malt. Nur der Wunsch danach klingt am Ende noch durch. Er tritt als Schriftsteller hervor mit einem bedeutenden Buche und soll im vierten Drama seine künstlerischen Fähigkeiten einsetzen in einer mehr angewandten, kunstgewerblichen Tätigkeit, um eine neue Wohnkultur begründen zu helfen. Dennoch ist dieser Schritt wohl notwendig für die ihm gemäße Entwicklung. Sie führt ihn von der Kunst zur Wissenschaft und schließlich in den sozialen Bereich. In Abwehr, im Ringen mit dem Schicksalsschlag der Trennung offenbart sich ihm der große Gegenspieler des höheren Selbstes, der 'Doppel-gänger' in seinem eigenen Wesen. Wir berührten dieses Erlebnis schon im 4. Brief.

Gestatten Sie eine kleine, aber bedeutsame Nebenbemerkung: Wir finden in den Dramen, die uns sonst bekannt sind, einander gegenübergestellt die Hauptpersonen und die Gegenspieler, Held und Intrigant, der Bösewicht und der befreiende gute Mensch. Wir haben ähnliches in den Dramen bisher nicht kennengelernt, wir haben aber vielleicht schon geahnt: Der Gegenspieler, der das Spiel mit höchster Dramatik erfüllt, ist – das niedere Selbst des Menschen. Es offenbart sich in verschiedenen Gestalten, als 'Drache' (I/2), als 'Doppelgänger' (II/5). Es wird uns später als 'Geist der Jugend' entgegentreten (IV). Es weist über sich hinaus – auf die Gegenmächte Luzifer und Ahriman. Unmißverständlich aber steht es vor uns: Der eigentliche Gegner des Menschen ist er selbst. Hier muß der Kampf einsetzen und durchgeführt werden. Alle Kämpfe der Welt können nur bewältigt werden, wenn das erkannt wird!

Die Erschütterung, die mit all diesen Erlebnissen verbunden ist, ebenso wie diejenige, die Capesius in seiner ernsten Erkenntniskrise erlebt, löst bei diesen drei Menschen ein Schauen aus, das zu einer ausführlichen Rückschau auf ein vergangenes Erdenleben führt. Die sich offenbarende Realität des höheren Selbstes erweist sich sogleich als vielfältig inhaltvoll: Es geht durch viele Erdenleben, deren Wirkungen es in sich trägt und überschaut. Es lebt in der Schicht des Daseins, wo Karma die Schicksalsfäden spinnt und Knoten knüpft.

Die Rückschau, derer die drei teilhaftig werden, ist nicht beseligend wie jene erste. Sie weist auf vergangene Schuld und stellt die äußerst schwere Aufgabe, richtig mit den gewonnen Erkenntnissen umzugehen. Sie bedeutet, wie schon erwähnt, eine Prüfung der Reife der Kräfte. Denn es liegt eine ungeheure Verführung darin, das Geschaute unmittelbar mit dem gegenwärtigen Leben zu verbinden, bei notwendigen Entscheidungen zu fragen: Was ergibt sich aus der gewonnenen Einsicht? Was ist zu vermeiden? Was ist zu erwarten? Es gehört eine starke Kraft dazu, nicht derart zu folgern, sondern immer wieder unvoreingenommen, aus freier moralischer Einsicht schöpferisch zu handeln. Eine Vermischung der Ebenen – derer, die dem jetzigen Leben angehört, und jener anderen, auf der Schicksalsfäden gesponnen werden, – ist ungesund, irreführend und unter Zwang setzend. Vielleicht ist es deshalb doch gut, daß der Blick in die Vergangenheit nur so selten gewährt wird!

XIV

In Anknüpfung an den Schluß meines letzten Briefes meinen Sie, es sei doch schwer zu verstehen, daß die Einsicht in die Verhältnisse früherer Lebensläufe und die Kenntnis vergangener Schuld nicht unser gegenwärtiges Handeln bestimmen sollten. Es ist gut, daß Sie mich damit herausfordern, gründlicher auf diese Frage einzugehen.

Was vermieden werden muß ist, daß ein Mensch durch die in vergangenen Erdenleben begangene Schuld bei jeder geforderten Entscheidung ängstlich zurückblickt und sich davon sogleich vorschreiben lassen möchte, was ihm zu tun obliege, nur bemüht, Vergangenes so schnell wie möglich zu tilgen, um die Last loszuwerden. Gefordert ist vielmehr, daß zunächst das höhere Ich aufgerufen wird, so daß dieses erstarkt und die geistige Ebene betritt, auf der Karma geschaut wird, und dann in innerer Freiheit und Überschau zu seinen Entschlüssen kommt. Es darf nicht auf der Ebene des alltäglichen Lebens unter Zwang gesetzt werden durch abstrakte Folgerungen. Die Vermischung macht unsicher und schließlich krank, wie wir es an Capesius erleben, von dem es heißt (II/12):

> Bei jedem Schritt, den er ins Leben macht,
> Wird jetzt Capesius sich fragen müssen:
> Erfülle ich auch jedes Pflichtgebot,
> Das aus dem frühern Leben mir erwachsen?
> - - - - - - - - - - -
> Es tötet Kräfte, die im Unbewußten
> Der Menschenseele sichre Führer sind,
> Und kann Besonnenheit doch nicht erhöhn.
> So lähmt es nur des Leibes starke Macht,
> Bevor die Seele sie bemeistern kann.

Das spricht zwar Luzifer aus. Aber er deutet auf eine Wahrheit. Die Folgerung – eine luziferische! – sollte aber nicht sein: Also wende ich mich von dem bewußten geistigen Streben ab, sondern: Wie führe ich mich zu einem höheren Bewußtsein, das nicht vom Alltagsstandpunkt aus Folgerungen zieht, sondern zu tieferer Einsicht und freiem Entschluß kommt? Im Gegensatz zu Capesius ist Maria in der Lage, ihre Entschlüsse in solcher freien Einsicht zu fassen. Sie werden tiefer eindringen in diese Probleme, wenn wir nun auf die Rückschau selber eingehen. Es war mir aber doch wichtig, sogleich auf das Methodische hinzuweisen.

In vier Bildern ersteht in der 'Prüfung der Seele' ein hochdramatisches Lebenstableau aus dem 14. Jahrhundert vor uns. Es ist darüber von berufener Seite schon viel ausgeführt worden[14]. Ich darf mich auf einige Gesichtspunkte beschränken, die mir wichtig wurden. Wir werden hineingeführt in eine aufschlußreiche, bedeutsame Situation mit einer damals nicht gelösten historischen Aufgabe. Es stehen sich gegenüber die mittelalterliche Kirche und der Ritterorden. Die Kirche steht noch in der Tradition eines Albertus Magnus, eines Thomas von Aquino und ringt doch schon um ihren Fortbestand im ausgehenden Mittelalter. (Es sei erinnert an die babylonische Gefangenschaft der Kirche in Avignon!). Und ihr gegenüberstehend sehen wir den Ritterorden, der bereits den Umschwung in die Neuzeit vorbereitet. Von dem Kloster ausgehend, dem als Abt die spätere Maria vorsteht, erleben wir Frömmigkeit und Moralität, die Tragekraft der Tradition: die Kraft des Herzens und echten Schauens, die geistige Verbindung mit dem, der «des Ordens Zierde» war. Die Kraft der Verbindung mit dem Mysterium von Golgatha ist noch lebendig in ihm. Die formende Kraft der Kirche ist stark und unangefochten. Sie richtet und erklärt, wer als gläubig und wer als Ketzer bezeichnet werden muß. Sie bestimmt, wer gemäß seiner moralischen Haltung eine leitende Funktion übernehmen darf und wer nicht. Selbstverständlich fügen die Gläubigen sich ihren sittlichen Geboten. Das sehen wir, als es sich erweist, daß die Liebenden Thomas und Cilli Bruder und Schwester sind. Sie verzichten ganz selbstverständlich, klaglos auf die Eheschließung und stehen als Geschwister treu zusammen.

Der Ritterorden ist der Zukunft zugewandt. Entstanden in der Zeit der Kreuzzüge, in der Zeit der Öffnung nach dem Osten, ist er mit alten Weistümern in Berührung gekommen. Er hat in seine Entwicklung einen Hauch neuen, zukünftigen Christentums aufgenommen. Die Lehre von Wiederverkörperung und Schicksal gibt ihm die

Gelassenheit, im drohenden Untergang auf künftiges Wirken zu vertrauen. «Ich kann in vielem Haß, der uns verfolgt, den Samen künft'ger Liebe nur erblicken.» Er vertraut der geistigen Entwicklung der wahren Individualität durch geistige Schulung und kann darum auch einem Schuldigen eine führende Stellung zuweisen gemäß seinen sonstigen Fähigkeiten, gewiß, daß dieser selbst zu Erkenntnis und Gutmachung gelangen wird. Er ahnt bereits ein neues, kommendes Christusereignis voraus, dessen Vorbereitung die Ritter als ihre Aufgabe ansahen:

> Wir wissen aus des Meisters Offenbarung,
> Wie künftig Menschen durch das Geisteslicht
> Das hohe Sonnenwesen schauen werden,
> Das einmal nur im Erdenleibe wohnte. (II/8)

Ich darf später einmal, in einem größeren Zusammenhang, auf diese Erkenntnisse eingehen. Lassen Sie mich hier nur hinzufügen, daß die Ritter auch in anderer Art die Neuzeit vorbereiten. Sie beginnen bereits, sich der Stoffeswelt forschend zuzuwenden. Sie betreiben ein Bergwerk, untersuchen und verarbeiten das Zu-Tage-Geförderte. Sie unterstützen einen Arzt, dem die Umwelt feindlich gesinnt gegenübersteht. Denn er ist Jude und heilt nicht mehr mit Zaubersprüchen und dem, was später 'mittelalterliche Dreckapotheke' genannt wurde, sondern sucht schon exakte Sinneserkenntnis. Was hier nicht erwähnt wird, können wir aus Geschichtskenntnissen ergänzen: Die Tempelritter schufen ein Wege-Verbindungsnetz durch Europa bis in den Orient und ermöglichten die Finanzierung der Kreuzzugsteilnehmer durch ein erstes Banksystem.

Wir spüren, wie ein ehrwürdiges Altes, das aber von der Erstarrung in kirchlicher Tradition bedroht ist, einem Neuen gegenübersteht, dem die Welt noch nicht gewachsen, das durch Verfrühung gefährdet ist. Es wird durch den dem Abt erscheinenden Benediktus nun eine weltgeschichtliche Aufgabe ausgesprochen:

> Nur wenn zum Friedenswerk sich einen will
> Das Ziel, dem unsre Brüder dienen,
> Mit jenem, dem die Ketzer folgen,
> Kann Heil im Erdenwerden blühn. (II/7)

Diese Aufgabe wurde damals nicht bewältigt. «Dem Bunde steht der Untergang bevor.» (II/8) Die Templer wurden entmachtet, ihre Güter enteignet und ihre Führer verbrannt. In der Kirche trat eine Veräußerlichung ein, gegen die sich die Reformatoren innerhalb und außerhalb derselben wandten. Es entstand die Spaltung der christlichen Strömungen. Es folgten die Glaubenskriege, die Verheerung Mitteleuropas durch den Dreißigjährigen Krieg, der Zerfall der mittelalterlichen Sozialordnungen, der 'Siegeszug im Stoffgebiet', Agnostizismus, ungelöste soziale Probleme und zwei furchtbare Weltkriege. Hätte die Weltgeschichte eine andere Wendung nehmen können, wenn die angedeutete Aufgabe damals ergriffen worden wäre? Wenn die geistig-moralischen Glaubenskräfte erhalten geblieben, aber erneuert worden wären durch die Kräfte des Schauens, wie die Ritter es pflegten? Wenn eine Durchdringung der Stoffeserkenntnis mit geistiger Schulung verbunden worden wäre, wie es später die Rosenkreuzer – als Fortsetzer der Tempelritterströmung – erstrebten? Sicher ist, daß das Auseinanderfallen beider, einer Macht, welche die menschlichen, sittlichen Herzenskräfte an eine rückwärts gewandte Seelenhaltung band, und jener, welche die erwachenden, intellektuellen Erkenntniskräfte nur auf die äußere Sinneswelt richtete, dazu beitrug, daß die Aufgaben der Neuzeit bisher nur unvollkommen bewältigt werden konnten. Für Maria, Johannes Thomasius und Professor Capesius mußte erlebbar werden, und damit auch für die Zuschauer und Leser des Dramas, daß diese geschichtliche Aufgabe in der Gegenwart aufgegriffen und weitergeführt werden muß. Das erneute Wirken des Benediktus, wie es in den beiden letzten Dramen geschildert wird, erhärtet dies. Rudolf Steiners Leben und Wirken hatte dieses Ziel. Soweit der historische Aspekt.

Nun zu dem Persönlich-Individuellen. Maria erschaut sich – wie gesagt – in der Gestalt des Abtes. Dieser übt einen starken Einfluß aus, nicht nur auf die bäuerliche Umgebung, sondern auch auf den Bergwerksmeister Thomas und seine Schwester Cilli.

Der das dramatische Moment auslösende ist der spätere Capesius. Er hat in jüngeren Jahren, von Ehrgeiz, Eitelkeit, aber auch von einem inneren Suchen und von Schicksalsgewalten getrieben, seine Familie im Stich gelassen und sich dem Bunde zugesellt. Das innerste Streben desselben ist ihm «schwerverständlich», ist ihm fremd geblieben. Der geschilderten Haltung des Bundes entsprechend, hat er eine ihm zusagende, ehrenvolle Aufgabe erhalten, obwohl man vermutlich sein Vergehen kannte: Er ist Verwalter des Lehrgutes, der erste Präzeptor des Ritterbundes.

Im Dienste des Bundes arbeitet der junge Bergwerksmeister Thomas, ein strebsamer, frommer, einfacher Mensch, welcher der Kirche, insbesondere dem Abt des nahen Klosters, treu ergeben ist. Die Weltanschauung seiner Arbeitgeber hat ihn zunächst nicht interessiert. Dann hatte er sich vergeblich bemüht, sie zu verstehen. Unter dem Einfluß des verehrten Abtes lernt er sie hassen und strebt fort. Aber da ist die Nähe von des Bergaufsehers Tochter Cilli, die er zur Frau begehrt. Die Eheschließung scheint nahe bevorzustehen. Auch Cilli ist der «Kirche treu ergebne Tochter», wenn sie auch nicht so fanatisch ist wie Thomas. Sie ist ein innerlich reicher Mensch. Ihre intensive Hingabe im Gebet bringt ihr reale Geisterlebnisse. Diese machen sie verständnisvoller und toleranter. Ihre Einstellung zur Kirche ist umso erstaunlicher, als sie in einer Umgebung aufgewachsen ist, die den Rittern nahesteht, als Tochter des Bergaufsehers und seiner Frau, in denen wir frühere Inkarnationen von Felix und Felicia Balde wiederfinden. Aber nun stellt es sich heraus, daß sie nur die Pflegetochter der beiden ist, ja daß sie die einst verlassene Tochter des ersten Präzeptors ist und ihr Bräutigam Thomas dessen Sohn. Er ist also ihr Bruder. Der Präzeptor selbst ist gezwungen, die Sachlage aufzuklären, um eine Geschwisterehe zu verhindern. Mit der von der Kirche getragenen Moral gelingt es beiden, eine Gemeinschaft herzustellen, in der die Schwester den Bruder liebevoll umsorgt. Letzteres erfahren wir aber erst im vierten Drama. Sie leidet wohl unter seiner schroffen Intoleranz und sucht zu mildern. Die gegensätzlichen Haltungen erzeugen bei ihr keine Entfremdung, zumal die mystische Bruderschaft – wie nur angedeutet wird – den Untergang findet und ihr Besitz vermutlich an die Kirche übergeht, die schon vorher bemüht war, das Bergwerksgrundstück zu bekommen.

Zu diesem Zwecke hat der Abt eine Unterredung in der ihm verhaßten Burg, die ihm eine starke Erschütterung bringt. Während er wartet, hat er eine Schau, in der sein geistiger Führer Benediktus ihm erscheint, die seit fünfzig Jahren verstorbene «Zierde des Ordens» (diese Zeitangabe läßt uns auf Thomas von Aquino blicken, der 1250 starb). Er weist ihn an, auf die Versöhnung hinzuarbeiten und sich um das Verständnis der angefeindeten Ritter zu bemühen. Der Abt wird das hier Erlebte nicht festhalten und voll befolgen können. Aber er gerät in eine innere Bewegung und beginnt eine Wandlung, die ihn im späteren Leben – als Maria – erneut herantragen wird an jene geschichtliche Aufgabe, die ich bereits charakterisierte.

Die dramatischste Gestalt ist vielleicht der spätere Capesius. Er hat durch seine Schuld die Verwirrung geschaffen. Er hegte schon den Wunsch, aus dem Bunde auszutreten und sich seinen Kindern zu widmen. Letzteres ist durch die starre Haltung des Sohnes nicht möglich. Es bleibt offen, ob er den Austritt schon erklärt hatte, ob er einsam und verzweifelt stirbt, oder ob er im Endkampf mit den Rittern umkommt.

In Cillis Pflegeeltern finden wir Felix und Felicia Balde wieder; in deren eigener Tochter – die an Märchen, welche von den Rittern im Volk verbreitet werden, besondere Freude hat – die 'andre Maria'. Im ersten Zeremonienmeister und dem zweiten Präzeptor der Burg erkennen wir Romanus und Theodosius und in dem zweiten Zeremonienmeister German wieder.

Nun aber noch zu der ergreifenden Gestalt des Juden Simon, die zugleich über manches Aufschluß gibt, was in den dreißiger, vierziger Jahren unseres Jahrhunderts in Mitteleuropa geschah! Er lebt angefeindet von der einfachen Bevölkerung, jedoch unterstützt von den Rittern als ein Arzt, der bereits die Wendung zu der Sinnesbeobachtung der Natur und zum Intellekt vollzogen hat. Er ist erfüllt von Helferwillen und echtem Forschergeist. Er bejaht die Einsamkeit, in die ihn sein Schicksal gestellt hat, und fühlt sich durch sie den Rittern verbunden, die, wie er, ausgesondert und von Feinden umgeben sind. Er liebt ihre zukunftsgerichtete Geistesart und – wehrt sich doch gegen ihr Christentum. Ich versage es mir, hier mehr darüber zu sagen. Denn ich hoffe, später über die Christuserfahrungen in den Dramen zu schreiben als einem vierten Erlebnisbereich, nachdem wir die anderen – den der äußeren Geschehnisse, den der Geistesschülerschaft und den der karmischen Gesichtspunkte – behandelt haben. Wir erkennen in Dr. Strader den wiederverkörperten Juden. Er selbst hat aber die Rückschau nicht. Er ist nicht «zur Prüfung gefordert». Er ist – noch nicht – Schüler des Benediktus und hat noch keine Geistesschulung begonnen.

Wie aber bestehen die anderen die Prüfung der Rückschau? Es ist zu verstehen, daß Capesius, tief betroffen über seine Schuld und damalige Haltung, bestrebt ist, unmittelbare Konsequenzen zu ziehen, und sich bei jedem Schritt seines gegenwärtigen Lebens fragt, ob er bei einer Handlung Schuld aufhebe oder neue hinzufüge. Das aber muß ihn – wie ich ausgeführt habe – beirren, unsicher und schließlich krank machen.

Johannes Thomasius sieht den großen Abstand zwischen jenem einfachen Dasein als kirchlich frommen Bergwerksmeister und seinen gegenwärtigen Bemühungen als Geistesschüler. Es muß ihm unmöglich erscheinen, die Ziele des letzteren zu erreichen. Zusammen mit der Trennung von Maria bewirkt das, daß er sich auch von Benediktus zurückzieht, um das eigene Wesen unbeeinflußt vom Geisteslehrer und der weit vorangeschrittenen Freundin kennenzulernen und sich auswirken zu lassen. Sie werden nun vielleicht denken: Wie ist das möglich, nachdem er bereits so hoch entwickelt ist, daß er eine Rückschau auf ein vergangenes Erdenleben haben konnte? Es wurde mir verständlich, als ich es – auf einem weit weniger hohen Niveau freilich – nachempfinden konnte in einer bestimmten Lebenslage: Damals nämlich, als ich einmal übermäßig stark eingebunden war in anthroposophische Tätigkeiten – als Eurythmielehrerin an einer Rudolf Steiner-Schule und als Mitglied der Anthroposophischen Gesellschaft – und meine Gedanken allein erfüllt waren von dem, was ich in diesen Zusammenhängen aufzunehmen und auszusprechen hatte. Obwohl ich fühlte, wie diese Aufgaben auch an mir bauten, empfand ich mich schließlich doch nur wie von außen getrieben und hatte das dringende Bedürfnis, einmal loszulassen und mich nur auf mich selbst zu besinnen, bzw. dem zu folgen, was meine eigene Natur unmittelbar wollte. Nach einiger Zeit erst fand ich das notwendige Gleichmaß.

Aus dieser Entwicklung der Hauptpersonen ergibt es sich, daß im Schlußbild, im Tempel, nur Maria anwesend ist. Sie allein hatte die Kraft, die Geistesschau nicht unmittelbar in ihre Entschlüsse einzubeziehen, Folgerungen daraus abzuleiten aus der Sicht des gewöhnlichen Selbstes, sondern sie zu erleben als Fortschritt und Kraft, die dem höheren Selbst zugeflossen sind durch diese neue Stufe des Schauens. Dadurch ist es ihr möglich – was Johannes nicht gegeben ist – wahrzunehmen, was wesenhaft in ihrem Bewußtsein lebt und diese oder jene Idee auftauchen läßt, aber auch, was Besitz ergreifen und verführen will. Ich schrieb im 7. Brief von den Widersachermächten Luzifer und Ahriman, die den Menschen begleiten und unaufhörlich Einfluß auf ihn nehmen wollen. Luzifer ist es, der Capesius verwirrt und betäubt, als er besorgt ist, dem Leiden künftiger Schuld auszuweichen. Er ist es auch, der Johannes drängt, dem zu folgen, was allein aus seinen eigenen Sinnen aufsteigt, unbeeinflußt von jeglicher anderer Lehre.

Diesen Erfahrungen ist Maria nicht ausgesetzt. Aber ihr klarer Verstand muß sich fragen: Ist das Erlebte Wirklichkeit oder Illusion? Bei solchen Verstandesfragen hat Ahriman Zutritt. Er stellt ihr vor Augen, was für eine Täuschung sprechen könnte: die Ähnlichkeit der mittelalterlichen Situation mit der gegenwärtigen: «Du sahest Mann als Mann und Frau als Frau, und auch die Eigenschaften waren ähnlich.» Maria muß sich besinnen. Aber sie kann die Argumente widerlegen. In der Auseinandersetzung mit Ahriman erwachen ihr starke Gedankenkräfte. Ahriman kann nur das Allgemeine, das Intellektuell-Abstrakt-Gesetzmäßige denken. Der freie Menschengeist aber kann sich «aus Verstandeskräften Wissen bilden und dann dieses zur Geistesweisheit umgestalten». Diesem Tun muß Ahriman weichen. Sie erkennt den Grund, warum die Ähnlichkeit jener vergangenen Inkarnation mit der gegenwärtigen berechtigt ist und nicht auf eine Täuschung weist.

Es gibt im Erdenwerden solche Zeiten,
In welchen alte Kräfte langsam sterben
Und sterbend schon die neuen wachsen sehn.
In solcher Zeitenwende fanden ich
Und meine Freunde uns im Geist vereint.

In solchen Erdentagen werden Keime
In Menschenseelen sorgsam eingepflanzt,
Die lange Zeit zur vollen Reife brauchen.
Die Menschen müssen dann im nächsten Leben
Noch Eigenschaften aus dem frühern zeigen. (II/11)

Im Schlußbild wird sodann wiederum zusammengefaßt, was geschehen, was erreicht ist. Für die fern ringende Straderseele heißt es:

> Sie wird im Tempel sich die Kraft erwerben,
> Das fremde Sein als eignes zu empfinden,
> Und so sich auch die Macht gewinnen können,
> Die aus Gedankenlabyrinthen führt
> Und nach den Lebensquellen Wege weist.

Für Capesius wird eine gesunde Gegenkraft wachgerufen:

> Capesius soll durch des Tempels Kraft
> Erkennen, wie in Einem Erdenleben
> Der Mensch mit Pflichten sich beladen muß,
> Die erst durch viele Lebenspilgerfahrten
> In vollem Maße sich erfüllen lassen.
> So wird er furchtlos sich gestehen können,
> Daß seine Seele alter Fehler Wirkung
> Noch durch die Todespforte tragen muß.
> Er wird als Sieger sich bewähren können
> Im Kampfe, der die Geistespforten öffnet.

So wird er vorbereitet für einen gesunden Übergang über die Schwelle, die er zunächst nur krank und nur mit Luzifers Hilfe überschritten hatte.

Maria aber spricht die Worte, die uns durch das Leben begleiten können:

> Es gibt im Menschenleben Liebequellen,
>   Zu denen deine Macht nicht dringen kann. (Luzifer!)
> Sie öffnen sich, wenn alte Lebensfehler,
> Die unbewußt der Mensch auf sich geladen,
> In spätern Erdenleben mit dem Geist
> Geschaut und durch den freien Opferwillen
> In Lebenstaten umgewandelt werden,
>   Die wahrem Menschenheile Früchte bringen. (II/13)

In Freiheit durchschaut sie die Vergangenheit und stellt sich Aufgaben für die Zukunft zum Wohle von Capesius und Johannes. Wieder wirkt die verborgene Alchemie, die wir im Schluß- und Tempelbild des ersten Dramas erlebten. Was der eine leistet oder erringt, kann dem Freunde zugute kommen. Maria sagt:

> Wenn meine Seele Treue halten kann
> Dem Licht, das ihr die Geistesmächte spenden,
> Wird sie sich Kräfte schaffen durch die Dienste,
> Die sie Capesius vermag zu leisten
> Auf seiner schweren Lebenspilgerfahrt.
> Sie wird mit Kräften, die sie so erwirbt,
> Gewiß Johannes' Stern auch dann erschauen,
> Wenn er von Wunschesfesseln abgelenkt,
> Den Weg nicht wandelt, den das Licht bestrahlt.

Auf ihr ruht die Hoffnung, daß die Wege der Freunde zum Guten führen können.

XV

Wir kommen nun zu dem dritten Drama, und Sie freuen sich, daß wir hiermit Fragen berühren, die Sie schon lange bewegen. Ich beginne mit dieser: Wie ist es zu verstehen, daß in den ersten Dramen schon Rückblicke auf vergangene Erdenleben dargestellt sind und auch andere Erlebnisse in der 'Seelenwelt' wie im 'Gebiet des Geistes', und doch erst jetzt ein Übergang über die Schwelle geschieht, und der Hüter der Schwelle auftritt? Hierzu sei erinnert an einiges in Brief VIII Gesagtes.

Durch die Geistesschulung beginnt das Ich im Denken anderes zu erleben als nur die Verknüpfung von Begriffen und das Fassen von Ideen. Das Denken spielt sich ja ab im Grenzgebiet zwischen der Sinneswelt und der Geisteswelt. Es richtet sich zunächst auf die Sinneswahrnehmungen und kann sich zu Ideen erheben. Die Ideen können Illusionen, können Ahnungen enthalten, aber auch wahre Geistesblitze. Durch konsequentes Üben und Meditieren öffnen sich nun gewissermaßen Fenster. Die Geisteswelt beginnt hineinzuleuchten, diese und jene Verhältnisse zu erhellen. Das erlebten wir in den beiden ersten Dramen. Ein anderes ist es aber, wenn das Ich, wenn das höhere Selbst so intensiv tätig wird, daß es die Tür öffnet, um hinauszutreten in das ganz andere Sein der Geisteswelt und anderen, nicht im sinnlichen Leibe erscheinenden Wesen zu begegnen. Dazu muß man gerüstet sein und die Begegnung mit dem warnenden, weisenden Hüter richtig erleben. Die Schwelle kann vollbewußt überschritten werden, aber auch träumend, krankhaft. Wenn sie von Wünschen und Illusionen getrieben überschritten wird, ist die Rückkehr gefährdet. Erst im dritten Drama ist Johannes Thomasius' Kraft so weit erstarkt, daß er ein solches Erlebnis, das ihn in das Reich Ahrimans, das Reich des Todes führt, durchmachen kann (III/7 + 8). Jenseits der Schwelle erwartet den Menschen nicht nur, wie vielleicht geglaubt, ein Himmel helfender Hierarchien. Die – seit dem Sündenfall – zunächst zu erlebenden Geistwesen sind die Gegenmächte, sind Luzifer und Ahriman. Dahinter erst, darüber, sind zu erahnen die «Weltengeister», die «Liebesströme, die welterwarmenden», die «Urgewalten», wie sie von Philia, Astrid und Luna im 7. Bild des ersten Dramas genannt werden.

Aber folgen wir nun wieder zunächst dem äußeren Verlaufe des dritten Dramas! Wir werden mit dem ersten Bild hineingeführt in eine weltgeschichtlich äußerst wichtige Situation: Eine Weltenstunde scheint abgelaufen. Bisher war es, wie schon erwähnt, ein strenges Gebot, das Streben von mystischen Bruderschaften, Logen, esoterischen Gesellschaften abgeschlossen und verborgen zu halten vor aller äußeren Umwelt. Ihre Schriften waren für Eingeweihte und ihre Schüler bestimmt und der Öffentlichkeit nicht zugänglich. Die Mitgliedschaft war strengen Forderungen unterworfen. Jetzt ist es an der Zeit, die Tore zu öffnen.

Wir finden im ersten Bild einen größeren Kreis von Menschen verschiedenster Weltanschauungen, die zu einer Zusammenkunft mit den leitenden Brüdern eines Mystenbundes geladen sind, weil «sich für die Geistesaugen» der Rosenkreuzer schauen ließ, daß sie «mit Menschen sich verbinden müssen, die ohne Weihe ihres Geistestempels den Lebenskampf durch eigene Kräfte führen». Teils erwartungsvoll, teils skeptisch, ja feindlich, gehen die Geladenen der Begegnung entgegen. Auch Felix Balde und Dr. Strader sind erschienen. Es wird erwähnt, daß letzterer durch eine wichtige Erfindung hohe Erwartungen erweckt, und daß Johannes Thomasius ein bedeutendes Buch geschrieben hat, das, auch ohne daß der Mystenbund dafür eintritt, eine große Wirkung haben wird.

Was hat die Wende im Erleben, was hat dieses 'Es ist an der Zeit' ausgelöst? Es ist das Buch von Johannes Thomasius erschienen, das in wissenschaftlicher Art, dem Denken zugänglich, von der Geisteswelt kündet und den denkerischen Weg zu ihr beschreibt. Durch diese Tat wird offenbar, daß das Denken die Kraft gewonnen hat, nicht nur die Stoffeswelt, sondern auch die reale Geisteswelt erfassen zu können. Sie erinnern sich, daß sich Johannes von Maria und Benediktus trennte, um zu ergründen, was allein in seinem Inneren lebte, ohne Beeinflussung von außen. Er hat selbständig denkend verarbeitet, was er vorher in der Nähe von Benediktus und Maria hörte und nachzuerleben begann.

Wir haben vielleicht erwartet, daß er sich in diesen dreizehn Jahren – diese Zeit wird angegeben als etwa verflossen zwischen dem zweiten und dem dritten Drama – als Künstler ins 'volle Leben stürzen' würde. Darüber erfahren wir jedoch nichts. Wohl aber davon, daß er «beseligt und voll Entzücken» an der Arbeit war, die ihn «so sicher von Glied zu Glied im Wahrheitsbau geleitete» (III/2). Diese Schilderung spricht nicht von Zweifeln, Kämpfen, Überwindungen, nicht von Verzicht und Todeserlebnissen. Es war wie ein Schaffensrausch über ihn gekommen, wie er mit dem Ringen um tiefste Einsichten verbunden sein kann. Wir sind gedrängt zu fragen: Wer ist es, der ihn derart inspirierte? Er sagt es selbst: «Ich hatte, ehe ich mein Werk begann, mich Luzifer gewidmet». Luzifer, der dem Menschen einst die Augen öffnete und seinen Selbstsinn weckte. Im Rückblick sieht Johannes selbst, daß sich in dieser Zeit einseitiger, begeisterter Hingabe an sein Werk, ohne den strengen Rhythmus von Übungen der Geistesschulung, ohne erhöhte Wachheit Triebe in ihm entwickelten, die «früher nur im Keim vorhanden waren – und jetzt im Stillen kraftvoll Früchte reiften». So will er den Ruf zur Mitarbeit im engen, esoterischen Kreise nicht annehmen und nicht darauf eingehen, daß die Eingeweihten sein Werk in ihre Obhut nehmen.

Sein unerwartetes Verhalten ist ein gewaltiger Schlag, der tiefste Bestürzung und Ratlosigkeit bei allen Beteiligten auslöst. Jetzt tritt Maria wieder an seine Seite, um den Freund zu geleiten,

> ... in die ewig leeren Eisgefilde
> - - - - - - - -
> .... wo sich ihm
> Das Licht entringt, das Geister schaffen müssen,
> Wenn Finsternisse Lebenskräfte lähmen.

Es wird ein schwerer Weg sein.

> ... in Weltengründe,
> In denen Seelen sich das Götterfühlen
> Erkämpfen durch die Siege, die vernichten,
> Und von Vernichtung kühn das Sein ertrotzen. (III/2)

Wer den Schmerz nicht bejahen lernt und nicht das Dunkel auf sich nimmt, kann die tiefsten Wahrheiten nicht erringen. Das bezeugen die Biographien vieler großer Menschen. Aber Johannes weicht aus, selbstverständlich ohne daß es ihm bewußt wird. Er sucht nicht Hilfe bei Benediktus. Er meidet die Rosenkreuzer, denen er schwere Vorwürfe darüber macht, daß sie nicht erkannt haben, wie wenig würdig er ihrer Erwartung ist. Es leuchtet ihm eine neue Hoffnung auf: Theodora, die Seherin, kündet unmittelbar schauend vom Geiste. Sie soll ihm Licht bringen. Sie war einst – so hat er geschaut – seine Schwester. Die einst Blutsverwandte wird ihn zur Wahrheit und zu neuem Leben führen.

Es hat mich immer eigentümlich berührt, wenn ich Johannes im siebenten Bilde verwerfen sah, was durch Benediktus und Maria angeregt in ihm lebte, und aussprechen hörte: «Und echtes Schauen gab ihm nur sein Blut». Er suchte über das gewöhnliche Bewußtsein hinauszukommen, zu echten Erlebnissen der Geistwelt vorzudringen und wandte sich alten Erfahrungen der Menschheit zu, die durch die Blutszusammengehörigkeit möglich waren. So ahnten im 20. Jahrhundert Menschen Mitteleuropas, daß eine Erweiterung des Bewußtseins möglich und nötig wäre. Sie folgten den Geisteswegen, die Rudolf Steiner wies, nicht und vertrauten den Mächten, die im 'reinen Blute' wirken sollten. Es war ein Wahn. Wir wissen heute, was daraus geworden ist: Der Zweite Weltkrieg, Tod, Zerstörung. Auch von Johannes Thomasius ging – 1912 dargestellt – Tod und Zerstörung aus.

Im Drama stirbt Theodora. Sie war die Gattin Dr. Straders geworden. Sieben Jahre einer glücklichen Ehe lagen hinter ihr. Da drängt sich Johannes' Leidenschaft an sie heran, weckt «widrig Fühlen», das sie zerstört. – Erst spät, jenseits der Schwelle in Ahrimans Reich, entdeckt er, daß das, was er für eine starke Geistesliebe gehalten – höchster Egoismus war. Er findet den Weg zu der treuen Weggenossin Maria zurück und gewinnt eine neue Erkenntnis, die auch sein Verhalten dem Bund gegenüber ändert. Vorher erlebte er, wie geschildert, die Zeit bedeutenden Schaffens an seinem Buche, sodann die Einsicht von seiner Untauglichkeit. Er spürt seine Schwächen, sein Ungenügen, das ihm den angebotenen Weg versperrte. Jetzt regt sich wieder und deutlicher, was er früher schon ahnte: Das höhere Selbst steht einem niederen, dem Doppelgänger, gegenüber. Wenn es ihm gelingt, sich dieser Zweiheit immer bewußt zu bleiben, das Schaffen des Geistes und das Leben des Doppelgängers zu trennen aus der

Kraft der Geistesschulung, dann darf er das Erkenntnis-Geisteswerk wagen. Er spricht es aus:

> Nicht ich, wie ich im Leben bin und geistig
> Vor kurzer Zeit mich völlig wertlos sah,
> Erlaubte mir, an diesen Ort zu treten – – –
>
> Die Geistesschülerschaft hat mir verliehn
> Ein Selbst, das kraftvoll sich auch dann erweisen
> Und eignes Schaffen voll entfalten kann,
> Wenn sich der Träger noch in weiter Ferne
> Vom höchsten Seelenziele wissen muß. (III/10)

Seine strengste Lebensregel muß werden,

> Daß nichts vom eignen Selbst sich störend dränge
> In jene Arbeit, die nicht er verrichtet,
> Die durch sein zweites Selbst zu leisten ist.

Indem er den Ruf annimmt, in der Leitung der Mysterienstätte künftig mitzuarbeiten, ergibt sich eine andere Schwierigkeit: Er teilt die Aufgabe mit dem inzwischen durch Benediktus geheilten Professor Capesius, mit Felix und Felicia Balde und mit – Dr. Strader. Es wird Kraft und Seelengröße kosten. Denn zwischen ihnen steht Theodora, an deren Tod er schuld ist. Persönliche Schicksale und Antipathien dürfen in dieser Region keine Rolle mehr spielen!

Dr. Strader hat – es ist schon im dritten Briefe dargestellt – eine Entwicklung genommen, die ihn zu einer Erfindung geführt hat, von der die Umwelt Großes erwartet. Im Zusammenleben mit Theodora ist der Goldgrund seiner Seele immer heller spürbar geworden. Ihr Tod trifft ihn tief, weckt aber die Kraft, ihr seelisch nahe zu bleiben, weckt eine Treue, die zu echten Geisterlebnissen führt. Er hat die moralische Kraft zur Zusammenarbeit mit dem, den er einerseits immer hochschätzte, der ihm persönlich aber doch tiefsten Schmerz bereitete: mit Johannes Thomasius.

Erwähnt werden müssen hier Felix und Felicia Balde, die ebenfalls berufen sind. «Die Zeichen dieser Zeit verkünden deutlich, daß alle Wege sich vereinen sollen». So erscheint Felicia, die Märchenerzählerin, die Geisteslicht brachte, ohne doch den Weg des Benediktus oder der Rosenkreuzer zu gehen. Es erscheint Felix Balde, der – wie wir schon sahen – aus seiner Einsamkeit bereits herausgetreten war. Wir sahen, wie er, der das Weltgetriebe im Grunde töricht fand und mied, dem inneren Geistesruf gehorchend, mit reiner Willenskraft seinem Leben die Wende gab und viele Menschen an seinem Geisteswissen teilnehmen läßt, ob sie es schon richtig aufnehmen können oder nur wahrnehmend staunend, ja vielleicht unverständig spottend. Er hat die Zeitenwende gefühlt. Es ist an der Zeit!

Mit seinen Worten im Tempel (III/10) bestätigt er etwas Wichtiges:

> Auf solcher Geisteswanderschaft war ich
> In Tempeln oft, mit denen so verwandt
> Jetzt der mir scheint, der hier zu Sinnen spricht.

Damit sagt er zugleich, daß diese Mysterienstätte zu Recht besteht. Die bisher Leitenden, die in die Krise geraten waren, geben die Leitung ab. Ihnen «wird andres Werk in Zukunft anvertraut».

> Das Weiheschicksal ruft die Menschensöhne
> Für Zeiten nur in seine Weihetempel
> Und fordert sie für andres Wirken dann,
> Wenn ihre Kräfte sich erschöpft im Dienste.

Maria aber hatte wohl in den Jahren nach der Trennung von Johannes die Verbindung zu der Weihestätte gefunden. Sie trägt bei ihrem Auftritt im zweiten Bild ein den Brüdern entsprechendes Gewand: blau mit gestickten roten Rosen auf der Brust. Sie wird künftig in der Mitte der anderen (Johannes, Capesius, Strader) stehen als «Stütze in den Seelengründen».

> Sie soll an diesem Orte sich vereinen
> Mit allem, was nach Weltgesetzen hier
> In edler Dreiheit sich dem Geiste weiht.   (III/10)

Soweit der Überblick über den Verlauf und manche Zusammenhänge, nach denen Sie fragten. Wie aber stellt sich die Entwicklung dar, wenn wir den inneren Wegen der Geistessucher zu folgen versuchen? Darüber im nächsten Brief.

XVI

Machen wir uns immer wieder bewußt, daß hinter unserer den Sinnen sich darbietenden Welt andere Welten liegen: Welten elementarischer Wirksamkeit, Welten geistiger Wirksamkeit, in denen geistige Wesen an Mensch und Welt schaffen, Welten, in die wir nach dem Tode übergehen. Als Johannes nach der von Maria herbeigeführten Trennung beschloß, seinem Eigenwesen zu folgen und sich vom 'Tempel', von Benediktus fernzuhalten, folgte er der Inspiration Luzifers, jenes Geistes, der den Menschen beim Sündenfall einst sein – damals verfrühtes – Selbstbewußtsein verlieh und seither alles Sondersein und Eigensein bestärkt. Ohne ihn gäbe es keine Wissenschaft und Kunst. Beide sind zunächst gebunden an die menschlich-luziferische Schöpferkraft. Die reine Offenbarung des Göttlichen wurde im religiösen Leben gesucht. Wenn wir das bedenken, verstehen wir, was Johannes trug bei seiner Arbeit

> Beseligt
> Und voll Entzücken, weil sie mich so sicher
> Von Glied zu Glied im Wahrheitsbau geleitet. (III/2)

Obwohl er es nachträglich erkennt, woher soll er die Kraft nehmen, sich wieder zu befreien von der Macht eines Wesens, das so viel gewaltiger ist als der Mensch? Mit der bloßen Einsicht ist da noch wenig getan. Für das Geschenk jener Inspiration hat er zu zahlen! Hier aber kann Maria ihm zur Seite treten, die ihre Kräfte in diesen Jahren entscheidend verstärkt hat. Wodurch tat sie das? Wir sahen schon in Brief IV, und es sei nochmals betont, daß Opfer und Verzicht die Voraussetzung sind. Sie verzichtete – noch nicht bewußt, aber durch ihr Schicksal dazu bestimmt – auf ihres «Blutes Feuer». Sie verzichtete ferner aus freier Einsicht auf die Nähe von Johannes. Jetzt hat sie sich die Kraft erworben, im Erkenntnisprozeß auf jene erwärmende Steigerung des Selbstbewußtseins zu verzichten, die im schöpferischen Gedankenerleben entsteht. Ihr Selbstbewußtsein stützt sich nicht mehr nur auf ein eigenes inneres Tun, sondern auf den Gottesfunken des höheren Selbstes.

Wenn aber die Eigenliebe wirklich ferngehalten werden kann, ist das Erkannte Luzifers Macht entzogen. So gerüstet dringt Maria in Luzifers Reich ein, um den Freund von dessen Führung zu befreien.

Zunächst begegnet sie dort Capesius und durchschaut dadurch dessen Krankheit, die ihn den alltäglichen Vorgängen entrückt und sein Erdenbewußtsein ablähmt (III/3). Als er nach der Schau vergangener Schuld mit dem Leben nicht mehr zurechtkam, versank er in einen Zustand der Antipathie gegen sein unzulängliches Forschen und Sinnen, gegen seinen Erdenleib, gegen das Erden-Ich. Maria kann ihm wirksam entgegenhalten:

> Der Leib, der Erdenseelen eigen ist,
> Er trägt in sich die Mittel, göttlich Schönes
> In hehren Bildern wirksam nachzuschaffen.
> Und diese sind, wenn auch ihr Dasein nur
> Sich schattenhaft in Menschenseelen zeigt,
> Die Keime doch, die einst im Weltenwerden
> Zu Blüten und zu Früchten werden müssen.
> So dient durch seinen Leib der Mensch den Göttern.
> Und seines Seelenlebens wahrer Sinn
> Erscheint ihm nur, wenn sich in seinem Leibe
> Die Kraft zum wesenhaften 'Ich' erfühlt. (III/3)

Wahrlich, ein wunderbarer Aspekt unseres leiblichen Daseins! Es ist anzunehmen, daß damit ein Keim in die Seele des Capesius gesenkt ist, der die spätere Heilung durch Benediktus ermöglichen hilft. Aber auch Maria empfängt etwas von dieser Begegnung: Capesius erinnert sie daran, daß sie ihm gegenüber durch ihr Karma verschuldet ist. Die Schuld, die sie in der mittelalterlichen Inkarnation auf sich geladen, als sie durch ihre Autorität als Abt den Haß gegen die Ritter tief in der Seele des Bergwerksmeisters Thomas befestigte und damit einen unüberwindlichen Graben zwischen Sohn und Vater aufriß, muß gutgemacht werden. Capesius fordert das von ihr in Luzifers Reich. Das kann nur bedeuten, daß sie sich ihm auf Erden in warmer Nähe zuwenden und ihr Leben mit dem seinen stärker verbinden solle. So naheliegend das erscheinen könnte, Maria ist tief betroffen, daß sie «durch Luzifers Gewalt» die Schuld tilgen soll, die ihr «so heilig ist». Diese aufrührende Schicksalsfrage trägt sie in sich, als sie nun zu dem schreitet, was sie hergeführt: die Lösung von Johannes aus Luzifers Reich zu erbitten. Luzifer geht darauf nicht ein. Im Gegenteil, er verstärkt die Bande.

Wir blicken hier tief hinein in das Walten des Schicksals. Wie vieles von dem, was sich unter Menschen abspielt, ist nicht nur Konsequenz früherer Erdenleben, sondern entsteht durch die Einmischung Luzifers als Wahn in der Seele! Hier liegen die Wurzeln für Johannes' verhängnisvolle Leidenschaft für Theodora, die ihr den Tod bringt. Luzifer entfacht sie in dem Doppelgänger, in dem «stärkeren Ebenbild», in seinem gewöhnlichen Selbst. Er kann dabei anknüpfen an jene Liebe des jungen Bergwerksmeisters Thomas, die im Mittelalter unterdrückt wurde, als sich herausstellte, daß Cilli seine Schwester war. Diesem Eingriff Luzifers muß eine erhöhte Geisteskraft entgegengestellt werden – wenn überhaupt noch Rettung möglich sein soll für Johannes, für das Buch und für den weltgeschichtlich notwendigen Schritt, daß «das Initiationsprinzip Zivilisationsprinzip»[15)] werde. Marias Antwort zeugt von höchster Einsicht und Kraft: In ihrem Herzen «hat Geistesschülerschaft die Kraft belebt, von allem Wissen stets die Eigenliebe entfernt zu halten». Und an die Worte, die wir schon kennen, fügt sie an:

> Und wenn in seinem Herzen künftig oft
> Die Worte tönen, die von dir ihm kommen:
> «Sein Menschenwesen soll in Liebe finden,
> Was seiner Eigenart die Stärke gibt»,
> So wird dies Herz dir mächtig Antwort geben:
> Du wurdest einst im Erdenurbeginn
> Erhört, als du der Weisheit Früchte zeigtest,
> Der Liebe Früchte sollen Menschen nur
> Aus Götterreichen sich gewähren lassen. (III/3)

Das ist zugleich die Antwort an Capesius und auf die Schicksalsforderung, die er in Luzifers Reich an sie stellte. Aber die Begegnung mit ihm hat die Antwort, die sie Luzifer geben muß, wunderbar vorbereitet. Ein Kampf mit Luzifer hat begonnen. Wie wird er enden? (III/3).

Das Thema wird weitergeführt, nachdem wir im vierten und fünften Bilde miterlebt haben, wie die unselige luziferische Leidenschaft tödlich einbricht in das glückliche Leben Theodoras und Dr. Straders, und wie im sechsten Bilde die Heilung des Capesius, auf die ich später eingehen möchte, vor uns stand. Johannes erzwingt in dem feurigen Willen, Theodora über die Schwelle der geistigen Welt zu folgen, mit Marias Hilfe den Übergang.

Vor der Schwelle, vor dem Hüter bricht etwas aus ihm hervor, was uns tief nachdenklich machen kann. Wir sprachen bereits davon im letzten Brief: Er pocht auf die Blutsbande, die ihn einst im Mittelalter mit Theodora verbanden. Er spricht von der Macht des Blutes in ihm selbst:

> ... Er glaubte sich im Geist und fand sich nur
> Als Wesenheit im eignen Blute vor.
> Er lernte kennen dieses Blutes Macht;
> Es war in Wahrheit, und nur Bild das andre.
> Und echtes Schauen gab ihm nur sein Blut.
> – – – – – – – – – – – – es zeigte,
> Wer Vater ihm und wer ihm teure Schwester
> In lang vergangnen Erdenzeiten war. (III/7)

Wenn man diese Szene in den dreißiger Jahren sah oder las, konnte man begreifen: Wird z. B. bei drängenden sozialen Problemen verzweifelt nach einer neuen, besseren Ordnung gesucht, dann können sich Lösungen anbieten, die von den Gegenmächten stammen. Man sprach damals von der 'Kraft des Blutes', von der Abstammung. Sie faszinierte auf ungeahnte Weise, nachdem die Geisteswissenschaft nur von wenigen aufgenommen und ihre Hilfe bei den brennenden sozialen Fragen abgewiesen wurde.

Johannes aber hat Maria an seiner Seite, mit ihrer reinen, selbstlosen und so gar nicht luziferischen Liebe. Sie erringt seinen Schwellenübertritt und weiß:

> Der Freund, er wird im Geistesreiche wieder
> Das Wort aus meiner Seele hören können,
> Für welches Luzifer sein Erdgehör
> Ihm trüben konnte durch die Wahneskraft.

Vorbereitet wird sein Überschreiten der Schwelle durch eine Rückschau: Es taucht ihm ein ehrwürdiges Bild auf: die Gestalt eines Kriegers, der in vergangenen Zeiten viel Blut vergoß, aber nach einer Niederlage tiefe Wandlungen seiner Seele durchmachte, Stolz und Ruhmbegierde niederkämpfte und sich dem Wissen alter Eingeweihter zuwandte. Das leuchtet vor Johannes auf wie ein Ideal, dem es zu folgen gilt. Johannes sucht es und meint, es in Theodora jenseits der Schwelle zu finden. Er wird bitter enttäuscht: Nach dem Schwellenübertritt findet er sich selbst in – Ahrimans Reich. Wir haben diesen Widersacher kennengelernt im ersten Drama in der ersten Schau des Johannes. Jetzt aber bricht die volle Realität seines Wirkens über ihn herein: In diesem Reiche wird Wahrheit erkannt unter Schmerzen, nicht in Seligkeit wie bei Luzifer. Hier «erfrieren Wünsche». Johannes beginnt, die «ewig leeren Eisgefilde zu betreten», wo ihn nur noch Marias Nähe stärkt. Hier sieht er ihn wieder, den Greis, der ihm vor der Schwelle Bewunderung und höchste Liebe abnötigte. Aber es ist nicht Theodora, wie er gemeint. Er war es selbst in vergangenen Zeiten. Er muß erkennen: sich selbst galt seine stärkste Liebe. Auf dieser Höhe stand er einmal. Er durchschaut seine Eigenliebe, seinen Egoismus.

Was er erlebte, zeigt seine Konsequenz in dem Gespräch mit Maria im neunten Bild. Johannes nimmt die Gespaltenheit, die Zweiheit seines Wesen nun bewußt auf sich. Er wendet sich Maria und Benediktus wieder voll zu:

> Was Ihr mir gabet, ist ein Mensch für sich,
> Der andern Menschen willig reichen muß,
> Was ihm gewährt durch Geistesschülerschaft.
> Doch darf in diesem Menschen nichts vom andern
> Sich störend mischen, der am Anfang erst
> Der wahren Selbsterkenntnis sich erahnt.

Hier will ich innehalten. Es sind gewiß viele Fragen entstanden. Auch habe ich vorgegriffen und muß nun zunächst auf das übergangene sechste Bild eingehen.

Doch sei noch eine kleine Erinnerung eingefügt aus der Zeit, da die Dramen durch Marie Steiner neu einstudiert wurden, um bei der

Eröffnung des zweiten Goetheanum-Baus – mit zwei Dramen beginnend – 1928 erstmalig auf der großen Bühne aufgeführt zu werden. Bild um Bild war auf der Schreinerei-Bühne durchgearbeitet worden, und später mußten Sprache und Gebärden dem großen Raume angepaßt werden.

Da traf es sich einmal, daß ein altes Mitglied aus der Berliner Wirkenszeit Rudolf Steiners einen Jubiläumsgeburtstag hatte. Johanna Mücke hatte der sozialistisch-gewerkschaftlichen Bewegung angehört und war Mitglied des Vorstandes der von Wilhelm Liebknecht begründeten Arbeiterbildungsschule, an der auch Rudolf Steiner Anfang des Jahrhunderts fünf Jahre lang Lehrer war. Sie war mit dem philosophisch-anthroposophischen Verlag, den sie «aus den kleinsten Anfängen und unter den ärmlichsten Verhältnissen in völlig selbstloser Hingabe mitaufgebaut» hatte – wie Emil Leinhas in seinem Nachruf 1949 berichtete – nach Dornach übergesiedelt. Nun durfte sie aussuchen, welches Bild aus den Mysteriendramen an ihrem Festtag ihr zu Ehren aufgeführt werden sollte. Sie erbat sich das dritte Bild aus 'Der Hüter der Schwelle', Luzifers Reich, mit dem eindrucksvollen Luzifer – Elya Maria Nevar mit ihrer mächtigen, klangvollen Stimme – und der einstimmenden Musik Adolf Arensons.

So saß sie festlich geschmückt, glücklich und tief bewegt neben Marie Steiner. Das war nun vor fünfzig Jahren.

XVII

Zunächst zu Ihrer Frage: Sie schreiben, daß Ihnen die Vorstellung eines Reiches von Luzifer und Ahriman neu und schwer begreiflich ist. Widersachermächte – das ließe sich denken. Aber sonst findet man, wenn man überhaupt an andere Reiche als die Naturreiche denkt, allenfalls Himmel und Hölle, die im Leben nach dem Tode erlebt werden, durch die Bibel und die Kirche vorstellbar.

Ja, bisher kannte man nur diese Dualität, wobei der Himmel meistens nach sehr irdischen Wünschen vorgestellt wurde: voller Ruhe und Seligkeit, die Seelen allen Kampfes und Leides enthoben. Diese kindlich vereinfachenden Vorstellungen sind heute nicht mehr angemessen. Rudolf Steiner hat eine aus seiner Forschung heraus grundlegend neue Darstellung gegeben: Gemäß den vergangenen Erdenleben wird die Menschenseele nach dem Tode geläutert und so geführt, daß das höhere Selbst begangene Schuld erkennt, Vergangenes abstreift, die Kraft zur Wiedergutmachung erwirbt und sich auf ein neues Erdenleben vorbereitet. Wir werden bei der Besprechung des vierten Dramas näher darauf eingehen. Die Seele kommt dabei durch verschiedene Sphären. Sie begegnet höheren Wesen in abgestufter Ordnung. Sie findet helfende Wesen und auch hemmende: Luzifer und Ahriman. Diese erstreben als Gegner der guten Gewalten – welche die Erdenentwicklung zu ihren Zielen führen wollen – die ganze Entwicklung abzubrechen und in völlig andere Bahnen zu lenken. Sie leben in ihren Reichen als abgefallene und ausgestoßene Wesen in Auflehnung gegen das göttliche Werk, gegen die Entwicklung der Erde, und suchen den Menschen für ihre eigenen Ziele zu gewinnen. Das, was wir gemeinhin als Himmel vorstellen, hat stark luziferische Züge. Die Hölle – wie sie in erschütternder Weise Dante schildert als Ort der Verdammten, Ort der Qualen – ist uns ebenfalls aus dem religiösen Leben bekannt. Wir gewinnen als Menschen des 20. Jahrhunderts aber ein anderes Verhältnis zu diesen Vorstellungen, wenn wir hinzudenken, daß die sich wiederverkörpernde Individualität selbst sich reinigen will von den Fehlern der Vergangenheit. Sie sucht deshalb auch Orte der Qualen auf und durchwandert verschiedene Sphären. Es ergeben sich damit neue geistige Erfahrungen, neue Vorstellungen über das nachtodliche Leben.[16]

Im 'Hüter der Schwelle' lernen wir die Reiche der Widersachermächte kennen. Wir fanden schon Capesius in Luzifers Bereich, den Erdenleib, das Erden-Ich verachtend und aufgebend. Er lebte in Illusionen und Träumen und schaute alles «Schöne» befreit vom Leibe. Johannes Thomasius, der sich Luzifer ergab, sollte Persönlichkeit und eigenes Wesen, sollte «warmes Eigensein» durch Luzifer erhalten. Wir sahen aber dann, wie er sich mit Marias Hilfe von dem Einfluß Luzifers lösen konnte und sein höheres Selbst, seine wahre Individualität fand. Auch Capesius muß aus Luzifers Reich erlöst werden, wenn er von seinem ohnmächtig-siechen Dasein auf Erden geheilt werden soll.

Im sechsten Bild finden wir ihn nicht mehr in Luzifers Bereich. Er mag durch die Begegnung mit Maria weitergeschritten sein. Er ist in einem Raum, in dem sich «elementare Naturvorgänge» abspielen. Hier hört er des Benediktus Stimme, anknüpfend an die Worte, die ihn im Studium von Benediktus' Lebensbuch so tief bewegt haben. Es ist wie eine lebensvolle Erinnerung, die ihm wieder auftaucht: «In deinem Denken leben Weltgedanken.» Maria ist ihm nahe, stützt sein erwachendes Geistbewußtsein, so daß er beschreiben kann, was ihn umgibt: «Das Ganze ist voll Licht, wenn auch der Teil, für sich allein gesehn, oft dunkel ist.» Wenn aber sich «Geistig Sein mit Erdenwesen zu einem Schaffen bilden will, beginnt die Seele ihr Verständnis zu verlieren.» Die Finsternis will ihn, der luziferisches Licht gesucht hat, überkommen. Er droht sich zu verlieren. «Es strömet, Dunkelkraft durch sich erregend, durch diese Reiches grenzenlose Weiten.» Marias Antwort enthält ein Wort, das den großen Unterschied in beider Reife zeigt: Die «grenzenlosen Weiten» lassen uns empfinden, wie das Wesen des Capesius zu verschwimmen droht, hinausgezogen wird, ohne Halt. Maria aber sagt: «In dieses Reiches fernelosen Weiten». Das spricht eine Individualität, die sich in sich selbst halten kann, die der Weite und Ferne gefestigt, gelassen gegenübersteht. Diese Kraft muß Capesius erringen. Sie wird Luzifer entrungen durch «Siege, die sie (die Seele) über sich erringt».[17] Die Kraft entstammt dem Erdenleben. Capesius verachtete das Erdenleben und suchte sich ihm zu entringen als etwas Niederem, das ihn einkerkert. Jetzt muß er erleben, daß ein Mensch, daß der Geisteslehrer Benediktus «Erdenwissen zu Geistesorten wirksam lebend hin» trägt, und er begreift: Das Erdenleben hat eine hohe Aufgabe gegenüber der Geisteswelt. Es ist also doch erstrebenswert! Benediktus kommt ihm wiederum zu Hilfe – wie schon im zweiten Drama in seiner verzweiflungsvollen Krise bei dem Studium des 'Lebensbuches'.

Er spricht dabei die Worte aus: «Obwohl du wissend nie mein Schüler warst». Das ist eine erstaunliche Aussage, scheint mir. Es wirft die allgemeine Frage auf: Was heißt es, Schüler zu sein? Capesius ist in seine «Kreise eingetreten». Er ist zu dem Vortrag gekommen, von dem im ersten Drama die Rede war, vielleicht zu mehreren schon. Er hat sich mit den Schülern Maria und Johannes befreundet. Wir fanden ihn in das Studium von Benediktus' Lebensbuch vertieft, mit den Inhalten ringend bis hin zur Veränderung seines Bewußtseinszustandes. Er ist von Benediktus wieder «zu sich selbst» gebracht worden. (II/1). Er hat sogar schon okkulte Erlebnisse, wie jene Rückschau ins Mittelalter. Wir wären geneigt, ihn als 'Schüler' zu bezeichnen. Wir sprechen ja auch von den Anthroposophen als den Schülern Rudolf Steiners. Offensichtlich ist das Wort hier in einem tieferen Sinne gebraucht. Es wird durch diese Wendung im Drama angedeutet, daß zu einer echten Schülerschaft ein innerer bewußter Entschluß, mehr noch: eine bewußt gesuchte Beziehung gehört, ein Willensakt und ein Treueverhältnis. Erst durch die Heilung, durch die dabei erfolgte Geburt des höheren Selbstes wird Capesius 'Schüler'. In der Unterredung im neunten Bilde wird es deutlich. Capesius sagt von Benediktus: «Er hat die Bürde liebend übernommen, mich geistig in die Geisteswelt zu führen», und mit den Worten: «Ich habe euch erkannt und will euch folgen», beginnt für Capesius ein neuer Abschnitt in seiner Beziehung zu Benediktus.

Eine solche Lehrer-Schüler-Beziehung kann, wenn die inneren Bedingungen da sind, in jeder Zeit hergestellt und wirksam werden, auch wenn der Lehrer nicht mehr im Leibe weilt. Davon zeugt das Erlebnis in der Rückschau des zweiten Dramas, als dem Abt – der späteren Maria – der Lehrer im Geiste erscheint, der vor fünfzig Jahren verstarb. Doch zurück zu Capesius! Wie geschieht seine Lösung von Luzifer und seine Heilung? Capesius spricht es aus, wie die Wandlung in ihm selbst geschah:

> ... Erst schien es mir, als strebte ich vergebens,
> Mit meinem Geiste wirklich einzutreten
> In jene Welten, welche eure Worte
> Gedankenmäßig vor die Seele stellen.
> ------------
> Und dann, wie plötzlich, hatte ich um mich
> Die Geisteswelt in ihrer Wesenheit. (III/9)

Zunächst waren es Philia, Astrid und Luna, später die Erlebnisse des Sich-vom-Leibe Lösens, der Rückschau und das neue Ergreifen des Leibes (im zweiten Drama). Im dritten Drama erlebt Capesius zunächst das für ihn – der aus der «Finsternis des Erdenwissens» geflohen ist in das helle Reich Luzifers – fast Unfaßliche, daß ein Erdenmensch – der Geisteslehrer Benediktus – «Erdenwissen zu Geistesorten wirksam lebend» hinträgt. Erden-Sein und Erden-Ich müssen ihm daraufhin in ganz neuem Lichte erscheinen! Dennoch wehrt er sich noch: Er will nicht der Erdenmensch Capesius sein. Daraufhin erhellt ihm Benediktus seinen Zustand: «Dir hat des Denkens starke Wirkenskraft im Seelenleib das Geistessein erschlossen.» (III/6) Aber sein Denken ist noch zu schwach, um es zu halten. Der Weg aus den Weltenfernen in die Seelentiefen ist ihm noch nicht möglich. Dieser aber war in dem Mantram des Benediktus gefordert! Um dem «Bei Weltenfernen ende nicht in Denken-Traumesspiel – Beginne in den Geistesweiten und ende in den eignen Seelentiefen!» zu folgen, fehlen ihm noch die Kräfte. Das Ungenügen, «das Geisteslicht durch Erdenfinsternisse nur zu schauen», ließ ihn die «Erdenfinsternisse» und den ihn fesselnden Erdenleib hassen. Er floh in Luzifers Reich. Sein starkes Gedankenleben, das er auf der Erde und in seinem Berufe so intensiv gepflegt hat, wird ihm auf dieser Stufe der Entwicklung zum Verhängnis. Er kann sich vom Leibe lösen und dadurch z.B. die Rückschau erleben. Aber er kann sich nicht lösen von seines «Denkens feinem Leibgewebe». Das aber muß ihm das Erleben verfälschen, da das Erdendenken sich einmischt in rein Erschautes. Jetzt lernt er sich mit Benediktus' Hilfe zu lösen und auch sein Denken sich objektiv gegenüberzustellen, es wie von außen anzusehen. Es ist ein Mächtiges, was da geschieht. Die Seelenkräfte Philia, Astrid und Luna, die dem höheren Selbst zu Hilfe kommen, helfen ihm, halten ihn. Und nun zeigt sich ihm das gewaltige Wirken Luzifers und Ahrimans, das er bisher im Seelenleben, nur Ideen hingegeben, übersah. Auch sie sprechen, wie vorher Benediktus:

> In deinem Willen wirken Weltenwesen –
> In deinem Fühlen weben Weltenkräfte –
> In deinem Denken leben Weltgedanken   (III/6)

– aber in umgekehrter Anordnung. Es genügt also nicht, die Worte eines Mantrams in sich zu tragen! Es kommt darauf an, welche Kräfte und Wesen in uns die Worte sprechen. Zunächst stehen wir immer in der Gefahr, daß sie ergriffen werden von Luzifer und Ahriman. Es wird uns mit diesem sechsten Bild eine Hilfe gegeben, sie heraushören zu lernen. Die Worte, die Luzifer und Ahriman hier sprechen, werden auf der Bühne eurythmisch dargestellt. Dadurch können sich die Gebärden der Widersachermächte tief einprägen und später im gewöhnlichen Bewußtsein wiederfinden lassen: einerseits die schönen, aber ansaugenden, ich-bezogenen Gebärden Luzifers, und andererseits die abgehackten, zerstückelten, zum Mechanischen erstarrenden Gebärden ahrimanischer Wesen. Es könnte vieles durchschaut werden, wenn man sich diese Szenen gründlich zu eigen machen würde. In den Beziehungen zwischen Menschen, in Sitzungen und Konferenzen ließe sich dadurch erkennen, wer in dem Augenblicke der Wortführer ist. Jeder der Redenden steht immer in Gefahr, für eine Zeit Träger luziferischer oder ahrimanischer Wesen zu sein!

Lassen Sie mich hier einige Erinnerungen einfügen! Die Darstellung der luziferischen und ahrimanischen Gebärden bei der Erstaufführung in München 1912 war – in noch ganz anfänglicher Weise – die erste Manifestation der damals entstehenden eurythmischen Kunst. Später auf der Dornacher Goetheanum-Bühne wurden sie weiter ausgearbeitet. Hierbei durften auch Eurythmisten mitwirken, die nicht zu der ständigen Bühnengruppe gehörten, sondern von ihren Tätigkeitsfeldern aus aller Welt zeitweilig nach Dornach kamen. Die damalige Leiterin der Eurythmie-Bühne Marie Savitch gab den Mitwirkenden damit nicht nur Gelegenheit, ihr Können zu erweitern, sondern sie vermittelte ihnen auch die Möglichkeit, die Gesten der Widersachermächte intimer kennenzulernen und ihnen dann im Leben wacher entgegentreten zu können. Ich denke mit großer Dankbarkeit an diesen – auch in anderen Situationen – bewiesenen menschlichen Weitblick.

Doch zurück zu Capesius! Was diese Erlebnisse luziferisch-ahrimanischer Gedankenbildung für ihn bedeuten, sagt er selbst:

> Die Seele, sie erlebt sich innerlich;
> Sie glaubt zu denken, weil sie nicht Gedanken
> Im Raume vor sich hingestellt erschaut.
> Zu fühlen glaubt sie, weil Gefühle nicht
> Wie Blitze aus den Wolken zuckend leuchten;
> Sie sieht des Raumes Reiche und erblickt
> Die Wolken über sich – – und wenn dies nicht
> Sich so verhielte: wenn die Blitze zuckten,
> Und nicht ein Auge sich nach oben lenkte – –
> Sie müßte glauben, daß in ihr der Blitz.
> Sie sieht nicht Luzifer, aus dem Gedanken
> Entsprießen und Gefühle sich ergießen –
> So kann sie sich allein mit ihnen glauben.
> Weshalb ergibt sie solchem Wahne sich? (III/6)

Es erhebt sich ihm aber sogleich das gewichtige Problem: Wie kann man wissen, daß die Antwort auf solche Frage nicht auch von Luzifer kommt, und alles ein Gedankenspiel bleibt? Der Mensch muß mit verstärkter Kraft in die Tiefe steigen. Daran aber hindert ihn zunächst – die Furcht. Sie kann jedoch überwunden werden. Eine neue, energische Tätigkeit muß in der Seele aufgerufen werden! Alle Furcht aber stammt von Ahriman. Capesius ist jetzt willig, sich Ahriman zu stellen. Er spürt die Regung seines höheren Selbstes als etwas, was im Denken und Fühlen des Alltagsmenschen zwar aufleuchtet, aber nicht eins damit ist. Jetzt kann er sich damit identifizieren, Damit kehrt er voll bejahend in seinen Erdenleib zurück. «So darf ich künftig wieder mir gehören!»

Den Übergang in das gewöhnliche Bewußtsein schafft ein Märchen. Schon in den vorangegangenen Dramen finden wir – und sind vielleicht darüber erstaunt – eine Märchenerzählung eingefügt. Hier erzählt Frau Balde das Märchen von der Phantasie: «Es war einmal ein helles Götterkind –» Das wurde von den Menschen verleumdet und verdorben. Die echte Phantasie, die nicht von Intellekt und Eitelkeit angekränkelt wird, ist aber eine Brücke von der Geisteswelt zur Sinneswelt[20] mit ihrem gewöhnlichen Erdenbewußtsein. Folgen wir dem Ablauf der Märchenbilder mit der inneren Bereitschaft uns mitzubewegen, unser Bewußtsein zu erheben, zu erweitern und wieder zu verengen, dann kann das Märchen die Sphären, die durchschritten werden müssen, wunderbar real verbinden. So gehört das Märchen auch zu den schon in Brief V beschriebenen Kunstmitteln.

Die erwähnte Unterredung mit Benediktus im neunten Bild des Dramas führt Capesius vollends ins Leben zurück. Sein Wirken soll sich mit dem von Johannes und Strader vereinen. Es wird darüber später zu berichten sein. Seine eigene, innerste Aufgabe wird ihm durch Benediktus aufgezeigt. Wenn er bewußt an die Schwelle kommen wird – die er krankhaft und unbewußt schon überschritten hatte, als er in Luzifers Reich war – muß er sich selbst «mit voller Geistesschau» erkennen. Auch darüber später einmal im Zusammenhang.

XVIII

Sie äußern sich dankbar dafür, daß ich einiges über die Einfügung der Märchen ausführte. Es kam auch Ihnen immer etwas seltsam vor, in einem dramatischen Ablauf so lange damit «aufgehalten» zu werden. Sie haben es nun selbst bewußt lesend ausprobiert, daß man die Märchen zur Verwandlung des Bewußtseins – vom gewöhnlichen zum imaginativen Bewußtsein oder vom imaginativen zum gewöhnlichen Bewußtsein – nutzen kann. Freilich muß man, um diese Bewußtseinswandlung mitzumachen, die Märchen so erzählen können, daß nicht die Alltagsstimme spricht, sondern daß die Ahnung einer Welt, in der ganz andere Zusammenhänge walten, hindurchklingt. Auch muß man sie so ernst nehmen, wie sie von den Rosenkreuzern, die sie einst verbreiteten, genommen wurden.

Wir wollen jetzt auf Dr. Strader zurückkommen. Wir erinnern uns an die Erfindung eines neuen Mechanismus, zu der ihn seine Zuwendung zur Technik führte, an seine glückliche Zeit mit Theodora, die durch ihren Tod ein jähes Ende fand. Sein ganzes Wesen blieb aber auch nachher ihr zugewandt, und durch sie entschließt er sich nun, Schüler des Benediktus zu werden. Er unterwirft sich einer streng geregelten Geistesschulung und kommt verhältnismäßig bald dazu, sich vom Leibe lösen zu können. Zwar nicht vollbewußt, wie anschließend geschildert Johannes und Maria, und ohne die Begegnung mit dem Hüter der Schwelle zu haben. Aber doch so, daß er sich später wird daran erinnern können.

Was er erlebt, ist anders, als er es erwartete: «Ich hoffte doch – Wahrheit in lichten Weisheitshöhen zu empfangen.» Er findet sich – im Reiche Ahrimans (III/8). Das ist erschreckend, aber außerordentlich wichtig für sein späteres Verhalten und seine eigentliche individuelle Aufgabe. Was er erlebt, wird ihm deutlich vor Augen führen, wieviel von Ahrimans Denken und Urteilen in unserem heutigen Sinnes- und Verstandesbewußtsein wirksam ist. Er schaut die Menschen, mit denen er zusammen in jener Entscheidungsstunde im Vorzimmer des Mystenbundes war, sieht sie als schlafende Seelen auf nächtlich-unbewußter Wanderung. Denn viele Sphären durchwandern wir, wenn die Seele schlafend den Leib verläßt, werden beurteilt und beschenkt. Was Ahriman vom Menschen wahrnehmen kann und beschreibt, ist aber nicht die wahre Individualität, nicht die ringende Seele, nicht der Geistesfunken des höheren Ich. Es ist ein allgemeiner Zustand des Menschen. Es ist der Typus. Gehen Sie Ahrimans Äußerungen über die zwölf Personen, die schlafend durch sein Reich ziehen, durch: Da ist ein Mensch, der das Geisteswissen ablehnt und sich in innerem Hochmut nur auf das stützen will, was aus ihm selbst kommt. Da sind andere – Geistesschüler – die, voll guter Vorsätze für die Arbeit, doch zunächst nur um sich selbst kreisen. Wir hören von ihnen: «an mir gewiß den besten Schüler finden» – «nicht an Fleiße fehlen» – «will ich weiter streben». Ahriman durchschaut den Bewußtseinszustand, der nicht aufwacht beim Studium, sondern in allgemeinem Gerede hängen bleibt. Wir hören Seelen im Wohlgefühl an den eigenen Sprüchen. Wir sehen z.B. den Rationalisten vorüberziehen, der Argwohn gegen alles 'Phantastische' entwickelt, und den Materialisten, der, nur auf das äußere Wirken Gewicht legend, alles Geistige als 'Phantasie' abtut.

Es kann für die eigene Selbsterkenntnis außerordentlich anregend sein herauszufinden, zu welchem Typus man selbst gehört, und dann zu ergründen, wie weit man ihn vielleicht doch schon überwunden hat in dem innersten Streben, das eben nicht nur aus dem Typus kommt, sondern aus dem Wesenskern. Das läßt sich wohl unterscheiden. Und die klare Unterscheidung ist äußerst wichtig! Strader erlebt aus seiner tiefen, warmen Menschlichkeit sogleich, daß es den Menschen erniedrigt und seine Menschenwürde beleidigt, wenn man beim Typus stehenbleibt. Letzteres kann immer nur ein Anfang oder ein Teil sein.

Zur Verdeutlichung dieses wichtigen Begriffes sei eine Einschiebung eingefügt, mit dem Blick auf die anthroposophische Pädagogik. Rudolf Steiner gab Hinweise, um den Typus eines Kindes zu erkennen, z.B. die Art des Temperamentes (Sanguiniker, Melancholiker usw.) oder Großköpfigkeit – Kleinköpfigkeit. Aber er stellte ebenfalls die Aufgabe, Ahnungen, ja Erkenntnisse zu entwickeln über die karmischen Fäden, die zwischen den Individualitäten der Schüler im Laufe der Inkarnationen entstanden sind. Beides sollte bei der Herstellung der Sitzordnung berücksichtigt werden.

Gestatten Sie hierzu noch eine allgemeine Bemerkung. Wenn der Blick einmal hierfür aufgetan ist, entdecken wir, daß die Wahrnehmung des wirklich Individuellen in erschreckendem Maße verloren gegangen ist. Was in Zeitschriften, in der Romanliteratur beschrieben wird, ist zumeist eine Abwandlung des Typus, des Gattungsmäßigen. Es wird der Typus des Jugendlichen, des Männlichen oder Weiblichen, des Arbeiters, des Bürgerlichen, der Hausfrau, der unbefriedigten Frau usw. geschildert, mit einigen individualisierenden Merkmalen. Die heute oft bekundete Sehnsucht nach «Selbstverwirklichung» scheint dem zu widersprechen. Aber zielt diese nicht auch zumeist auf einen Freiraum, in dem vorhandene Begabungen und Sehnsüchte zur Geltung kommen können, die ehedem aufgegeben und verwandelt wurden, etwa um eine Familie zu gründen und Kinder zu erziehen? Mir scheint, wir dürfen erst dann von Selbstverwirklichung sprechen, wenn das höhere Ich oder Selbst gefunden oder erweckt wird! Wir haben in den Mysteriendramen die verschiedenartigsten Vorbilder für das, was «Selbstverwirklichung» in diesem Sinne eigentlich ist. Nur auf dem Hintergrund einer geistigen Existenz läßt sich wirklich Entwicklung darstellen. Das gilt auch für Romane, in welchen die Individualität hinauswächst über die Triebe und Leidenschaften, über Routine und Konvention, und sich eigene Ziele setzt. Sie wird dann am Ende des Romanes nicht nur glücklicher oder unglücklicher, klüger oder desillusionierter ankommen, sondern verwandelt und erstarkt ihre individuelle Aufgabe finden und einen Zugang zum Geiste. Sie haben Vorbilder solcher Entwicklungen in den großen Erziehungsromanen des 19. Jahrhunderts, z.B. in Goethes «Wilhelm Meister», Stifters «Nachsommer». Sie finden sie heute in den Romanen Albert Steffens und einiger weniger anderer. Die Pädagogik Mitteleuropas hatte das große Ziel, in der Erziehung die wahre Individualität zu wecken und sie zu stärken gegen das Versinken in egoistische Ansprüche, nicht nur den Typus auf den Beruf vorzubereiten. Die Erziehungskunst Rudolf Steiners führt diese Strömung zeitgemäß fort. Sie kann zu wahrer Gemeinschaft führen.

Kehren wir zu Dr. Strader zurück! Noch etwas anderes findet Strader selbst heraus: Er erkennt, daß «Ahriman das Band benutzen» will, das diese schlafenden Seelen vom Mittelalter her mit ihm verbindet. Sie waren einst die Bauern, die den Juden Simon haßten und bedrohten. Jetzt sollen sie, vergangene Schuld gutmachend, eingespannt werden, um seine Erfindung in die Welt zu stellen. «Und fühlen konnt ich, daß Ahriman das Band benutzen will, das sie an mich für weitere Leben sicher binden muß.»

Erinnern wir uns daran, daß manche Erfindungen, die dem Menschen keineswegs zum Segen gereichen, schnell verbreitet werden, daß Bücher, keineswegs nur gute Bücher! zu Bestsellern werden und eine Moderichtung auf längere Zeit bestimmen. Durch ihre eigene Qualität ist das kaum zu erklären. Sollen vielleicht gewisse Vorstellungen verbreitet werden, um den Geschmack zu verderben, um den Materialismus zu verbreiten und die Feindschaft gegen Geistiges zu schüren? Es ist durchaus Methode darin zu entdecken, wenn man einmal aufmerksam darauf wird. Wir können feststellen: So wie Luzifer sich an den Einzelnen heranmacht und sein Schicksal verdirbt, so wirkt Ahriman im Geschick von Gruppen, in gewissen unterirdischen Strömungen des Zeitgeschehens.

Ein Mittel, dessen er sich bedient, ist die Zahl. Ich muß hier an eine Bibelstelle erinnern, die sehr aufschlußreich ist und selten beachtet wird: 2. Samuel 24 heißt es: «Der Zorn des Herrn ergrimmte wider Israel, und er reizte David wider sie, daß er sprach: Gehe hin und zähle Israel und Juda!» Nachdem die Zählung vollzogen ist, wird berichtet: «Und der Herr schlug David, nachdem das Volk gezählt war, und er sprach: Ich habe schwer gesündigt, daß ich das getan habe.» Und später heißt es: «Also ließ der Herr Pestilenz in Israel kommen, daß des Volkes starb von Dan bis Beer-Seba 70.000 Mann.» Das ist eine eindringliche Warnung davor, den Menschen als Nummer zu sehen. Sind Statistiken unvermeidlich, so muß ein starkes Gegengewicht geschaffen werden: Eine wahre Weisheit, die den Menschen geistgemäß in den natürlichen und kosmischen Zusammenhang stellt und die wahre Individualität sucht.

Das Wesen der Zahlen[19] war in alten Zeiten nicht unbekannt. Die Zwölfzahl der Gralsrunde etwa spricht davon. Zahlenverhältnisse sind musikalische Verhältnisse. Sie spielen eine Rolle bei chemischen Verbindungen. Die Kenntnis der Zahlengeheimnisse wurde streng gehütet, sie verlieh Macht. Das verschwand allmählich aus dem allgemeinen Bewußtsein. Die Geheimnisse der Zahlen werden neu erkannt werden, dem ahrimanischen Einfluß entzogen und von dem freien, geisterfüllten Ich zum Wohle der Menschheit genutzt werden können. Die Zahl ist mächtig im Bereich der Technik, und Ahriman beherrscht diese Gebiete. Hier liegen Straders künftige Aufgaben. Er muß den «Sinn von Zahl und Maß erkennen» und sie aus Ahrimans Wirkungsbereich herausführen. Wie kann das möglich sein?

Benediktus weist ihn zu den Sternen, wo «nach Maß und Zahl die Ordnung sich vollzieht» in Weltenharmonie. Wir beginnen etwas davon zu ahnen, wenn wir bedenken: Zwölf ist die Zahl des Tierkreises, die Zahl der Monate im Jahreslauf – sieben die Zahl der Wochentage, die Zahl der für die Erde wichtigen Planeten mit ihren verschiedenen Qualitäten. In Jahrsiebten vollzieht sich die menschliche Entwicklung. In Zahlenrhythmen entwickelt sich Lebendiges in Jahr und Tag. Geheimnisse des Rhythmus haben inszwischen schon Eingang gefunden in die Wissenschaft bei der Potenzierung von Medikamenten, bei der Veredlung des Wassers. Im Zusammenhang mit Zahlengeheimnissen soll es Strader gelingen, sein Werk, seine Arbeit, seine Erfindung aus Ahrimans Bereich herauszuführen. Das ist eine gewaltige Aufgabe, die in dieser Inkarnation wohl noch nicht gelingen kann und weit in die Zukunft weist.

Auf die Bedeutung von Maß und Zahl wird im dritten Drama immer wieder nachdrücklich hingewiesen:

>Die Weltenmächte lenken ihre Taten,
>Daß sie nach Maß und Zahl gerecht, sich stets
>Dem Weltenwerden weisheitsvoll vereinen. –
>Das Zeichen, wie die Ordnung sich vollzieht,
>Erweist den äußern Sinnen sich mit Klarheit,
>Wenn sie der Sonne folgen in dem Lauf,
>Den sie durch zwölf Gestirngestalten nimmt. (III/9)

Oder Maria spricht es aus:

>Wer sich dem Menschenwerden wirksam widmen
>Und Werke leisten will, die wesenhaft
>Als Kräfte sich im Zeitverlauf verhalten,
>Der muß den Mächten sich erst anvertrauen,

> Die tief in Wirklichkeiten Maß und Zahl
> In Ordnung und in Wirrnis kämpfend bringen.

Auch für menschliche Zusammenhänge gilt es:

> Es haben meine Schüler ihren Seelen
> Das Geisteslicht in jener Art erschlossen,
> Die ihrem Schicksal angemessen ist.
> Sie sollen, was sie sich errungen haben,
> ein jeder für den andern fruchtbar machen.
> Es kann dies nur geschehn, wenn ihre Kräfte
> Am Weiheort, nach Maß und Zahl geordnet,
> Sich zu der höhern Einheit binden wollen,
> Die erst zum wahren Leben wecken kann,
> Was einzeln nur im Sein verbleiben muß. (III/10)

Diese geheimnisvollen Worte sind gesprochen im Hinblick auf die zentrale Aufgabe der Weihestätte, deren Führung künftig, von den alten Rosenkreuzern abgegeben, Johannes, Capesius und Strader mit Marias Hilfe übernehmen sollen. Sie gelten aber wohl, wenn man Marias Worte hinzunimmt, für die Verwirklichung aller spirituell-sozialen Impulse. Mir scheint, das ist ein Hinweis, der noch wenig beachtet wird, obwohl er im dritten Drama ein solches Gewicht hat. Ich möchte in diesem Zusammenhang auch an das Evangelienwort erinnern (Matth. 18): «Wo zwei oder drei versammelt sind in meinem Namen, da bin ich mitten unter ihnen.» In dem Seelen- und Lebensbereich, der zwischen Menschen entsteht, kann sich höheres Wesen wirksam einsenken, gutes oder auch – böses Wesen. Sie werden gehört haben, daß eine Arbeitsgruppe von sieben Menschen – und mehr – einen Zusammenhang bilden kann, bei dem die Intentionen der Beteiligten ergänzt werden zu dem Bewußtsein, daß etwas Größeres, Geistiges in ihrem Zusammenwirken ein Gefäß findet und anwesend werden kann. Die Gruppe wird zum 'Zweig' am Baum des Ganzen. Die Zwölfzahl deutet auf einen Kreis von Menschen, welche den Umkreis menschlicher Verschiedenheiten repräsentieren und zusammenfassen. Wir kennen sie aus dem Jüngerkreis und von den Gralsrittern.

Diese Zahlengeheimnisse finden wir auch im ersten Bild des ersten Dramas: Sieben Persönlichkeiten kommen nach dem Vortrag des Benediktus in das Gespräch, das sie in lebensvolle Entwicklung hineinführt. Anschließend sind es zwölf Menschen, die da verschiedene Standpunkte, Weltanschauungen, Schicksalswege repräsentieren. Die Zahlengeheimnisse werden dann auch ihre Rolle spielen im Schlußbild des dritten Dramas.

XIX

Sie machen mit Recht den Einwand geltend, daß die Zweiheit mit dem Hinweis auf das Evangelienwort zu gut weggekommen ist. 'Wenn zwei oder drei versammelt sind in Meinem Namen, so bin ich mitten unter ihnen.' Es ist hier wirklich die höchste Möglichkeit einer Zweiheit angedeutet. Diese kann sich freilich eröffnen zwischen Menschen, welche sich um die Nachfolge Christi bemühen und so den höheren Menschen in sich erwecken wollen durch ihre Ich/Du-Beziehung. Denn da ist die Dualität der Gegensätze gewandelt in eine fruchtbare Polarität, bei der das Verbindende, das Intervall, das Wichtigste ist. Das zu erkennen und handhaben zu lernen, ist gewiß eine wichtigste Aufgabe jeglicher Partnerschaft. Gelingt das nicht, ist die Zweizahl sicherlich – wie Sie schreiben – die Zahl der Gegensätze, des Zweifels, des Kampfes. Man stößt an das andere an und – kann daran aufwachen!

In der Dreiheit kommt etwas hinzu, und es entsteht eine neue Einheit, eine Vollkommenheit auf höherer Stufe. Von alters her wurde die Dreifaltigkeit verehrt. Neuzeitlich ergriffen kommen wir zur 'Dreigliederung'[20] im menschlichen Organismus und im sozialen Leben. Methodisch angewandt lassen sich viele Einzelheiten damit geistgemäß zusammenfassen, so daß ein Menschenbild entsteht, das als Grundlage für eine wirklich menschengemäße ärztliche und pädagogische Kunst dienen kann. Andrerseits können auch die sozialen Probleme damit wirksam angegangen werden. Es würde zu weit führen, hier über diesen kurzen Hinweis hinauszugehen. Es sei auf die einschlägigen Veröffentlichungen Rudolf Steiners und seiner Schüler verwiesen.

Ich will nun den Versuch unternehmen, einiges zu dem Schlußbild von 'Der Hüter der Schwelle' auszuführen, anknüpfend an Ihre Frage – eine berechtigte und anregende Frage! –, die mir auch früher schon von anderen gestellt wurde: Welches ist eigentlich der 'Irrtum' des Johannes Thomasius, wenn es heißt:

> Der Tempel selbst, er stand vor seiner Prüfung,
> Und Eines Menschen Irrtum mußte ihn,

> Den Lichteshüter vor der Finsternis,
> In schicksalsschwerer Weltenstunde schützen.

Vergegenwärtigen wir uns noch einmal die Situation: Vorangegangen war, daß Johannes Thomasius in den langen Jahren der Trennung von Maria ein Buch geschrieben hatte, in dem er die Ergebnisse der Geisteswissenschaft des Benediktus dem Wissen und den Denkgewohnheiten der Zeit näherzubringen suchte. Sein Werk findet Zustimmung bei den Brüdern eines Mystenbundes, welche die Strömung der Rosenkreuzer-Esoterik in der Gegenwart fortzuführen suchen. Er erlebt weithin Anerkennung und soll selbst in das Führungsgremium des Bundes aufgenommen werden. Denn die führenden Rosenkreuzer hatten erkannt, daß die Zeit gekommen war, aus der Verborgenheit herauszutreten und eine Brücke zu bauen zu allen Menschen, weil die Zivilisation in Chaos und Tod untergehen müßte, wenn nicht ein neuer Impuls in das Geistesleben heilend eingreifen könnte. Dieser wichtige Schritt sollte getan werden unter der Führung der neuen Eingeweihten, der Schüler des Benediktus.

Johannes lehnt das Angebot, als des Amtes nicht würdig, ab – zur großen Bestürzung der Brüder. Er fühlt sich dazu verpflichtet, da er sich in echter Selbsterkenntnis gestehen mußte, daß er die Entstehung des Buches Luzifer verdankt und demzufolge die Früchte seiner Arbeit Ahriman zufallen würden.

Die Frage nach einer Inspiration durch Luzifer oder auch Ahriman ist von allgemeiner, großer Bedeutung. Denn es ist bei vielen Werken der Gegenwart wichtig zu fragen, wer der eigentliche Autor eines Buches ist, wer den Schreibenden in Wahrheit inspiriert, um diese oder jene Ideenrichtung unter die Menschen zu bringen! Johannes Thomasius sagt darüber:

> Als ich bei meiner Arbeit war, beseligt,
> Und voll Entzücken, weil sie mich so sicher
> Von Glied zu Glied im Wahrheitsbau geleitete,
> Beachtet' ich den Teil nur meiner Seele,
> Der meinem Forschen zugewandt sich hielt;
> Und ohne Pflege blieb der andre Teil.
> Entwickeln konnten sich die wilden Triebe,

> Die früher nur im Keim vorhanden waren
> Und jetzt im Stillen kraftvoll Früchte reiften.
> Ich glaubte mich im höchsten Geistgebiet
> Und war in tiefsten Seelenfinsternissen.
> Und dieser Triebe Macht, sie zeigte mir
> In seinem Reiche Ahriman recht deutlich.
> So weiß ich, wie ich später wirken werde;
> Denn diese Triebe müssen in der Zukunft
> Zu meiner eignen Wesenheit sich bilden.
> Ich hatte, ehe ich mein Werk begann,
> Mich Luzifer gewidmet, dessen Reich
> Ich kennen und verstehen lernen wollte.
> Erst jetzt erkenne ich, was ich nicht wußte,
> Als ich im Schaffen ganz verloren war,
> Daß er mein Denken mit den schönsten Bildern
> Umgab, dabei jedoch in meiner Seele
> Die wilden Triebe schuf, die jetzt noch schweigen,
> Doch künftig mich gewiß beherrschen werden. (III/2)

Diese Folgerung, die Johannes aus seiner Selbsterkenntnis zieht, wird aber von Benediktus als 'Irrtum' bezeichnet. Und wirklich wird er ja dann, trotz seiner Mängel, die durchaus vorhanden sind, – wie seine unselige Leidenschaft zu Theodora später erweist – im Tempel an jenem Ort zu wirken haben, wo vorher Hilarius im Osten stehend die Tempelworte sprach, ihrer gewaltigen Wirkung bewußt. (III/10)

Wodurch ist er jetzt in der Lage, das Amt einzunehmen? Im Zeitalter der Verstandes- oder Gemütsseele war es gemäß, von Sünde und Buße zu sprechen, sowie Amt und Würden davon abhängig zu machen. Im Zeitalter der Bewußtseinsseele wird es der Individualität zugetraut, ein Amt zu verwalten gemäß den vorhandenen geistigen Fähigkeiten und in Selbsterziehung, durch eigene strenge Schulung, die vorhandenen Mängel zu überwinden.

> Nicht ich, wie ich im Leben bin und geistig
> Vor kurzer Zeit mich völlig wertlos sah,
> Erlaubte mir, an diesen Ort zu treten.

— — — — — — — — — — —
Die Geistesschülerschaft hat mir verliehn
Ein Selbst, das kraftvoll sich auch dann erweisen
Und eignes Schaffen voll entfalten kann,
Wenn sich der Träger noch in weiter Ferne
Vom höchsten Seelenziele wissen muß.
Erwächst in solcher Lage ihm die Pflicht,
Den zweiten Menschen, der in ihm erwacht,
Dem Erdenwerden dienstbar hinzugeben,
So muß er stets als strengste Lebensregel
Vor seinem Geistesauge leuchten lassen,
Daß nichts vom eignen Selbst sich störend dränge
In jene Arbeit, die nicht er verrichtet,
Die durch sein zweites Selbst zu leisten ist. (III/10)

Wir haben diese Haltung bereits bei der mystischen Brüderschaft im zweiten Drama kennengelernt, als die Individualität des Capesius in einer früheren Inkarnation als Präzeptor unter ihnen wirkte. Es war also nicht Charakterschwäche, nicht die Leidenschaft zu Theodora, Straders Gattin, die letztlich dem entgegenstand, daß Johannes Thomasius das Tempelamt übernahm. Das ist persönliche Schuld, ist Schicksal, und wird seine Sühne finden im Lauf der Weltgerechtigkeit durch das Gesetz des Karma. Der wahre Grund war: Er hatte noch nicht die Reife auf dem Pfade des Geistesschülers erlangt, die ihn berechtigt hätte, im Tempel führend tätig zu sein. Erst als er die Schwelle zur geistigen Welt wirklich übertreten konnte – und mit Marias Hilfe dann in Ahrimans Reich gelangte – war diese Stufe erklommen. Die Motivierung seiner Weigerung beruhte auf einem Irrtum, die Tatsache der Weigerung aber war für eine richtige Entwicklung notwendig.

Thomasius erkannte mit dem Wissen,
Das unbewußt in Menschenseelen waltet,
Daß ihn der Weg zum Mysten-Weihe-Tempel
Nicht über dessen Schwelle führen darf,
Bevor er jene andre überschritten,
Von welcher diese nur ein Zeichen ist. (III/10)

Hätte er zugesagt, so wäre es für den Tempel verhängnisvoll gewesen. Nicht weil ein Schuld tragender Mensch das Amt übernommen hätte, sondern ein noch nicht Schauender, wäre die Verbindung mit der geistigen Welt abgebrochen, wäre Finsternis hereingebrochen. Amt und Würde hätte die tatsächliche Seelenreife nicht entsprochen. Unwahrheit hätte Dunkelheit verbreitet statt des Lichtes, das von dieser Stätte ausgehen muß.

Diese Einstellung der Schuld gegenüber, wie sie sich im Zeitalter der Bewußtseinseele ergibt, wird noch wenig praktiziert. Sie ist nicht zu verwechseln mit der Haltung, die in moralischer Gleichgültigkeit keine moralischen Maßstäbe mehr anwendet. Wir stecken alle noch tief in den Vorstellungen der Gemütsseele[21] und fürchten den Verlust des Schuldbegriffes überhaupt und der Anstrengungen der Wiedergutmachung, wenn nicht sogleich Vergeltung auf die Tat folgt. Das Ernstnehmen des Karmabegriffes verändert die Situation grundlegend. Wir wissen, daß die Schicksalsfolgen den Täter treffen müssen, und bereiten uns vor, ihm diese verständlich zu machen und tragen zu helfen. Darin kann Maria immer wieder Vorbild sein. Wir finden sie an der Seite des Johannes Thomasius, ungeachtet seiner Neigung zu Theodora, wann immer er sie braucht, um mit ihm die Schwelle zur geistigen Welt zu überschreiten (III/8). Wir finden sie nach dem Zusammenbruch seiner Illusion in klärendem Gespräch mit Johannes auf jenem Morgengang (III/9), der ihm die Zweiheit seines Wesens mit ihren Folgen zum Bewußtsein bringt.

> So ist mein Lebenslauf mir vorgezeichnet.
> Als Zweiheit muß ich fühlen, was ich bin.
> Durch Benediktus und durch deine Hilfe
> Bin ich ein Wesen, das für sich besteht
> Und dessen Kräfte meinem eignen Menschen,
> Der noch in mir sich regt, nicht angehören.
> Was Ihr mir gabet, ist ein Mensch für sich,
> Der andern Menschen willig reichen muß,
> Was ihm gewährt durch Geistesschülerschaft.

Erst nach der schmerzlichen Selbsterkenntnis, die ihm in Ahrimans Reich wurde, nach dem Überschreiten der Schwelle also darf er den Großmeister des Bundes ablösen.

Die Brüder selbst sind zunächst durch die Zurückweisung in tiefste Unsicherheit gestürzt. Wie soll es weitergehen? Wie können sie den Anschluß finden an die neue Zeit? Ist vielleicht nicht Thomasius, sondern Dr. Strader gemeint gewesen? Sie suchen Rat in der geistigen Welt. Wir erleben aber mit, daß die Mittel und Wege, die dem Bund zur Verfügung stehen, nicht mehr zeitgemäß sind und versagen. Sie glauben, von einem hohen und guten Geistwesen Hilfe und Rat zu erbitten und erkennen nicht, daß sie Ahriman gegenüberstehen! Ein Irrtum, dem so manche Institution des Geisteslebens erliegen kann! Nun aber wird die Situation durch die Entwicklungsfortschritte in Johannes und sein Überschreiten der Schwelle gerettet!

Wir wohnen schließlich dem feierlichen Augenblicke bei, da des Benediktus' Schüler an die Stelle der alten Eingeweihten treten. Benediktus selbst steht zunächst im Osten neben Hilarius, dem alten Großmeister. Das ist der Ort der 'Tempelworte', der Ort, von dem das Licht wahrer Erkenntnis ausgehen soll. Johannes Thomasius wird künftig den Platz des Großmeisters einnehmen, wachend,

> Daß nichts vom eignen Selbst sich störend dränge
> In jene Arbeit, die nicht er verrichtet,
> Die durch sein zweites Selbst zu leisten ist.

Capesius löst Theodosius im Süden ab. Er erhält eine wichtige Aufgabe. Sie appelliert nicht an sein Ideenvermögen, wie man vielleicht erwarten könnte, sondern an die Wachheit und Kraft eines Wächters: Er soll das Einwirken Luzifers erkennen und hindern. Er wird dazu in der Lage sein, da er selbst es in seiner Krankheitszeit erlebt hat und Luzifers Reich ihm bekannt ist. Da, wo das Fühlen aufsteigt und mitbestimmend einströmt in das Erkenntnisleben, in die Handlungen oder – anders ausgedrückt – «wo aus Weisheit Liebe strömen soll», lauert immer die Gefahr des Luziferischen. Capesius hat die vergangenen Erlebnisse tief durchdacht. Er ist erfüllt von dem Erkannten. Er spricht es aber nicht aus, wie er sich selbst verhalten und wappnen will, sondern er sagt:

> Der Weltengeist, der einst im Erdbeginn
> Das Licht den Menschenseelen bringen konnte,
> Er muß im Weltenall die Dienste tun,
> Die für sich selbst nicht gut und auch nicht böse
> Den Geistern sich erweisen. - - -
> Es wird das Gute schlecht, wenn böser Sinn
> Verderbnisbringend seiner sich bedient,
> Und scheinbar Böses wandelt sich in Gutes,
> Wenn gute Wesen ihm die Richtung weisen. (III/10)

Wir werden durch Capesius auf die Wachheit, die Schöpferkraft und Freiheit des Menschen-Ich verwiesen. Benediktus ergänzt:

> Doch spricht die Liebe oft mit leisem Worte
> Und braucht der Stütze in den Seelengründen.

Die mögliche Täuschung schafft die Notwendigkeit einer starken Hilfe: Maria wird in die Mitte des Tempels gestellt. Sie wird aus der Kraft ihres Gelöbnisses, ihrer drei großen Opfer, die Stütze bilden für die drei Freunde.

Im Westen an der dritten Säule, als Träger des Willens-Elementes, steht Romanus. Er wird hier – überraschenderweise – nicht mit seinem Mysteriennamen, sondern mit seinem persönlichen Namen Trautmann genannt. Das geschieht wohl um anzuzeigen, daß er nicht nur die Kräfte des Westens repräsentiert, sondern auf dem inneren Weg so weit gekommen ist, daß er sie in seine Persönlichkeit, in sein Leben inzwischen voll aufgenommen und individualisiert hat. Er wird abgelöst durch Dr. Strader. Wir haben ihn auf seinem Entwicklungswege verfolgt. Er ist gerüstet, Ahriman zu begegnen. In ihm lebt der Geist der Theodora und wird ihn weiterführen. Es wird – im Tempelinnern – nicht seine Aufgabe sein, Geisteswissen zu verkünden. Er wird im «Stoffesdunkel», inmitten sozialer Rätsel, in der Technik und Wirtschaft den Geist zu verwirklichen berufen sein. Er steht im Lebenskampf mit Ahriman. Er wird Wächter sein können und müssen, damit Ahriman nicht im Tempel die Macht an sich reiße. Diese innere Aufgabenverteilung sollte beachtet werden überall, wo Geisteswissen praktisch wirksam werden soll: In den Kollegien der Rudolf Steiner-Schulen, in den heilpädagogischen Heimen, kurz, in allen Institutionen ist sie das notwendige Gegenstück zu der kollegialen Schulverwaltung.

Ein gewichtiger Schritt im Weltgeschehen ist vollzogen. Die Wandlung wird ausgesprochen mit den Worten der Geister, die den Seelenkräften der Menschen helfend entgegenkommen. Die bisher warnende und zurückhaltende Liebeskraft der anderen Philia geht nun voran und verkündet:

      Und Weltenmächte neigen sich
      Den Menschen gnadenvoll,
      An Seelenkräften
      Das Geisteslicht
      zu zünden.

Philia erbittet:

      Daß nicht erlöschen kann,
      Was erwecket ward
      Auf Seelenwegen
      In Menschenleben.

Astrid sorgt:

      Auf daß die Weihestimmung
      In Menschenherzen
      Sich halten kann.

Und Luna besiegelt:

      Ich will von Urgewalten
      Erflehen Mut und Kraft
      Und sie dem Opferwillen
      Zu Helfern machen;
      Auf daß er wandeln kann,

> Was Zeiten schauen
> In Geistessaaten
> Für Ewigkeiten.

Das Schlußbild kann erlebt werden als ein wunderbarer dramatischer Höhepunkt des Ganzen. Es weist weit in die Zukunft.

Im vierten Drama, das sich zeitlich nah anschließt, kommt Rudolf Steiner jedoch nicht darauf zurück. So steht es vor uns als ein Ziel, die soziale Gemeinschaft mit Hilfe geistiger Gesetzmäßigkeiten gestalten zu lernen, so daß Ost und West ihre Aufgaben sehen und ergreifen zu aufbauender Zusammenarbeit.[20]

Das Drama wurde 1912 gedichtet und aufgeführt. In 'Der Seelen Erwachen' findet das Tempelgeschehen keine Fortsetzung. Wir werden uns als nächstes diesem zuwenden, und dann wird auch einiges über 'die andere Philia' darzustellen sein.

XX

Sie bitten sehr mit Recht, daß ich, noch ehe wir zu dem vierten Drama kommen, doch einiges über Felix Balde sage, der bisher nur allzu kurze Erwähnung gefunden habe, diesen merkwürdigen Außenseiter, von dem Benediktus sagt: «Unsäglich ist mir wert ein jedes seiner Worte» (I/1). Felix Balde hat, so wird er geschildert, vom Schicksal okkulte Kräfte mitbekommen. Sein Name Felix – wie der seiner Gattin Felicia – lassen uns die tiefe Zusammengehörigkeit und das Begnadete einer alten, geistigen Erbschaft fühlen. Beide leben in der Gewißheit und in der Nähe der geistigen Welt. Er besitzt ein natürliches Hellsehen, das er in der Einsamkeit des Waldes, unterstützt von seiner innerlich tief verständnisvollen, äußerlich manchmal ein bißchen streitbaren Gattin, gepflegt hat. Die Früchte seiner Gabe lernen wir verschiedentlich kennen. Er erlebt noch das geistige Wirken in der Natur und dadurch die Not der Erdgeister, die im 20. Jahrhundert, im materialistischen Zeitalter, durch die nun ausgebildete Intellektualität der Menschen keine Nahrung bekommen. Dieses war es ja, was ihn zu Benediktus trieb (I/5). Er trägt ein wundervolles Bild vom Menschen in seiner Seele:

> Ihr achtet nicht, wie inhaltreich
> Der Mensch als Bild der Weltenreiche ist.
> Sein Haupt, es ist des Himmels Spiegelbild;
> Durch seine Glieder wirken Sphärengeister;
> In seiner Brust bewegen Erdenwesen sich;
> Und allen stehn entgegen, machtvoll ringend,
> Dämonen aus dem Mondbereich,
> Die jener Wesen Ziele kreuzen müssen.
> Was als ein Menschenwesen vor uns steht,
> Was als die Seele wir erleben,
> Was als der Geist uns leuchtet:
> Es schwebte vielen Göttern vor seit Ewigkeiten – – – (II/4)

Es ist übrigens anregend, dieses Bild neben jenes andere, uns geläufigere, zu stellen, das Atem und Herzschlag mit dem Umkreis und dem Fühlen, die Glieder, die das Wollen ausführen, mit der Erde im Zusammenhang darstellt. Felix Balde erlebt in den Gliedern nicht so sehr die mechanischen Gesetzen unterworfene Bewegung in der Raumeswelt als den Tanz der «Sphärengeister», bewegt vom Kosmos, wie eine Erinnerung an vorgeburtliches Dasein. Er fühlt, wie der Mensch mit dem ersten Atemzug ein Erdenwesen und zum Kampf gefordert wird. Er schaut, so könnte man wohl sagen, auf die Geburt. Wir blicken, z.B. mit den Worten der 'Grundsteinlegung': Menschenseele, du lebest in den Gliedern – Menschenseele, du lebest in dem Herzenslungenschlage – Menschenseele, du lebest im ruhenden Haupte – auf den ausgebildeten erwachsenen Menschen, der tätig im Leben steht und werdend künftiges Schicksal erwirkt; der im Leben und Leiden den Christus sucht und sich denkend oder schauend mit Götterzielen zu verbinden trachtet.[22]

Felix Balde durchwandert in der Meditation geistige Sphären und kommt, wie er selbst sagt, auf seinen geistigen Wegen zu Tempeln:

> Auf solcher Geisteswanderschaft war ich
> In Tempeln oft, mit denen so verwandt
> Jetzt der mir scheint, der hier zu Sinnen spricht.   (III/10)

Er hat ein Vorgefühl für das Erdenende eines Menschen (III/5). Er kann die Toten wahrnehmen und ihre Botschaft hören. Er durchschaut die Entwicklung, die Capesius durchmacht, und erkennt dessen schwere Erkrankung als notwendig für seinen Geistesweg (III/5). Er erlebt – wir hören es gleich zu Anfang – leidvoll die Zeitenwende, die Not der Natur, das Entbehren der Erdgeister, die vom Menschen nur noch ausgenutzt werden und keine 'Nahrung' durch geisterfüllte Gedanken erhalten. Er ist aber – und das ist vielleicht das Größte und Ungewöhnliche – nicht von Hochmut geblendet, wie es besonders Begnadeten so leicht geschieht: Er erkennt in Benediktus den weit überlegenen Seher, den großen Geisteslehrer:

> Der vorhin eben sprach,
> Als wenn in Welträumen
> Und Ewigkeiten nur sein Geist verweilte,
> Hat wahrhaft keinen Grund,
> Von meiner Einfalt viel zu reden.   (I/1)

Das ist ein wunderbares Verhalten, ein seltenes – ich möchte es noch einmal betonen. Denn viele hochbegabte Sonderlinge sind von ihrem eigenen Vermögen so erfüllt, daß sie allein ihre Originalität ausleben wollen und sich einem Größeren versagen. Felix Balde verbindet sich in wahrer Demut mit dem Geisteslehrer der Epoche und seinen Schülern. Er bleibt dabei aber der selbständig Unterweisende. Theodora z. B. berichtet:

> Ich fühlte damals stetig sich verstärken
> Die Kraft, die meine Seele fähig machte,
> Aus Geisteswelten Wissen zu empfangen.
> Und unter Felix Baldes edler Führung
> Erwuchs dann diese Kraft zu jener Höhe,
> Auf welcher sie vor sieben Jahren war. (III/4)

So kommen Felix und Felicia Balde auf ihren Geisteswegen auch in den Tempel und wirken in Verbindung mit den Schülern des Benediktus.

Es ist nun erschütternd zu sehen, wie diese Individualität Felix Baldes stark geprägt durch die Inkarnationen geht: Schon im alten Ägypten ist sie in einer Mysterienstätte selbständig tätig als Schwellenhüter, hochgeschätzt vom Opferweisen, der zugleich der König ist. Letzterer sagt zu ihm:

> Du weißt, ich schätze deinen Mystensinn;
> Du stehst als Weisheitsträger mir viel höher,
> Als deinem Tempelgrad entspricht, und oft
> Hab ich an deinem Seherblick die Probe
> Gesucht für meine eigne Geistesschau. (IV/7)

Im Mittelalter als Joseph Kühne ist er als Bergaufseher im Bergwerk des Ritterbundes tätig und diesem, der die Zukunft vorbereitet, treu verbunden.

Krise und Wandlung bleiben jedoch keinem Geistesschüler erspart. Auch die von Natur und Schicksal Begnadeten werden nicht verschont. Sie müßten sonst stehenbleibend von Helfenden zu Hemmenden werden. Im vierten Drama bahnt sich keimhaft ein Konflikt an, der zu einem Neuanfang des Weges führen könnte. Felix Balde erlebt an Capesius und Strader, daß ein gewaltiger Schritt in der Bewußtseinsentwicklung der Menschheit geschehen ist. Die Seele hat die Kraft gewonnen, in sich selbst die Ruhe herzustellen, welche die Vorbedingung von Meditationserlebnissen ist. Was sie früher nur erreichen konnte durch Absonderung, durch ein strenges Klosterleben, durch Einsamkeit, kann heute im vollen Leben errungen werden, «wenn sie gedankenkräftig geistig sucht». Das Denken, das Ich des Menschen haben sich weiterentwickelt: In der Bewußtseinsseele kann sich der Mensch der geistigen Welt öffnen, wenn er sich nicht vom Leben treiben läßt, sondern es bewußt gestaltet. Um der großen Bedeutung dieser Wandlung willen seien die Worte noch einmal wiederholt:

> Erstreben nichts; – nur friedsam ruhig sein,
> Der Seele Innenwesen ganz Erwartung – – – –
> Das ist die Mystenstimmung. – Sie erweckt
> Sich selbst – ganz ungesucht im Lebensstrom,
> Wenn sich die Menschenseele recht erkraftet, –
> Wenn sie gedankenkräftig geistig sucht.
> Die Stimmung kommt in stillen Stunden oft,
> Doch auch im Tatensturm; sie will dann nur,
> Daß nicht gedankenlos die Seele sich
> Dem zarten Schaun des Geistgeschehns entzieht.   (IV/13)

Felix Balde, zu dem die Worte gesprochen werden, kann das Neue nicht sogleich ergreifen. Ob es in seiner Seele fortwirkt – wir hätten es voraussichtlich in einem fünften Drama erfahren. Aber dieses wurde, wie schon erwähnt, während der Kriegswirren nicht geschrieben. –

Gehen wir auf das vierte Drama ein und beginnen wir wiederum mit den äußeren Begebenheiten! Sie spielen ein Jahr nach den Vorgängen, die in 'Der Hüter der Schwelle' dargestellt sind. Wenn wir uns das Alter der Hauptpersonen vergegenwärtigen wollen, müssen wir rechnen: Drei Jahre vergingen schon während des ersten Dramas. Das zweite spielt 'mehrere Jahre später'. Bis zu 'Der Hüter der

Schwelle' sind laut Angabe dreizehn Jahre vergangen. So umfassen die Dramen einen Zeitraum von etwa 22 - 25 Jahren. Johannes ist demnach jetzt zwischen fünfzig und sechzig Jahre alt. Capesius, den wir zu Beginn als gereiften älteren Menschen vor uns sahen – Professor und auf der Höhe seines Ruhmes –, ist über siebzig. Dr. Strader, jung, wenn er zuerst auftritt, vielleicht achtundzwanzig, ist inzwischen neunundvierzig/fünfzig Jahre alt geworden und auf der Höhe der Mannes- und Tatkraft.

Derjenige, den wir als Großmeister des traditionellen Mystenbundes kennenlernten, Hilarius Gottgetreu, tritt uns jetzt ohne dieses Amt als Besitzer eines Werkes, in dem Holzsägearbeit gemacht wird, entgegen. Er ist gewillt, seinem Leben einen neuen Inhalt zu geben und zugleich die Gelegenheit zu bieten, etwas von den künstlerischen und sozialen Ideen zu verwirklichen, die sich aus der Geisteswissenschaft ergeben. Er will es wagen, sein Werk umzugestalten. Es soll künftig Möbel, die in einem organisch-künstlerischen Stil gebaut sind, sowie sinnvolles Spielzeug und Puppenspiele für die Märchen von Frau Balde herstellen. Es ist geplant, daß Johannes Thomasius die künstlerischen Anregungen dazu gibt, daß Dr. Strader die Betriebsleitung übernimmt, daß Professor Capesius und Maria in Wort und Schrift einen verständnisvollen Kundenkreis schaffen helfen.

Es werden aber sogleich alle Argumente, die gegen ein solches Unternehmen sprechen, nachdrücklich vorgetragen. Der Bürochef, der nicht nur der erste 'Diener' von Hilarius' Werk, sondern ihm auch freundschaftlich verbunden ist, spricht die ernstesten Warnungen aus. Er erwähnt nicht nur solche, die sich aus äußeren, praktischen Erwägungen ergeben. Er durchschaut auch die Gefahren, die mit einer spirituellen Entwicklung verbunden sein können und die Geistesschüler in Illusionen führen würden. Er meint:

> Ihr denkt der Menschheit Dienste zu erweisen:
> In Wahrheit dient ihr nur dem Kreise jetzt,
> Der seinem Geistestraum, durch euch gestützt,
> Für kurze Zeit sich weiter widmen kann.

An Strader aber zweifelt er insbesondere, weil dessen «kühn erdachte Schöpfung», sein Mechanismus, noch nicht so weit entwickelt werden konnte, daß er wirklich anzuwenden wäre. Strader muß die Abweisung – mit Recht – als besonders tragisch empfinden, weil nicht ein Gegner der Geisteswissenschaft gegen das Projekt ist, sondern ein Mensch mit geistverwandten Gedanken. An der Schwelle, wo Ideen zu Taten führen sollen, wird – unerwartet – ein kräftiger Widerstand fühlbar. Es spielt sich an dieser Schwelle also viel mehr ab, als zunächst zu erwarten ist.

Zu dem äußeren Widerstand gesellt sich ein innerer: Johannes Thomasius erlebt in der Nähe Marias, in der herrlichen Natur einer Berggegend, in der Hilarius' Werk liegt, ein Aufleben seiner alten Schöpferkräfte. Die will er zur Entfaltung bringen. Er fühlt sich verjüngt. Er will malen! Er will sich nicht einspannen lassen in den Plan des Hilarius.

Capesius spürt in dieser Zeit einen inneren Durchbruch zu Geisterlebnissen. Er glaubt und spricht es aus: «Es müßte jede Erdenwirksamkeit erwachter Seherkräfte mich berauben!» Er fürchtet, möglicherweise nicht zu Unrecht, daß Gedankenformulierung in Vortragstätigkeit oder in Schriften die zarte innere Schau verfälschen, verderben könnte. Auch er ist nicht bereit, die ihm zugedachte Aufgabe zu übernehmen. An diesen Hindernissen erwachen weitere Bedenken auch in jenen Freunden, die ihre Funktion in der Mysterienstätte aufgegeben haben und warten, daß ihre Nachfolger, die Schüler des Benediktus, neue, zeitgemäße Schritte unternehmen. Schließlich bietet Romanus Dr. Strader an, mit ihm allein den Plan auszuführen. Er beginnt sogar den Bürochef dafür zu gewinnen. Aber Strader selbst will sich nicht von den anderen trennen, und Benediktus – so hören wir – hält ihn für noch nicht genügend gerüstet (IV/4). Alle Beteiligten sind in starken inneren Entwicklungen, die aber nicht mehr zur Verwirklichung des Planes führen.

Dr. Strader wird abberufen – er stirbt. Nach seinem Tode steht sein tiefstes Wesen, erkannt und beschrieben von dem Sekretär des Hilarius sowie von der Pflegerin – in welcher wir die andre Maria wiedererkennen – groß und liebenswert vor uns. Der Sekretär sagt von ihm:

> Stets geistvoll und mit stärkstem Sinn für alles,
> Was möglich und auch zielessicher ist.

Und die Pflegerin:

> – – – – – – – seine Lust nach Taten,
> Sie war doch Liebe, – –
> Was diese Seele mystisch suchte, war
> Dem edlen Feuer ihres Wesens nötig
> Wie Schlafesruh dem Leib nach Schaffenszeiten. (IV/15)

Wo aber Todeskräfte walten, ist Ahriman, der Herr des Todes, nahe. Wir fühlen seine Nähe eigentlich das ganze Drama hindurch. Er, der Herr der Hindernisse, der seine Macht unter den Menschen auf Erden seit Beginn der Neuzeit ständig verstärkt hat, wird am Schlusse vertrieben durch Benediktus, der ihn erkennt. Benediktus betrachtet, in die Zukunft schauend, den Fortgang des Werkes mit dem langen Atem, der Wiederverkörperung und spätere Zukunftsmöglichkeiten mit einbeziehen kann.

Äußerlich ist es ein tiefernster Schluß, anders als das hoffnungsvolle Tempelbild des dritten Dramas. Innerlich jedoch birgt es den Höhepunkt einer Entwicklung. Wir werden das verstehen, wenn wir das Drama betrachten werden vom Standpunkt der Schülerschaft und der geistigen Welten und schließlich noch von einer neuen Ebene – wenn wir in den Dramen die Christuserfahrungen aufsuchen werden. Davon ein nächstes Mal. Das bedarf einer ausführlichen Darstellung.

XXI

Was erfahren wir im vierten Drama über die innere Entwicklung der Geistesschüler? Von Capesius wurde bereits erwähnt, daß er eine Stufe erreicht hat, die ihn in der Meditation zu echter Geistesschau trägt. In seinen Bemühungen wird er unterstützt von Felix Balde, der Kraft seiner mitgebrachten Fähigkeiten, die er in der Waldeseinsamkeit pflegte, zum 'Träger der subjektiven Mystik' wurde, wie es im Personenverzeichnis heißt. Es gibt keinen Hinweis dafür, daß er an der Schau der Sonnenzeit und Weltenmitternacht sowie der ägyptischen Vergangenheit – diese Schau bildet wieder die Mitte, die Peripetie des Dramas – Anteil hatte. Wohl auch Capesius und Dr. Strader nicht. Für solche Rückschau bedarf es stärkerer Geisteskräfte, als 'die subjektive Mystik' entwickelt. Johannes empfängt sie gnadevoll durch Maria, und diese ist durch ihr dreifaches Opfer und die Verbindung mit Benediktus vorbereitet.

Dr. Strader schreitet jetzt dennoch kräftig voran. Im zweiten Teil des dritten Bildes sehen wir ihn im Gespräch mit den Freunden Capesius und den beiden Baldes. Er ringt mit ihnen um seine Zukunftsaufgabe in dem von Hilarius geplanten Werke. Er ringt – mehr noch – um eine innerliche Verständigung.

> – – Wenn all mein Wollen jetzt zerschellte
> An diesem Widerstand –: ich könnt' mich halten.
> Doch eure Welten kann ich nicht entbehren. (IV/3)

Felix Balde vertritt in diesem Gespräch Gesetzmäßigkeiten der Vergangenheit, die, wie wir sahen, nicht mehr gelten:

> Es kann der Mensch die Geisteswelt nicht finden,
> Wenn er sie suchend sich erschließen will – – –
> – – – – – – – – – –
> Erstreben nichts, – – nur friedsam ruhig sein,
> Der Seele Innenwesen ganz Erwartung – –:
> Das ist die Mystenstimmung.
> – – – – – – – – – –

> Das äußre Werk verträgt nicht solche Stimmung.
> Wenn ihr durch Mystik dieses suchen wollt,
> Ertötet ihr mit Mystenwahn das Leben.

Und:

> Die Welt, in die ihr tätig euch begebt,
> In die könnt ihr des Schauens zartes Sein
> Nicht tragen, ohne daß es euch zerschmilzt!

Damit ist ein tiefer Abgrund[23] aufgerissen. Strader wendet sich nicht zornig oder verzweifelt ab. Er blickt in diesen Abgrund mit einem durch Geistesschulung erweiterten Bewußtsein. Er ringt darum, dieses Bewußtsein zu halten, zu erweitern, zu erhellen und – erblickt: «Schemen und Schatten», welche dem Menschen

> Des Weltengeistes Walten
> Mit Finsternis verwirren, daß sie nur
> Im Netz des eignen Seins sich wirklich wissen.

Die Truggewalten also, die dem Menschen den Blick verwehren auf die Wesenhaftigkeit der Welt – welche dadurch auch die Wissenschaft verfälschen müssen! – werden für Strader real erlebbar. Er erblickt die Schattenwesen anders gefärbt hinter Capesius, anders in Baldes Nähe – er ahnt die eigenen. Und nun weiß er, daß vor Beginn gemeinschaftlicher äußerer Taten zunächst der Kampf aufgenommen werden muß gegen «Seelenfeinde im Innern».

Im elften Bild finden wir dann ein Gespräch über dieses Erlebnis. Benediktus erklärt ihm, daß die Erfahrung am Abgrund einen Fortschritt seiner Schülerschaft bedeute: Maria und Johannes seien inzwischen ebenfalls im Schauen fortgeschritten, so daß für sie alle drei gelte:

> ... was sie noch
> Vorher gehindert, von dem Mystenleben
> Den Schritt ins Sinnensein zu tun, es ist

Nicht mehr vorhanden; Ziele werden sich
Im weitern Zeitverlauf für euch und sie
Gemeinsam finden.

Der Fortschritt auf dem Geistespfade aber ist nötig und ausschlaggebend für das, was an äußeren Werken unternommen werden kann!
Strader, der wissenschaftlich Denkende, kommt jetzt auch zu imaginativen Erlebnissen, von Begriffen zum Bilde. Benediktus, dem er davon berichtet, bedeutet ihm, das von ihm geschaute Bild solle noch reifen. In dem letzten Gruße dann, den die Pflegerin von seinem Sterbebette dem Geistesfreund und -lehrer überbringt, ist das Bild weiterentwickelt. Es zeigt: Das höhere Selbst ist geboren und stellt sich dem eigenen niederen Selbst kraftvoll gegenüber, bereit, die Widerstände, die in ihm von alten Zeiten her liegen, mutvoll zu bekämpfen. Von diesem Geistessieg ausgehend kann er – wie wir schon in Brief II ausführten – Capesius dazu verhelfen, sich von der alten Strömung Felix Baldes zu lösen und die neue zeitgemäße des Benediktus zu ergreifen.

Mir fiel auf, daß bei diesen Strader-Erlebnissen als helfende Geistgestalten Benediktus und Maria erscheinen, aber nicht die drei Seelenkräfte. Diese kann er offenbar noch nicht wahrnehmen, da die Lösung des höheren Ich in ihm noch nicht erfolgt ist. «Marias Bild hat dieser Geist gewählt, weil eure Seele ihn sich so gestaltet», sagt ihm Benediktus im elften Bilde.

Wir wollen hier zurückkommen auf «die Wesen des Menschlichen Geisteselementes»[24], die den Geistessuchern erscheinen, und zwar nicht auf die drei uns schon vertrauten, sondern auch auf eine vierte Gestalt: die andere Philia. Sie spielt vom zweiten Drama an eine immer größere und rätselhafte Rolle.

Die andere Philia tritt uns zuerst entgegen im ersten Bild von 'Die Prüfung der Seele' und warnt Capesius vor den beginnenden Geistererlebnissen, weil der Weg gefährlich sei und ihn krank machen würde. Wir können in ihr eine besorgte Liebe als hemmende Kraft spüren. Und doch muß der Mensch, der Gefahr trotzend, den Höhenweg wagen, wenn er seiner Würde, seiner höchsten Aufgabe entsprechend, ein Geistessucher werden und nicht ein willenloses Spielzeug blinder Schicksalsgewalten bleiben will!

Im dritten Drama aber erleben wir an der anderen Philia eine erstaunliche Wandlung. Am Schluß des sechsten Bildes spricht sie ermutigende, beschwingende Worte. Vergleicht man diese mit den vorangehenden von Philia, Astrid und Luna, so fühlt man, daß sie eine leicht luziferische Färbung haben:

> Begeistert Bewundern
> Entführet den Geist
> In Göttergefilde,
> Die leuchtende Schönheit
> In Seelen erweckt. (III/6)

Nach den ernsten, ja bedrückenden Bildern, die vorangingen und unter anderem von Theodoras Tod kündeten, nimmt der Zuhörer befreit und dankbar auf, was die Seelenkräfte sagen, und was die andere Philia als letzte ausspricht.

Philia sagt:

> Es findet die Seele - - - sich kräftig erwacht.

Astrid bekräftigt:

> Es fühlet der Geist - - - sich kraftvoll erstehen.

Luna fordert:

> Es wolle der Mensch,
> Der Höhen erstrebt,
> In Gründen des Seins
> Sich machtvoll erhalten.

Und die andere Philia ergänzt:

> Es strebet der Mensch
> Zum Träger des Lichts,
> Der Welten erschließt,
> Die fröhliche Sinne
> Im Menschen erquicken.

Der Rhythmuswechsel vom vorwärts strebenden Jambus (v -), wie er sonst in den Dramen verwendet wird, zum leichten, beschwingenden Amphibracchus (v - v) unterstützt diese Lockerung.

Wir können uns daran erinnern, daß die Worte der Seelenkräfte auf das Märchen von der Phantasie folgen, das für Capesius die Brücke bildet von seiner Gefangenschaft bei Luzifer zur Heilung durch Benediktus, was ihm sein gesundes irdisches Bewußtsein wiedergibt.

Dann kommt das siebente Bild, das Bild des ernsten Schwellenüberganges. Die in der anderen Philia wirkende Liebeskraft erweist sich auch hier wieder als nicht frei von luziferischem Empfinden: Sie will das Erleben des Eigenseins erhalten auf Kosten von echter Geistererkenntnis. Sie erscheint mit dem warnenden, zurückhaltenden Charakter, ehe Johannes Thomasius, die Schwelle überschreitend, in das desillusionierende Reich Ahrimans geführt wird. In den Schlußworten des Dramas jedoch, die von den vier Seelenkräften gesprochen werden – wiederum im schwebenden Gleichmaß des Amphibracchus (v - v) – macht sie den Anfang, der aufgegriffen werden kann von Philia, Astrid und Luna. Dabei kann Luzifer als Lichtträger, als der Morgenstern, welcher der Sonne vorangeht, erlebt werden. Zugleich gewahren wir, daß hier ihre Sprache verändert ist: Sie erinnert jetzt an die Stimme des Gewissens, die bisher aus dem Geiste, wie von außen, unsichtbar in die Seele hineintönte (II/1). Stellen wir die beiden Stimmen einmal nebeneinander.

Die andere Philia (III/10):	Die Stimme des Gewissens (II/1):
Es steigen Gedanken Aus Weiheorten opfernd In Urweltgründe. Was in Seelen lebt, Was in Geistern leuchtet, Entschwebet der Gestaltenwelt – Und Weltenmächte neigen sich Den Menschen gnadevoll, An Seelenkräften Das Geisteslicht Zu zünden.	Es steigen deine Gedanken In Menschenwesens Tiefen. Was als Seele dich umhüllt, Was als Geist in dich gebannt, Entschwebet in Weltengründe; Von deren Fülle Die Menschen trinkend Im Denken leben; Von deren Fülle Die Menschen lebend Im Scheine weben.

Was will die Ähnlichkeit der Sprache uns sagen? Es klingt jetzt in der Seele selbst etwas auf, was bisher dem Geistsucher aus dem Geiste wie von außen zugesprochen wurde. Wir brachten diese Stimme (Brief XI) in Verbindung mit einem helfenden Wesen, das «noch nicht auf der Bühne erscheint». Wir erleben nun mit: Die Liebeskraft, die dem geistig erwachten Menschen zur Verfügung steht, kann heranreifen und in sich aufnehmen, was vordem als geistig von außen/oben kommend erlebt wurde, als 'Stimme des Gewissens'. Diese Wandlung begleitet und bekräftigt das Geschehen, das in der Neubegründung des Tempels vor sich ging.

Wie aber wirkt nun die andere Philia in 'Der Seele Erwachen'? Im vierten Drama, in dem das Erwachen in der Geistwelt dargestellt wird, ist sie im Personenverzeichnis beschrieben als 'die Trägerin des Elementes der Liebe in der Welt, welcher die geistige Persönlichkeit angehört'. Die Liebeskräfte wandeln sich im Verlaufe der geistigen Schulung. Und die kosmische Kraft, die im Ätherischen wirkend zu ihnen gehört, nämlich die andere Philia, offenbart sich nun als Helfende.

Fassen wir noch einmal zusammen: In der menschlichen Seele lebt, alle Seelenglieder durchdringend, die Kraft der Liebe. In Liebe – Sympathie – sind die Sinnestore geöffnet. Mit Sympathie wird die Welt ergriffen. Antipathiekraft schließt ab, bringt den Menschen aber dadurch zum Bewußtsein und auch zum Selbstbewußtsein. Je mehr geheime Antipathie der Sympathie beigemischt ist, desto egoistischer wird die Liebe. Die höchste zentrale Seelenkraft ist zutiefst mit dem Blute verbunden, mit dem eigenen Leben. Sie strebt aber darüber hinaus – schon in triebhafter Mutterliebe – bereit zur letzten Hingabe und zu jedem Opfer. Sie wurde im Laufe der Zeiten gelöst von den Grenzen des Stammes, der Rasse, und sie empfing in der Zeitenwende die Stütze aus der Kraft des höchsten Geistes durch Christi Opfer. Wenn echte Selbstlosigkeit in ihr waltet, überwindet sie die ahrimanische Stoffesgebundenheit und Luzifer, der «Liebe im Dienst der Eigenheit» nur halten will. Die Lösung von der physischen Verdichtung zeigt sich in der Ätherisation des Blutes, wie sie schaubar werden kann im Heiligenschein[25]. Wenn wir das alles bedenken, wird es uns nicht mehr überraschen, daß die andere Philia eine sich so vielfältig wandelnde Gestalt ist. Wir verstehen, daß sie dem Künstler die Schönheit der Welt erschließt, daß sie aber auch die inneren Schätze der Seele ins Bewußtsein heraufhebt und schließlich die Kräfte vergangener Erdenleben anklingen läßt.

> Und wachendes Träumen
> Enthüllet den Seelen
> Verzaubertes Weben
> Des eigenen Wesens.

Sie selbst charakterisiert sich (IV/10), nachdem Johannes in der Entwicklung bis zum Erleben der ägyptischen Vergangenheit fortgeschritten ist:

> Ich bin in dir, bin deiner Seele Glied;
> Die Kraft der Liebe bin ich selbst in dir,
> Des Herzens Hoffnung, die in dir sich regt,
> Die Früchte langvergangner Erdenleben,
> Die dir in deinem Sein erhalten sind; –
> O schaue sie durch mich – erfühle mich
> Und schau dich selbst durch meine Kraft in dir.

Sie ist es nun auch, die seinen Blick lenken kann auf das, was elementar wirkend in seinem Unterbewußtsein, in seinen Leibeshüllen als Äthergestalt lebt und sein Fühlen beeinflußt. Das ist der Geist seiner Jugend[26]. Auch der Geist der Jugend ist ein reales Wesen! Wir können dem Wirken dieses Geistes vielfältig nachspüren. Wir ahnen ihn in dem, was den jungen Menschen fort aus dem Elternhaus drängt, zu seinen eigenen Kreisen, zu seinen Idealen. Er läßt ihn naturnahe, romantische Jugendbünde suchen, wie sie im Anfang des Jahrhunderts im Wandervogel, aber auch an alte Formen anknüpfend in studentischen Verbindungen gegeben waren. Er äußert sich in Ahnungen vergangener Inkarnationen. Das mag die Richtung anzeigen, in der man den Geist der Jugend wirksam ahnt. Er wirkt in Jugendfreundschaften, lebt auf in der Jugendliebe und verbirgt sich in den Jahren, da sich der Mensch eine Stellung sucht im äußeren Leben mit seinen Konventionen. Später im Leben kann er wiederauftauchen, wie es bei Johannes Thomasius geschieht im vierten Drama, wenn der Mensch noch einmal die Schönheit und Romantik menschlicher Beziehungen sucht. Er kann ihn auf Irrwege führen, die ihn gegen Schicksalsgesetze verstoßen lassen, die Verzicht fordern. Dieser Geist der Jugend aber kann und soll entzaubert werden! Denn es handelt sich eben nicht nur einfach um Wünsche, Triebe, Affekte der Seele und des Leibes, sondern um geistige Wesen, die vom Menschen geschaffen werden und im «Schemenreich versinken», in «Seelenzauberwelten» leiden, wenn die Wandlung der Seele nicht vollzogen wird. Wir bekommen hier ganz neue Ausblicke zur Erfassung des Seelenlebens! Ebenso wie man den Menschen in Gesundheit und Krankheit wie in seinen Entwicklungen von Kindheit an neu durchschauen lernt, wenn man die Unterscheidung kennt von den verschiedenen Wesensbereichen, von physischer, ätherischer, astralischer Welt und ihren Gesetzmäßigkeiten und Wesen, so eröffnet sich auch eine neue Sicht auf das Menschenwesen und sein Schicksal, wenn man die Seelenkräfte, die Seelenschattengestalten, die dann auch von den Widersachermächten erfaßt werden können, wesenhaft begreift.

Es erweist sich im folgenden bei Johannes Thomasius, daß der Geist der Jugend nicht erst in der gegenwärtigen Inkarnation vorhanden ist. Es lebt alles in ihm, was sich an unerfülltem Schicksal angesammelt hat, auch an vergangener Schuld. Da die ganze Richtung des Seelenlebens von ihm beeinflußt wird, ist es kein Wunder, daß Luzifer die Herrschaft über ihn erstrebt.

In manchen Lebensläufen kann man spüren, daß der Mensch bemüht ist, den Geist der Jugend zu unterdrücken, aus Einsicht in gewisse äußere Lebensnotwendigkeiten, aus Anpassung. Dann entsteht – der Philister. Vielfach leidet das Wesen, der reale Geist der Jugend, in «finstern Schattenreichen». Der Geistessucher lernt ihn erkennen und sucht ihn zu erlösen.

Wir sehen, wie vielgestaltig, differenziert die menschliche Seelenwelt ist, und wie unzureichend die Begriffe sind, mit denen man das Unterbewußtsein in der Schulpsychologie zu erfassen versucht. Sobald wir über das Sinnlich-Faßbare hinausgehen, begegnen wir übersinnlichen Wesen mit ihren Intentionen, aber auch mit ihren Leiden und Nöten! Kehren wir noch einmal zu ihnen zurück!

Die Seele der Theodora, die sich liebend mit dem Geist von Johannes' Jugend verbunden hat, sucht ihn zu schützen. Er kann und muß aber entzaubert, aufgelöst werden. Wir werden sehen, wieviel an okkulten Erlebnissen dazu gehört. Bleiben wir aber zunächst bei dem Fortgang des Dramas. Bei Johannes' zweiter Begegnung mit dem Geist der Jugend ist es nicht die andere Philia, die mit ihm erscheint, sondern ein anderes Schattenwesen. Die Meditationsworte, «Verzaubertes Weben des eigenen Wesens» erklingen durch den Doppelgänger, der sie aufgenommen hat.

Auf diesen müssen wir hier noch etwas ausführlicher eingehen. Die vom Menschen nicht voll beherrschten Affekte, die er in sich trägt, haben die Tendenz, selbständig zu werden, und zwar unter Ahrimans Einfluß. Sie können von ihm ergriffen und zum Doppelgänger geformt werden. Wir haben schon früher in allgemeinerer Art von diesem gesprochen. (Brief I und XIII). Auch was wir über Typus und Individualität gesagt haben, kann zu seinem Verständnis beitragen. Als Luzifer in Johannes die verhängnisvolle Leidenschaft zu Theodora weckt, vollzieht er es, indem er den Doppelgänger ergreift. Geistige Zucht und Arbeit verwandelt und reinigt den Doppelgänger, wenn dieser auch immer wieder ein Einfallstor für luziferisches und ahrimanisches Wirken werden kann. Als der Doppelgänger jetzt (IV/4) die Schau des Geistes von Johannes Jugend herbeiführt, nennt er den Hüter der Schwelle seinen 'Herrscher'. Das bedeutet aber auch: An der Schwelle zur geistigen Welt werden alle Seelenschatten und -kräfte, die im Menschen wirken, schaubar, unterscheidbar.

Wunderbar ist die Sprachkunst, mit der diese Gestalten auftreten. Wenn wir die andere Philia zuerst hören (IV/2), so spüren wir die zart erregende Widersprüchlichkeit in der Aussage. Sie sagt von den Sylphen:

> Sie träumen das Wahre,
> Sie wahren den Wahn;
> Daß schlafendes Keimen
> Sich wecke zum Leben,
> Und wachendes Träumen
> Enthüllet den Seelen

> Verzaubertes Weben
> Des eigenen Wesens.

Dieser gewissermaßen weckenden Gegenbewegung entspricht eine etwas andere Gegenbewegung in der Sprache des Doppelgängers (IV/4):

> Johannes, dein Erwachen bleibt ein Wahn,
> Bis du den Schatten selbst erlösen wirst,
> Dem deine Schuld verzaubert Leben schafft.
> ─ ─ ─ ─ ─ ─ ─ ─ ─
> Johannes, laß im Schattenreiche leben,
> Was dir in deinem Selbst verloren ist.
> Doch gib ihm Licht von deinem Geisteslicht,
> So wird es Schmerzen nicht erleiden müssen.
> ─ ─ ─ ─ ─ ─ ─ ─ ─
> Ich konnt im Schattenreiche zu ihm dringen,
> Wenn du in Geistessphären dich erhobest;
> Doch seit die Wunschesmächte dich verlockt
> Und du den Sinn zu diesem Wesen wandtest,
> Erlischt mir stets die Kraft, wenn ich es suche.

Und als Johannes bittet, ihm den Weg zu zeigen:

> Ich find ihn jetzt, doch kann ich dich nicht führen.

Erlebnisse an der Schwelle zur geistigen Welt werden diese Gestalten, die sich dem gewöhnlichen Bewußtsein nicht offenbaren. Wandelbarkeit, Verwandlung ist das Gesetz dieser Erscheinungen. Sie erfordern wache Beweglichkeit und Geistesgegenwart. Auch der Hüter der Schwelle ist nicht immer dieselbe erhabene, engelhafte Gestalt, in der er zuerst vor unsere Augen trat (III/7). Das Bild des Geisteslehrers und der schon weit fortgeschrittenen Maria können seine Stelle einnehmen. Immer aber handelt es sich um reale Wesenhaftigkeit, erscheinend in der beweglichen Art der Seelenwelt. Johannes ist es in dieser Szene (IV/4) nicht sogleich erkennbar, mit wem er es zu tun hat. Wir erleben mit, wie schwer es ist, eine klare Durchschau zu erringen.

Der dritten Begegnung mit dem Geist der Jugend im zehnten Bild sind die gewaltigen Erlebnisse vorangegangen, die das Dasein zwischen Tod und neuer Geburt erhellen und eine wichtige Grundlage legen, vergangene Inkarnationen vor das Auge zu stellen. Das verändert die Situation grundlegend, wie wir sehen werden.

XXII

Sie würden sich gern noch weiter mit dem Rätselwesen der anderen Philia beschäftigen. Man findet über sie wie überhaupt über die Gestalten der Dramen wichtige Hinweise in dem Zyklus 'Die Geheimnisse der Schwelle', München 1913, von Rudolf Steiner gehalten im Zusammenhang mit der Aufführung von 'Der Seele Erwachen'. Einiges von mir Gesagte wird vielleicht noch deutlicher, wenn wir nun übergehen zu der Betrachtung von Johannes Thomasius.

Er muß nun etwa 55 Jahre alt sein. Als wir ihn in 'Die Pforte der Einweihung' kennenlernten, hatte die Freundschaft mit Maria schon zehn Jahre bestanden. Er könnte also ungefähr 35 Jahre alt sein. Innerhalb des ersten Dramas vergingen drei Jahre (I/8), ein weiteres bis zum zweiten Drama, in dem er demnach etwa 39 Jahre alt wäre. Dreizehn Jahre vergehen bis zu den Vorgängen von 'Der Hüter der Schwelle'. Und wiederum ein Jahr später spielt 'Der Seele Erwachen'.

Wir finden ihn im zweiten Bilde des vierten Dramas in heftigstem Seelenkampfe. Er ist in der Nähe des Werkes von Hilarius Gottgetreu zur Besprechung, zur Vorbereitung der Umgestaltung dieses Werkes in dem schon erwähnten Sinne. Seine Seele ist erfüllt von der Schönheit und Größe der Bergwelt, die ihn dort umgibt, und der wiedergeschenkten Gemeinsamkeit mit Maria. Alte Künstlerträume sind erwacht. Maria hat wiederum die schwere Aufgabe, ihn zu wecken. Was jetzt die Oberhand in ihm gewinnen will, entspricht nicht der Stufe der Reife, die er als Geistesschüler errungen hat. Der Geist seiner Jugend jedoch, der sich regt, ist ein Wahngebilde und doch zugleich etwas Real-Wirkendes, das in ihm lebt, zurückgedrängt und ins Leben drängend. Johannes kann nicht anders als ihn beseligend, belebend zu empfinden, dankbar, daß er ihm noch einmal zur Verfügung steht.

Diese Situation betrifft nicht nur den Geistesschüler. Wir kennen die Krise aus dem Leben vieler Künstler. Oft ist eine Veränderung der Lebenssituation, eine neue Liebe, eine neue Schaffensperiode damit verbunden. Johannes, der Geistesschüler, darf dem nicht folgen.

Wir erinnern uns, was er im Tempel des Mystenbundes gelobte, als er von der Zweiheit seines höheren und niederen Selbstes sprach und den Wächterdienst auf sich nahm. Benediktus und Maria kommen ihm zu Hilfe. Marias «heilig-ernst Gelöbnis» ist eine starke Kraft in diesem schweren Kampfe. Sie spricht die weisenden Worte, die übrigens anklingen an Worte der Johannizeit in den Wochensprüchen Rudolf Steiners. Dort heißt es: «In Geistesgründen suche ahnend, dich geistverwandt zu finden!» Will man das befolgen und fragt sich, wie man das tun soll, so kann man hier Maria hören:

> In Geistesweltengründe lenk' den Blick
> Und warte, bis die Kräfte in den Tiefen
> Empfinden, was in deinem eignen Selbst
> Mit ihrem Wesen wahlverwandt sich regt.
> ---------------------
> Verbanne eignen Sinnes störend Sprechen,
> So spricht der Geist in dir mit Geisteswesen;
> Und diesem Geistersprechen höre zu.
> Es trägt dich zu den Lichtessphären hin
> Und bindet dich an Geisteswesenheit.
> Was dir aus abgelebten Zeiten dämmert,
> Erscheint dir dann im Weltenlichte deutlich;
> Und zwingt dich nicht, weil du es lenken kannst.
> Vergleich es mit der Elemente Wesen,
> Mit Schatten und mit Schemen aller Art,
> ---------------------
> Und so erfahre, was es wirklich gilt.
> Doch dich ergründe in der Geister Reich,
> Die Urbeginn verbinden anderm Urbeginn - -- (IV/2)

Wir tragen in uns die Zweiheit. Das höhere Selbst, die eigentliche Individualität gilt es zu erfassen, in dem Reiche der «Urbeginne», der «Weltenkeimeskräfte». Dieses kann sich das andere, das niedere Selbst gegenüberstellen und erleben, daß es verwandt ist mit den elementarischen Kräften, auch mit dämonischen. Die Übung fängt an, indem der Blick nach außen gerichtet wird auf das, was in Felsen und Wurzeln, in Quellen und Lüften lebt. Die Elemente werden zu sprechen beginnen. Rudolf Steiner hat oft darauf hingewiesen – in verschiedenen Formulierungen: «Willst du dich selbst erkennen, blicke in die Welt nach allen Seiten!» Aber das ist ungewohnt und muß erübt werden! Johannes ringt sich mit starkem Entschluß dazu durch, die Übung zur Selbsterkenntnis in diesem Entscheidungsaugenblicke zu versuchen. Da er sich die Kräfte erworben hat, kommt er zu einer echten Schau der Sylphen und Gnomen und erlebt in ihnen wirkend die Geister, die mit ihnen wirken und schaffen und die Verbindung mit dem Kosmos vermitteln: Philia, Astrid und Luna und – die andere Philia, die ihm dann den Geist der Jugend vor Augen bringt, welcher ihn erneut in die Krise gebracht hat.

Denken Sie nicht, Johannes müsse doch inzwischen so weit sein, daß er solchen Verführungen widerstehen kann! Es liegt im Wesen dieser Geistgestalten, daß sich der Mensch über seine Motive täuscht. Er traut der Erneuerungskraft, dem seelischen Schwung, der mit deren Impulsen verbunden ist, und ist geneigt, die Mahnungen, die von innen und außen kommen, als intellektuell, künstlich, Eigenstes ertötend, abzutun. Um dieser Situation gewachsen zu sein, die Hindernisse wirklich zu überwinden, ist eine Durchschau notwendig, die unter Umständen bis zu einer Einsicht in längst vergangene, verursachende Inkarnationen führt. Damit sind wir bei dem, was im vierten Drama die Peripetie bringt: den Szenen in der Geistwelt und den Ägyptischen Bildern. Letztere weisen auf eine besonders wichtige, folgenschwere Inkarnation für alle Beteiligten. Das führt uns wieder auf die Ebene der Betrachtung, auf welcher die Entwicklungen im Drama unter dem Blickpunkt von Reinkarnation und Karma angesehen werden müssen.

Stellen wir zunächst einmal das deutliche Empfinden in uns her, daß dem gegenwärtigen Erdenleben viel vorangegangen ist und viel folgen wird. Spüren wir in die Weiten um uns, in die Fernen hinter uns und ahnen den großen Strom, in dem unser Erdenleben eine Welle ist. Ein großer Atemstrom: Jetzt sind wir eingegangen in diesen Erdenleib, wie vorher schon oft – wir werden unsere Seele aushauchen, und sie wird 'eingeatmet' von höheren Wesen, wie vorher schon oft. Und in diesem Strom lebt, was wir selbst in alten Zeiten getan, errungen, verschuldet haben. Eine besonders gewichtige, folgenreiche Inkarnation wird es sein, die wir an alten Einweihungsstätten verbracht haben. Das, was sich ereignete in einer allgemein menschlichen Umgebung, wie wir sie in den mittelalterlichen Bildern des zweiten Dramas sahen, wird Schwerwiegendes für das Einzelkarma bedeuten, wird die geschichtliche Sphäre nur streifen. Was sich an Tragik innerhalb von Tempelmauern abspielte, greift bestimmend ein in das Zeitgeschehen und weist die Richtung für lange Zeiten.

Wir finden alle die Gestalten, in deren Gegenwart Benediktus aussprach: «Es formt sich hier ein Knoten aus den Fäden, die Karma spinnt im Weltenwerden» (I/3), vereint im alten Ägypten, zur Zeit des Neuen Reiches, als die Mysteriendämmerung begann. Wir kennen sie aus der Zeit des Echnaton. Das ganze 14. Jahrhundert vor Christus war von ihr überschattet. Um 1250 vor Christus führte Moses die Kinder Israel aus dem gottverlassenen Lande.

Wir dürfen im vierten Drama eine Mysterienhandlung miterleben, durch die ein junger Myste eingeweiht werden soll. Wir fühlen sogleich die ganze Dekadenz, wenn wir erfahren, daß dieser für das ihm zugedachte Amt, des Königs Rater, ungeeignet ist und dennoch – vermutlich aus politischen Gründen – zum Altar geschleppt wird. Wir hören, daß er auch die menschliche Reife nicht hat, die den Aufstieg in höhere Welten in Wahrheit ermöglicht, «die Sinnestriebe schweigen ihm noch nicht». Und draußen vor der Pforte leidet die junge Ägypterin, von der er sich trennen muß, und erschwert es, daß er sich vom Leibe wirklich lösen kann.

Das Weihewerk wird durchgeführt und läßt den Zuschauer etwas ahnen von der Kraft der Elemente, die mitwirken, damit die sich erhebende Seele aufsteige zu reinem Geistessein. Der entscheidende Augenblick ist gekommen, wenn die vom Irdischen gelöste Seele lesen soll, «was die Flamme als Weltenwort im Innern dir verkündet». Das tiefste Wesen, die individuelle Geistaufgabe, die Schau der Lebensziele sollte erfaßt und verkündet werden. Da aber in dieser Zeit das Ziel nicht mehr erreicht werden konnte, war es üblich geworden, daß der Opferweise das Wort denken sollte, das der Neophyt dann aussprach. Die beteiligten Priester hatten sich damit abgefunden, daß das Einweihungswesen nicht mehr von dem Leben erfüllt war, das ihm in alten Zeiten eigen war. – Der höchste Opferweise, der die Handlung zu leiten hat, steht unter dem strengen

Gebot des Schweigens. Er darf nicht eingreifen. Von den Priestern, die dem allgemeinen Bewußtsein noch näher stehen, muß der Schritt geschehen, der in die Zukunft führt. Der Opferweise aber erlebt das Unwahre, Scheinhafte der Situation und beschließt, sich dem nicht mehr einzufügen. Ein einsamer, ungeheuerlicher Entschluß! Er ist der König, zu dessen Rater der Jüngling in all seiner Unreife bestimmt ist. Das ist aus seiner Unterredung mit dem Schwellenhüter deutlich zu entnehmen: «... zu des Königs Rater ist der Priester ausersehen», so sagt der Opferweise (IV/7). Der Schwellenhüter antwortet etwas später: «Er würde wohl zum innern Tempeldienst sich besser als zu euerm Rater eignen»: Er entschließt sich also, dem Neophyten nicht die notwendige Unterstützung zu geben. Damit verhindert er, daß dieser zum Rater wird, mehr noch: daß eine heilige Handlung zur Lüge wird. «Die Wahrheit hat gesiegt!» Er offenbart, daß «die Zeiten nahe kommen, die aus dem Gruppengeist das Ich befreien und ihm das eigne Denken lösen werden». Es ist eine großartige, mutvolle Tat, die vermutlich – die Todesstrafe nach sich ziehen wird. Sie ist entstanden aus Einsicht und Wahrheitsliebe. Und sie bewirkt sogleich, daß etwas, was vorher nur Bild war, nämlich Luzifer und Ahriman in Gestalt der Sphinxe, Leben gewinnt und zu sprechen beginnt. Soll uns diese Tatsache darauf hinweisen, daß vordem der Einzuweihende im Tempel einen Vorgang reiner Entrückung erlebte, dem gegenüber Luzifer und Ahriman ohnmächtig waren, tote Bildsäulen? Und daß nun, da sich die vierte Kulturepoche vorbereitet und die Gemüts- und Verstandesseele zur Entwicklung kommen soll, das erstarkende Ich dem Wirken der Widersachermächte mehr und mehr ausgesetzt wird, auch im Tempelgeschehen, damit es den Seelenführer und die neue Initiation finde in Jesus Christus?

Zugleich aber ist objektiv ein Frevel geschehen: Durch den Ablauf der Zeremonie war eine reale Verbindung zur Geistwelt hergestellt worden. Dadurch daß der Neophyt, in seiner Unreife allein gelassen, «irdisch Fühlen» zum Ausdruck brachte, anstatt daß kultisch reines Wort in die Geistwelt aufstieg, ist für die Mysterienstätte und alle Beteiligten eine Schuld entstanden, die in späterer Zeit – in der unsrigen – aufgelöst werden muß. Es ist gemeinsames Schicksal geschaffen.

Was wir als mystisch Weihewerk vollbringen,
Bedeutung hat es doch nicht hier allein.
Es geht des Weltgeschehens Schicksalsstrom
Durch Wort und Tat des ernsten Opferdienstes.

Hiermit haben wir eine Grundlage, um dann darauf einzugehen, wie dieses Geschehen in den Schicksalen derer, die daran Anteil hatten, weiterwirkte.

XXIII

Wie wirkt nun das gewaltige Geschehen im Ägyptischen Tempel weiter im Zeitenstrom? Wir fühlten sogleich, daß es nicht nur karmische Folgen für die einzelnen, die daran beteiligt waren, zeitigen mußte, nicht nur eine künftige, weiterführende Aufgabe enthielt, wie wir das bei den mittelalterlichen Szenen im zweiten Drama erlebten. Eine Zeitenwende wurde uns vor Augen geführt, der tragische Untergang einer alten, von Uranfängen an wirkenden Kulturströmung, die einst vom alten, allgemein vorhandenen naturhaften Hellsehen zu den Einweihungsstätten führte und später allmählich in eine Bewußtseinsdämmerung einmündete. Wir ahnen, daß das, was damals erlosch, heute wiederum entzündet werden kann, nun aber bei hellem Sinnesbewußtsein, mit errungener individueller Ichkraft. Es ist wunderbar zu denken, daß die Menschen, die damals den Untergang erlebten, aufgerufen werden mitzuwirken, damit nunmehr das Initiationsprinzip zum Zivilisationsprinzip werde! Es ist gut, in dieses Empfinden tief einzutauchen und darin zu verweilen, um das Wunder des Sonnenaufganges im 20. Jahrhundert würdigen zu lernen!

Es ist selbstverständlich, daß das Beteiligtsein an diesem großen Geschehen nachdrücklich hineinwirkt in das individuelle Schicksal. Maria, ehemals der noch nicht reife Neophyt, ergreift den Weg zum Geiste: als irischer Christusbote, als Abt im Mittelalter. In Ägypten sagte der höchste Opferweise zu dem Neophyten:

> So lies, du Menschenseele, was die Flamme
> Als Weltenwort im Innren dir verkündet.

Benediktus bringt es Maria zum Bewußtsein und fährt fort:

> Als ich dies Wort vor Zeiten dir gebot:
> Es fand dich nicht zum Folger mir bereit.

Der Neophyt war damals aber nicht in der Lage, in der Flamme zu lesen oder in der Geistwelt zu hören, was dann in der Sinneswelt heilend, helfend, führend hätte wirken können. Er blieb dem Sinnenleibe zugewandt. Aber

> So wirkte dir's ....
> In deinen Seelentiefen unbewußt.
> ---------
> Es schafft sich jetzt bewußt gedankenhaft
> In dir zum starken Lebensinhalt um. (IV/9)

Nun verstehen wir ihren entsagungsvollen, schweren Lebensweg und auch die Kraft, mit der sie Johannes in allen Krisen beisteht. Die Ägypterin vor der Pforte des Tempels, die ihn nicht ziehen lassen wollte und mitwirkte an seinem Sturz, finden wir wieder in Johannes Thomasius, der durch mehrere Erdenleben Geisteskraft von ihrer Individualität empfing.

Capesius, der frühere Opferweise, damals die dramatischste Gestalt, tritt in der Gegenwart nicht ganz so zentral in Erscheinung. Als Opferweiser lud er in Ägypten Schuld auf sich, indem er den vorgegebenen Ablauf sprengte durch eine erste freie Tat. Er unterdrückte das Wort, das ihm zu denken oblag, damit der einzuweihende Neophyt nicht fremdes Denken, sondern sein eigenes Wesen verkünde.

> Die Wahrheit hat gesiegt. – Ihr mögt mich strafen;
> Ich mußte tun, was ihr in Furcht erlebt.
> Ich fühle schon die Zeiten nahe kommen,
> Die aus dem Gruppengeist das Ich befreien
> Und ihm das eigne Denken lösen werden. (IV/8)

Sein Entschluß und Tun zeugt von hoher Kraft und Größe. Man könnte meinen, daß er in diesem Erdenleben zu Taten, die seiner ägyptischen voll entsprechen würden, noch nicht aufgerufen ist. Er kommt als älterer Mensch hinzu, bahnt sich mühsam den Weg und ist manchen Hindernissen ausgesetzt. Von dem alten Pharaonendasein mag in der mittelalterlichen Inkarnation fortgewirkt haben die Sehnsucht nach einer höheren, führenden Stellung, nach Ansehen und einem größeren Wirkungskreis, was ihn menschlich an seiner

Familie schuldig werden läßt und zu den Rittern treibt. Die Neigung zur Beschäftigung mit der Weltgeschichte und die Wortbegabung in der jetzigen Inkarnation mag ebenfalls mit dem ägyptischen Erbe zusammenhängen. Die alte Schuld des Mysterienfrevels lastet noch. Gerade die Größe seines Wesens mag verursachen, daß es länger braucht, bis er sie so umgewandelt hat, daß sie neu hervortreten kann.

Die ägyptische Einweihung war in jener Zeit nicht mehr eine Einweihung in Sternenweisheit. Man erreichte nur noch die vier Elemente, von denen wir heute allein die tote, physische Außenseite kennen. Wir müssen uns hineinversetzen in ihr Wesen, wenn wir verstehen wollen, was sie im Einweihungsvorgang der Seele bedeuteten. Wir können uns diesen Geheimnissen nähern, wenn wir die Elemente zunächst im menschlichen Seelenleben aufsuchen. Wir finden z. B. in unserem Denken die «Lüfteleichtigkeit», wenn es sich über die Alltagsdinge aufschwingt zu weitblickenden, weltumspannenden Ideen. Wir brauchen diese Kraft, wenn wir Geistiges, wenn wir große Zusammenhänge ergreifen wollen. Wir brauchen aber auch das «Schwergewicht» des Erdeseins, das uns die Verantwortung lehrt, die mit jedem Worte verbunden ist, und die moralische Kraft aufruft, wach, mutig, bestimmt die Wahrheit hinzustellen. Die Fähigkeit, vieles zu sammeln, alle Verhältnisse sorgsam zu durchdenken, alle vorhandenen Möglichkeiten zu erspüren, zu verbinden und allmählich die gemeinsame Gestalt herauszuarbeiten – eine Fähigkeit, wie sie z. B. Goethe eigen war, als er bei seinen vielseitigen Pflanzenstudien die Idee der Urpflanze faßte und anwandte – ist dem wässrigen Element verwandt.

Das Feuerelement wirkt nicht nur im Temperament, wie z. B. in der Begeisterungsfähigkeit, nicht nur in der Bereitschaft zum 'Verbrennen' der Irrtümer und zu ständigem Neubeginn: Es richtet sich auch auf uns selbst: immer bereit zu sein zum Opfer seiner Selbst, nicht nur der ganzen Existenz, wenn die Wahrheit es erfordert.

> Den Irrtum deines Selbstsinns laß' verbrennen
> Im Feuer, das im Opfer dir entzündet.
> Verbrenne selbst mit deines Irrtums Stoff. – –
> – – – – – – – –
> Im Brennen wird es dir das Sein gewähren.   (IV/8)

Wir erkennen sogleich, wie tief die Funktionen im ägyptischen Tempel nachwirken: Das Feuerelement lebt fort im Wesen und im Leben Dr. Straders. Das Ich des Menschen lebt in der Wärme des Blutes, in ständigem Vergehen und Entstehen. Die Konsequenz und Kompromißlosigkeit, mit der Strader stets die ganze Existenz auf das Wahrerkannte baut, ist veranlagt in jener alten Inkarnation, in der er das Feuerelement vertrat.

Aber auch das andere kann bedacht werden: der schroffe Gegensatz zu dem Wärmenden, Auflösend-Verzehrenden, der zum Elemente des Feuers gehört: die eisige Kälte! Die Seele des späteren Strader erlebt sie in der mittelalterlichen Inkarnation als Jude Simon: die Kälte menschlicher Einsamkeit, die Kälte des Intellekts. Sie weht uns später an von dem finsteren Abgrund, den Strader im ersten Bilde beschreibt. Sie herrscht im Reiche Ahrimans, in dessen zynischen Worten (III/8). Ein gütiges Schicksal führt ihm Theodora zu, deren Wesen schon im Mittelalter als Cilli von Christuskraft tief durchdrungen war. Sie durfte den Aufgang der Christussonne im 20. Jahrhundert verkünden und Straders Wissensschmerzen Heilung bringen. Im Zusammenhang mit ihr erleben wir, wie die Selbstlosigkeit und Güte seines Wesens aufblüht, auch im Verhältnis zu Johannes Thomasius nach ihrem Tode. Noch kann diese Liebeskraft die Wirkungen der Vergangenheit nicht voll auflösen. Dazu wird eine neue Leiblichkeit nötig sein, ein künftiges Leben (IV/15). Nach seinem Tode aber wird er zum 'Geistesstern' für seine Freunde.

Die Worte der Repräsentanten der vier Elemente erhalten Gewicht und Wirkenskraft mit Hilfe des jeweils dreigliedrigen Aufbaus: Der Wortebewahrer – später der Siegelbewahrer – empfängt die Worte und spricht aus, wohin sie führen, wenn sie befolgt werden.

Zum Erdenelemente heißt es:

(Der Wortebewahrer:)

> Wir schmieden deines eignen Wesen Form;
> Erkenne unser Werk, du müßtest dich
> Im Weltennichts als Schein sonst völlig lösen. (IV/8)

Der Vertreter des Luftelementes fordert auf:

> In Weltenweiten such' das Sein im Leuchten;
> Verbinde, was du findest, deinem Schein;
> Im Fluge wird es dir das Sein gewähren.

In den Lüften, im Leuchten – später im gedanklichen Leben der Ideen und Ideale mit geistigen Realitäten – wird die wahre Individualität aktiv und wirksam.

Der Wortebewahrer:

> Verstehn, wohin wir dich im Fluge führen,
> Du wirst es erst, wenn du sein Wort befolgst.
> Wir leuchten dir in deines Wesens Leben;
> Erkenne unser Werk; – – – – – –

Auch die Nachklänge von Erlebnissen mit dem wässrigen Elemente finden wir im Temperament des Menschen: gemächliche Bewegung, stärkere Abhängigkeit von der Umgebung. Streben nach Kontinuität und dennoch Wandlungskraft, plastische Kraft und Empfänglichkeit für Inspirationen: Durchdringung mit dem Sphärenton. Es könnte reizvoll sein herauszufinden, wie weit in dem Vertreter des Wasserelementes, in Theodosius, Nachwirkungen seines ehemaligen Amtes leben. Es erscheint nicht so kräftig, wie das Feuerelement in Strader ausgestaltet ist. Theodosius begegnete uns im ersten Bild des ersten Dramas, als sich nach dem Vortrag des Geisteslehrers Benediktus die Zuhörer bei Maria einfanden, sich sträubend gegen den neuen Höhenflug der Ideen. Frommer Glaube nur könne «im Menschenherzen wahres Geisteswissen» erzeugen. Ganz zart nur empfängt er Anregungen von Benediktus, um weitere Schritte zu tun. «Doch spricht die Liebe oft mit leisem Worte und braucht die Stütze in den Seelengründen.» Vom dritten Drama ab wird er Torquatus genannt, und der Name weist auf eine Wendung.

Die bekräftigende, bewahrende Funktion des Wortebewahrers hat ihre Spuren hinterlassen im Wesen des Großmeisters Hilarius, dem 'Kenner traditionellen Geisteslebens', wie es im Personenverzeichnis von ihm heißt. Er besitzt und leitet ein großes Holzwerk. Er leidet unter dem traditionell Erstarrenden seines Lebens, dem er zu entrinnen sucht durch die Umstellung seines Werkes und durch die Erneuerung des Rosenkreuzertempels. Dem ist er nicht ganz gewachsen. Er kann Täuschungen und Irrtümer nicht ausschließen und unterschätzt die Widerstände, die notwendigerweise bei einem so einschneidenden Schritt auftreten müssen. Seine Gattin schildert im 14. Bild seine Lage deutlich.

Im zweiten Teil der Opferhandlung tritt an seine Stelle der Siegelbewahrer. Nachdem die Flamme entzündet ist und der höchste Opferweise die Aufforderung ergehen läßt, die Antwort aus der Flamme zu lesen, nachdem also der entscheidende Höhepunkt erreicht ist und der Initiant aus der Kraft der Einweihung eine neue Erkenntnis, eine neue Aufgabe und Kraft dem Erdenleben bringen soll, werden die Schritte aufgenommen und bekräftigt, nicht mehr vom Wortebewahrer, sondern vom Siegelbewahrer. Es handelt sich hier um eine frühere Inkarnation der Theodora. Sie ist mit den kultischen Vorgängen des Tempels zutiefst verbunden. Sie bestätigt, sie besiegelt den geistgemäß gerechten Ablauf. Aus diesem Amt und Tun läßt sich erahnen, was im Mittelalter in Cilli nachwirkte, wenn es von ihr heißt: «Sie lebte stets nur im Gebet und floh fast aller Menschen Umgang» (II/8). Ebenso schenkte es ihr bei aller Zugehörigkeit zur Kirche die liebevolle Toleranz gegenüber den Rittern und den Gepflogenheiten des mystischen Bruderbundes. In der Gegenwart ist ihr eine so reine Seele, ein so reiner Astralleib geschenkt, daß ihr die Sehergabe erwächst. Was so zurückgehalten war, sich mit dem Irdischen zu durchsetzen, mußte sich freilich in den allgemeinen Entwicklungsstrom eingliedern. Denn es hängt die Ichentwicklung mit diesem Abstieg eng zusammen. Theodora mußte mit Leidenschaft in Berührung kommen, das Leid voll erleben und den Tod erleiden.

Dem Worte- bzw. Siegelbewahrer folgt in der Rede das immer im selben Intervall gesprochene Wort des Mysten: «So spricht, der dieses Tempels Worte hütet – –» Es prägt die ergehenden Aufforderungen rhythmisch ein. Seine Worte bilden einen verbindenden Strom, der sich durch das Ganze hindurchzieht. Er folgt dem Geschehen und bekräftigt es in einem inneren Gleichmaß. Er übt ein dienendes, ständiges Anwesendsein. Auch dieses muß eine besondere, starke

Seelenkraft ausbilden in späteren Inkarnationen. Die Gabe des Erzählens von Märchen, die zwischen der Geist- und Sinneswelt vermitteln, sowie das liebevoll verständige Begleiten allen Geschehens eignet Felicia Balde. Ihren Gatten finden wir im ägyptischen Tempel – ähnlich wie später – an einer abgesonderten Stelle: Als Schwellenhüter, zwischen Umwelt und Tempel, hat er keinen so hohen Grad wie die im Inneren an der Handlung Beteiligten. Aber er hat einen selbständigen, gesunden Menschenverstand und einen eigenen Seherblick. Der Opferweise schätzt sein Urteil hoch ein. Er steht höher als jene Priester, welche die Tempeltaten vollziehen, ohne ihre Realität mehr zu erleben, ohne sich Gedanken zu machen über das Unwahrhaftige ihres Tuns. Mit ihm spricht der König-Opferweise offen. In Felix Balde, dem Sonderling, dem 'Träger einer gewissen Naturmystik', später 'der subjektiven Mystik' steht er in der Gegenwart vor uns. Jetzt findet er den Anschluß an die anderen und sie an ihn, da «alle Wege sich vereinen müssen». «Es brauchte vieles, ihn diesmal herzubringen», sagt Benediktus von ihm (I/1). Er nennt ihn «Freund» und erläutert sein Wesen: «Man kann auch fühlen, wie wenn Naturgewalten in den Worten suchten, zu offenbaren sich in ihres Wesens Wahrheit.» Erinnern wir uns: Es war die von Felix Balde und der 'andren Maria' gesuchte Verbindung zu den Trägern einer neuen Geistesoffenbarung, die im Felsentempel das Zeichen für die Wende gab: Es ist an der Zeit!

Diese grundierende, weit fortwirkende Einweihungsszene enthält viele Geheimnisse. Begnügen wir uns mit diesen herausgegriffenen Hinweisen. Sie werden sich hoffentlich zurechtfinden und die ganze Szene mit größerem Gewinn lesen!

XXIV

Sie fragen nach den Bildern V und VI, die in der geistigen Welt spielen und den ägyptischen Szenen im Drama vorangehen. Im realen zeitlichen Ablauf liegen diese Geschehnisse später: zwischen der mittelalterlichen und der gegenwärtigen Inkarnation. Aber – Sie haben das Richtige gefühlt. Nicht deshalb schob ich die Ausführungen von Sonnenzeit und Weltenmitternacht hinaus. Es ist darüber Gutes und Erhellendes von anderen geschrieben worden, z.B. von Hugo Reimann nach Notizen von Mathilde Scholl, einer der Schülerinnen Rudolf Steiners. Ich will es nicht wiederholen und bitte, es zu lesen, wenn Sie sich ein gründlicheres Verständnis erringen wollen. Es sind dort auch etliche Äußerungen von Rudolf Steiner selbst zusammengestellt. Ich gehe also hier nur von meinem eigenen Miterleben aus.

Nach den Krisen und Kämpfen um die Verwirklichung der empfangenen Ideen, um die rechte Weiterführung der Rosenkreuzerströmung sowie der Begründung einer neuen, zeitgemäßen Mysterienstätte und nach den Erlebnissen am Abgrund (IV/1-4) dürfen wir eintreten in eine ganz andere Sphäre. Geblieben sei nur noch das Empfinden von Hell – Dunkel, von Schwer – Leicht, Nah – Fern, Oben – Unten, gewisse Sinnesempfindungen also, die, nicht an feste Gegenstände gebunden, wachgerufen werden können. Es tönen Stimmen, eine die andere aufrufend, bis der ganze Chor zusammenwirkt und tönend geschaffen wird an der Vorbereitung der kommenden Inkarnation. Es ist im Bühnenbilde viel Helligkeit, Goldengelb ins Rötlich-Feurige gehend nach oben hin, Dunkel ins Bläulich-Violette nach unten hin. Man kann sich vorbereiten, freischwebend in diesen Sinnesqualitäten zu leben, wenn man sich in Landschaftsstimmungen versenkt, in denen die Einzelheiten nur angedeutet sind und der Gesamteindruck die tiefere, unhörbare Musik des Ganzen vermittelt. Auch in der modernen gegenstandslosen Malerei liegt eine Sehnsucht, so zu schauen. In dem Dramenbild sind mit diesen Mitteln reale Geisterlebnisse gestaltet (IV/5).

Felix Baldes Seele – links unten, vom Zuschauer aus gesehen – bringt Luzifer, den Geist des Lichtes, zum Tönen. Dieser steht links erhöht in seiner Nähe; ihm nahe, und nicht unähnlich, die andere Philia. Felix Balde ist auf die «Sonnenzeit, in die wir eingetreten» angewiesen für seine Arbeit, für sein Leben in der Geistwelt. Er hat Zeiten «finstrer Einsamkeiten» hinter sich. Er kann nur schaffen, wenn «des Selbstsinns Keimestriebe hell erstrahlen». Wir spüren etwas von dem späteren Sonderling sich veranlagen, wie er in seinem einsamen Waldeshäuschen aus ureigenem Erleben zum Geiste kommt. Er tritt hier auf in der Gestalt eines 'Büßers'. Wir kennen keine Schuld von ihm noch von der 'Büßerin' Frau Felicia, die dieses Gewand erklären würde. Es rückt aber die beiden in die Nähe einer Geistesströmung, die den Weg einer freiwilligen Entsagung und einer Buße für die ganze Menschheit sucht, und wird sie in Absonderung und einer gewissen Eigenbrötelei leben lassen. Er steht im Banne Luzifers, der ihn seinen «Diener» nennt, der ihm Originalität und naturhafte Weisheit im kommenden Erdenleben schenken wird.

Auf seine Worte folgen die des Hilarius. Will Felix Balde sich der Schwere entziehen, den «Widerstand des Schweretriebes» meiden, so erweist sich andrerseits Hilarius eng umgeben und festgehalten von graublauen Elementarwesen, die auf Erden «mit Weltverstand im alten formendurst'gen Feuergrunde» schaffen. Wir lernten ihn kennen als einen Menschen, der – aus – den konventionellen Lebensverhältnissen drängend – vergeblich hinauszustreben bemüht ist. Er will sein Werk umgestalten, will künstlerische und soziale Impulse im Sinne der neuen Geistesströmung darin verwirklichen. Die Widerstände sind stärker. Derjenige, der die Pläne letztlich verwirklichen könnte – Dr. Strader – stirbt.

Ist es nicht erschütternd mitzuerleben: Ein Wort weckt das andere und ruft damit immer anderes Wesen zum Wirken auf! «Widerstand» – Ahriman greift das Wort auf. Er steht auf der Gegenseite, rechts vom Zuschauer unten. Nicht fern von ihm erscheint die Seele des späteren Strader. Wir hören: «... den Widerhall ergreift die Daseinslust» und «ziehet sich Gewicht begehrend fort» zu den «Nebelwesen». Mit den Worten wird Straders künftiger Leib mit seinen Anlagen und Fähigkeiten vorbereitet, der Widerstand in sein Leben eingebaut. Willens- und Herzenskräfte erstehen im schaffenden Sprechen von Philia, Astrid und Luna, den Mittlern kosmischer Ätherkräfte.

Philia:

> Die Nebelwesen pflege ich für dich,
> Daß sie den Willen dir nicht wissend lenken;
> Vertrauen will ich ihn dem Weltenlicht,
> In dem sie deinem Wesen Wärme schaffen.

Astrid:

> Ich strahle wonnig helles Sternenleben
> Den Wesen hin, daß sie's zu Formen dichten;
> Sie werden deinen Erdenleib erkraften,
> Dem Wissen fern, doch nah'dem Herzenstriebe.

Luna:

> Gewichtig' Wesen, das sie lastend schaffen,
> Verberg' ich dir im Sinnenleibe künftig;
> Daß du es denkend nicht zum Bösen bildest
> Und so im Erdensein den Sturm erwühlest. (IV/5)

Auch was dem künftigen Strader noch entzogen wird an Kräften, was noch lange reifen muß, bis es auf Erden wirksam werden darf, wird angedeutet. Es hängt mit den Sternenkräften zusammen. Die Widerstände und Hemmungen in Straders Wesen und Schicksal, seine Schwierigkeiten, den Geist in seiner Reinheit zu ergreifen – tief veranlagt im Vorgeburtlichen – weisen auf Schwierigkeiten, die er selbst in früheren Inkarnationen geschaffen hat. Wir erlebten etwas davon mit in seiner mittelalterlich-jüdischen Inkarnation. Ist ihm die 'Sternenschrift' unbekannt, hat sie sich ihm entzogen, weil er sie einst unrechtmäßig erwarb oder anwenden wollte in Zeiten, als sich das Heidentum dem vordringenden Christentum mit magischen Kräften entgegenstellte? Wir kennen das aus der Zeit des Sängerkrieges auf der Wartburg, als Wolfram von Eschenbach dem mächtigen Klingsor entgegentrat. Wir erfahren in den Dramen nichts Näheres darüber. Wohl aber hat Rudolf Steiner in den Karma-Vorträgen (Band VI, 7. Vortrag) diese Fragen berührt und dort über das menschliche Vorbild der Strader-Gestalt gesprochen.

Dem Schaffen im Geiste während der Sonnenzeit lauscht wiederum ein anderer: des späteren Capesius' Seele. Sein Miterleben wirkt in ihm, daß er «weisheitsvoll erkraftet», daß «Gedankenkräfte» in ihm «erstehen» können. Eine Stimme ruft die nächste – es ist ein immer volleres Orchestertönen. Man trägt das Wissen hinweg: Was wir selbst als Gaben in diesem Erdenleben in uns vorfinden, danken wir Seelen, denen wir in der Vorgeburt begegneten und die dann mit uns verkörpert sind.

Auch im sechsten Bild setzt sich dieses Schenken fort zwischen Torquatus' und Romanus' Seelen, zwischen der späteren Theodora und Frau Balde. Wir ahnen etwas von der großen Gemeinsamkeit im Schaffen. In der «Sonnenzeit» sind es Gedankenkräfte, sind es Fähigkeiten, an denen gewoben wird; im sechsten Bild, der Weltenmitternacht, kommt das Verweben der Schicksale hinzu.

Aber zu dem, was in der Sonnenzeit aufgerufen wurde an Weltenkräften – «Goldesleuchten, fühlend warm und Silberglanz, gedankensprühend kalt», miteinanderverwoben durch «Merkurs Begierdetrieb» – tritt nun gegen Ende ein dramatisch gesteigertes Erleben: Benediktus und Maria erscheinen, von Luzifer gerufen, und tragen die Weisheitsströmung des Benediktus an Strader, Balde und Capesius heran. Wohl erinnert Maria an des «Sonnenwortes Kraft, mit dem er euch in alten Erdenzeiten gütig pflegte» (im alten Ägypten waren sie im Tempel vereint!). Aber seither haben sich die Wege getrennt und dürfen sich nur langsam nähern: «Sie sollen» sich «in dieser Weltenzeit in ihren Sphären nicht gedankenhaft mit ihrem Sein berühren». Im Mittelalter standen der jetzige Felix Balde und Capesius auf der Seite der Ritter. Der spätere Strader – damals als Jude Simon – wurde von ihnen beschützt. Benediktus und Maria aber wirkten auf Seiten der Kirche! Dieser Gegensatz soll überwunden werden in voller Einsicht, auf Erden selbst. In Freiheit muß die Verbindung hier gesucht und hergestellt werden.

Wunderbar aufschlußreich für ihr Wesen sind die Worte, die sich Felix Baldes und Straders Seele entringen:

>   Es tönen Worte aus mir fremden Kreisen,
>   Doch leuchtend Sein erzeugt ihr Tönen nicht;
>   So sind sie mir nicht völlig wesenhaft.

Felix Balde hört das Tönen, aber die Worte entzünden kein Licht in seinem Herzen. Sie vereinen sich nicht mit seinem Wesen.

> Ein leuchtend Wesen wirkt am Geistesstrand.
> Doch schweigt es mir, so viel ich mich auch mühe,
> Den Sinn der Leuchtekräfte zu erlauschen.

Strader schaut leuchtende Weisheit. Aber er kann den Sinn nicht ergreifen. Frau Baldes Seele erläutert: Der Überglanz des Sonnenwortes, in dem Luzifer das Eigensein aufruft, läßt Felix Balde zunächst nicht an die Weisheit des Benediktus herankommen. Es wird ihm nur lebendig, was aus seinem eigenen Inneren strömt. Er wird in die Einsamkeit ziehen. Neue, tiefe Erdenerfahrungen erst werden die Verbindung schaffen.

Strader nimmt das Sternenlicht wahr. Er kann seine Schrift nicht verstehen. Der Mensch schloß sich einst in sich selber ab – die kosmische Weisheit verglomm. Und wie wir an beiden sahen, braucht es lange und vieles, um neu den Zugang zu gewinnen. Diese Weltensituation aber muß durchlitten werden. Es müssen in einem neuen Erdenleben Schritte getan werden, ehe sich ein vereintes Wirken ergeben kann. Des Hüters Worte tönen streng hin zu Benediktus und Maria:

> – hütet euch,
> In ihre Kreise sich hineinzudrängen.
> – – – – – – – – – – –
> Ich müßt' des Sternenlichtes euch entkraften
> Und euch von ihnen weltenzeitenlang
> In andere Sphärenreiche hin verbannen.

Blicken wir von hier aus auf die uns bekannten späteren Erdenschicksale! Wie geschah die Annäherung? Knüpfen wir doch noch einmal an Felix Balde an. Er vernahm in seiner der Naturgeistigkeit geöffneten Seele die Not der Erde:

> Das Licht, das in den Menschen
> Als Frucht des Wissens leuchtet,

> Es soll zur Nahrung werden
> Den Mächten, die im Erdendunkel
> Dem Weltengange dienen.
> Sie müssen nun seit lange schon
> Der Sättigung fast ganz entbehren.
> Denn, was in diesen Tagen
> Erwächst in Menschenhirnen,
> Es dient der Erdenoberfläche,
> Doch in die Tiefen dringt es nicht!

Er erlebt die gegenwärtige Situation der Erde. Der Mensch hat sie urbar gemacht – zuerst auf Göttergebot hin in der alten persischen Kulturepoche[27]. Er hat sie bearbeitet und ihre Schätze gewonnen, in Ehrfurcht und Dankbarkeit. Davon zeugen noch manche alten Bräuche der Bauern und Bergleute. Jetzt aber, da die technischen Möglichkeiten gewaltig zugenommen haben, tritt die Pflege der Erde zurück. Sie wird ausgebeutet. Immer mehr Menschen ahnen die Gefahren, die damit heraufbeschworen werden. Wie aber kann die Not gewendet werden?

> Solang auf Erden
> Gehör nur jene Menschen finden,
> Die ihres Geistes Ursprung
> Sich nicht entsinnen wollen,
> So lange werden hungern
> In Erdentiefen Erzgewalten.

Aus dieser tiefen Einsicht überwindet Felix Balde den Trieb zur Einsamkeit und sucht sich mit der Benediktusströmung zu verbinden. Das wird uns im fünften und im elften Bild des ersten Dramas vor Augen gestellt. Er bleibt aber auch fernerhin, wie wir sahen, der 'Träger der subjektiven Mystik'[28] mit eigenen Geisterlebnissen. Er kann die atavistische Sehergabe der Theodora zu ihrer Höhe bringen und die meditativen Wege des Capesius fördern (III/4). Die Grenze, an die er stößt und die er wohl überwinden müßte, wird nur erst angedeutet da, wo Capesius über ihn hinausschreitet (IV/3). Wir berührten diese Szene bereits, auch im Hinblick auf die Entwicklung des Capesius (Briefe II und XXI). Der neue Weg, die neue Kraft wurden beschrieben:

> Die Stimmung kommt in stillen Stunden oft,
> Doch auch im Tatensturm; – – – –

Und es wird die Warnung hinzugefügt:

> Wer Mystenstimmung aber künstlich weckt,
> – – – – – – – –
> Ertötet sich mit Mystenwahn das Schauen. (IV/13)

– – – – – – – – – –

> In jener Seele tönt die Wahrheit nicht,
> Die nur durch viele Jahre Stimmung sucht.

Ob Felix Balde die Krise, die sich anbahnt, fruchtbar überwinden kann, ist – leider – nicht mehr dargestellt.

Die Individualität Straders, der die Kenntnis der Sternenschrift verlor und zunächst völlig in das materialistische Denken des naturwissenschaftlichen Zeitalters untertauchte, wird geweckt durch Theodora: Sein Forschertrieb hat Interesse für andersartige Bewußtseinszustände. Wie kommt eine solche Schau zustande, wie sie Theodora verkündete? Von ihr kann er entgegennehmen, was vom Geiste spricht. Das alte Schicksal, das sie seinem Herzen so nahebrachte, ist nicht dargestellt. Vielleicht erführen wir in dem geplanten fünften Drama darüber Näheres. Es ist die Liebe, die er entwickeln kann, zu ihr wie zu den Menschen, denen er später in der Berührung mit sozialen Fragen näherkommt, die ihm den Blick für das Geistgeschehen öffnet (III/13). Die Christuskraft der Liebe zur Erde, zu der Menschheit wird vollends in ihm mächtig nach ihrem Tode.

Das sechste Bild der Weltenmitternacht steht nicht unter dem Gegensatz Hell-Dunkel, Leicht-Schwer. Philia schildert es schon vorher: «Wenn bald Saturn der vielen Farben Licht dir strahlen wird –» Hier geht es nicht um die Vorbereitung von Fähigkeiten und Anlagen, sondern von künftigen Schicksalen. In Capesius taucht mit dem Bilde der mittelalterlichen Inkarnation Straders, mit dem Juden Simon das Empfinden vergangener Schuld auf. Der Büßer – im Mittelalter Joseph Kühne – war der Pflegevater seiner von ihm verlassenen Tochter. Er bringt ihm das alte Vergehen nahe: «Es bohren seine Seelenstrahlen brennend in meine eigne Seelenhülle sich.» Er hört seine eigenen, damals gesprochenen ausweichenden Worte aus seinem Munde und weiß: «Ich werde diese Seele suchen müssen.» Das treibt ihn auf Erden wieder und wieder in das Baldehäuschen, wo dann durch die Märchen der Frau Balde der Grund gelegt wird für ein neues Geistverständnis! – Schicksal wird auch gewoben durch Theodora, die «Seele, die im Licht der Sanftmut strahlt», und die 'Büßerin' Felicia. Liebevoll verbunden – Cilli war einst Frau Kühnes Pflegekind – wirkt Theodora darauf hin, daß Felicia später Felix Baldes geduldig treue Gefährtin wird. Hier empfängt diese die herrliche Gabe reiner, spiritueller Phantasie, die sie zur Märchenerzählerin macht. In Theodora – Cilli – aber glimmt Erinnerung auf an den Bruder, dem sie den Rosenkreuzerspruch vermittelte. Die «treue Bruderliebe», die sie im Mittelalter entwickelte, wird zur Seelenkraft, die Geistiges voll aufnehmen und schauen kann. In ihr Blickfeld führt Luzifer die Seele des ehemaligen Bruders. Theodora «bleibt starr» stehen, sieht Johannes' Seele an: Der Keim ihres tragischen Geschickes ist gelegt.

Man fühlt die Steigerung in der Verknüpfung der Schicksalsfäden in der ungeheuren Dramatik dieser Weltenmitternacht, wenn im Höhepunkt – gegen Ende des Bildes – Benediktus und Marias Seelen erscheinen und Luzifer ihnen des Johannes' Seele zuführt. Was wird jetzt gesprochen in Worten, welche die künftige Inkarnation bestimmen? Benediktus hebt an: «In dieser Geistesmitternacht erzeug' den Willen, den du wieder fühlen willst, –» Maria ist ganz erfüllt von der Liebe zu Benediktus und seiner Weisheit, die sie «im Geist durch langer Zeiten Folge hat geleitet». Das Wort der Liebe weckt «milde» Flammen – «es zucken gnadenvoll der Weisheit Blitze durch den Weltenäther». In der Hingabe an diese Weisheit will sie mit dem Freunde das künftige Erdenleben verbringen: «O Zeitendauer – ergieße dich in diese Seligkeit.» Nicht noch wird darüber hinaus erkannt und ergriffen, was das Schicksal fordern kann an Taten, die sich aus altem Schicksal – in Ägypten, im Mittelalter geschehen – ergeben. Später, im gegenwärtigen Erdenleben selber wird sie dieses erkennen müssen.

Diese Seelenerlebnisse aber sollten wir nicht nur gedanklich, ruhevoll betrachtend miterleben! Spricht doch der Hüter:

> So mögen Blitze jetzt in Nichts zerrinnen,
> Die grell Notwendigkeiten überleuchten,
> – – – – – – – – – – – –
> Es soll der Donner seinen Schall verlieren,
> Der mahnend rollt zur Weltenmitternacht!

Wie ein Gewitter, ja wie Gefahr und Tod erschüttern können, so kann das Erleben der erhabensten Augenblicke vorgeburtlichen Lebens tief in die Seele dringen.

Für Maria, die schon vom Geistselbst erfüllt wird, ist die Vorschau der Geisterweckung und Geistverbindung, die sie mit Johannes im kommenden Erdendasein erleben soll, beglückend. Kein Rückblick auf vergangene Schuld, auf künftige Schmerzen trübt die Seligkeit. «Es soll der Donner seinen Schall verlieren» – Astrid wird «die Blitz- und Donnerkraft bewahren» – daß sie im Erdenleben selber ins Bewußtsein dringen kann. Luna trägt die Willenskraft, die zur Weltenmitternacht in Schicksalserkenntnis und -bildung lebte, in das meditierende Erdenbewußtsein. Im Erdenleben selber wird Maria die objektive Erkenntnis und Willenkraft aufbringen, die sonst nur zur Weltenmitternacht schicksalbildend wirkt. Wir sehen – mit tiefem Staunen – daß im Erdenleben selber eine solche «Weltenmitternacht» eintritt (IV/9), die ergänzt, was im Leben zwischen Tod und neuer Geburt nicht voll durchlebt wurde.

Johannes, der dieses alles miterlebte und tief in seine Seele aufnahm, empfängt die Kräfte, die er an Marias Seite auf Erden brauchen wird. Er gewahrt aber auch die Rätselgestalt des 'Geistes der Jugend'. Dieser ist also schon vorhanden vor der gegenwärtigen Inkarnation, und an ihn kann Luzifer heran. Damit sind auch die Konflikte seines Lebens vorbereitet.

Wenn ich dieses nun so ausgebreitet habe zu intimerem Verständnis, so bitte ich doch alles, wenn es einmal durchdacht ist, in den Hintergrund treten zu lassen, um desto intensiver der Entfaltung der Farben, der Stimmungen und Kräfte zu folgen und, immer gelöster vom Alltagsverstand, mit den Worten aufzusteigen zu den großen Höhepunkten, wie man einer Symphonie folgt, wenn die Motive sich verweben und steigern, in Abgründe und auf Geisteshöhen führen. Und so wie man, nachdem ein Musikstück im Aufbau erarbeitet ist, zu erhöhtem Aufnehmen schreiten kann, so führen hier die einzelnen zarten und kräftigen Töne, die intimen und die starken Farben in ein ahnendes Miterleben mit dem Walten der Geistwelt, der Sonne und der Sterne.

XXV

Auf die erhabenen großen Bilder, die uns ehrfürchtig ahnend mitnahmen in kosmische Weiten und Zeitenfernen, folgt nun ein intimes Geschehen, zart, unaufdringlich, unsere Aktivität fordernd. Wir kehren zu den Erdenmenschen in die gegenwärtige Inkarnation zurück und dürfen miterleben, wie Maria, später Johannes die zurückliegenden Geisterlebnisse in ihr meditatives Bewußtsein holen. Jetzt sind es nicht imaginative Bilder, wie wir sie im ersten Drama sahen, die hineinleuchten in das sich verwandelnde Sinnes-Denk-Bewußtsein. Jetzt ist die Kraft vorhanden zu einer Meditation, die vom Leibe löst und zu reiner Imagination und Inspiration aufsteigen läßt.

Maria erlebt, sich vom Leibe lösend, als erstes das Herankommen ihres höheren Selbstes «in Geisteshelle», sternenhaft, erfüllt vom Geistselbst. Die Schutzgeister des höheren Selbstes, die 'Seelenschwestern' treten nicht nur als «leuchtende Seelenschatten» auf, sondern in ihrer eigentlichen Wesenheit als «Geistesstern». Spüren wir in dieser Wandlung die Erkraftung vom imaginativen Bild zum realen Gegenüberstehen! Sie tragen nicht nur helfende Ätherkräfte heran und verweben sie dem Erdenmenschen. Sie stehen im Geiste und tragen das erstarkte Bewußtsein des höheren Selbstes in die Geistumgebung der Vorgeburt: Maria kann sich an die Vorgänge der «Weltenmitternacht im Farbenlicht Saturns durchwacht» erinnern. Damals reifte der Entschluß, ihr künftiges Leben dem Geistesweg mit Benediktus und Johannes zu weihen. Astrid, ihres «Wesens geliebtes Spiegelbild», bringt ihr die Erlebnisse zum Bewußtsein. Diese Erinnerung bewirkt nicht nur eine Bestätigung, sondern auch ein immer realeres Geistselbsterleben. Sie spricht aus:

> Im Licht, das Weltenmitternacht erleuchtet,
> Das Astrid mir aus Seelentrübnis schafft,
> Vereint mein Ich sich jenem Selbst, das mich
> Im Weltenwesen sich zum Dienst erschuf.

Der konkrete Inhalt des höheren Selbstes ist das in vorigen Inkarnationen Erlebte und die Kräfte, die dadurch entwickelt wurden.

Durch Luna erhält und erlebt sie die Kraft jener alten Zeit, erinnert sich an die Worte des Hüters, kommt in seine Nähe, und seinen Worten folgt die Kraft, die Begebenheiten des alten Ägypten im Bewußtsein anwesend sein zu lassen. Vor ihr bilden sich Formen, werden wesenhaft, und ihr Versagen vor der Opferflamme steht vor dem inneren Auge. Sie konnte damals nicht, wie ihr geboten, lesen «was die Flamme als Weltenwort im Innern» ihr verkündete. Daß dieses ein Reiches, Inhaltvolles gewesen wäre, kann uns deutlich werden durch das, was Benediktus' Erscheinung anschließend spricht:

> Es ruhte dann im Schoß des Weltgeschehens – –
> Es ließ dich mich als Führer wiederfinden.
> Es schafft sich jetzt bewußt gedankenhaft
> In dir zur starkem Lebensinhalt um!

Auch die Tat erblickt sie, mit der Capesius schuldig wurde, als er die Zukunft, die «neue Sonne über Hellas» vorverkündend, die Gedankenmacht, die er in des Neophyten Seele lenken sollte, unterdrückte, damit dieser nicht fremdes Denken als Eigenerleben verkünde, und daß die Wahrheit siege! Aber «die Frau in Tempelnähe» – die ihr seelisch am nächsten stand – schaut sie noch nicht. Diese war mit ihrem persönlichen Fühlen verbunden, und es ist schwer, sich von diesem ganz zu befreien, um zu objektiver Erkenntnis zu kommen. Sie wird sie erkennen – so bedeutet ihr der Hüter – wenn sie ein anderes Schattenwesen schauen wird, das zu ihr enge Beziehungen hat: den Geist von Johannes' Jugend. Maria hat die Kraft, nach diesen ergreifenden Enthüllungen in völliger Ruhe die Meditation abzuschließen. Der Hüter, Astrid und Luna stehen ihr zur Seite.

Das Geschehen, die Wandlungen, die darin vorkommen, sind so zart und intim, daß man – von den großen vorangehenden Bildern kommend – es nicht leicht hat, die Vorgänge wirklich aufzufassen und mitzumachen. Das ist der Grund, warum ich mir erlaubt habe, darauf betrachtend einzugehen, obwohl man sich scheut, sie gedanklich zu berühren. Ich wagte es, denn man erfährt daraus auch Wichtiges über das Meditieren. Dieses beginnt mit der Gedankenarbeit und Konzentration. Wenn die volle Hingabe gelingt, können imaginative Bilder erscheinen, Imaginationen noch innerhalb des Denkbewußtseins, die dann durch die Seelen- oder Astralwelt aufsteigend, bis an die reine Geistwelt (Devachan) heranführen. Wir sahen das im ersten Drama. Löst sich aber die Seele wirklich – nach langer Übung – vom physischen Leibe und auch vom Denkleibe, dem Ätherleib, dann erfährt sie in der Ruhe die Einwohnung ihres höheren Selbstes, das in Realtiät mit den Kräften der Weltenmitternacht und früheren Inkarnationen verbunden und mit ihnen eine Einheit ist. Es ist wichtig, sich diese innere Bewegung, diesen Aufstieg zu vergegenwärtigen und mitzumachen. Und danach: den Abschluß, das Untertauchen in die Leiblichkeit und das Erden-Ich in Ruhe zu vollziehen. Helfer bei diesem schwierigen Werk sind jene höheren Wesen, die dem Geistesschüler zur Seite stehen: Philia, Astrid und Luna.

Auch Johannes empfängt in der Meditation Bilder der ägyptischen Inkarnation. Helferin ist ihm die andere Philia, die im Personenverzeichnis jetzt auch genannt wird: 'die Trägerin des Elementes der Liebe in der Welt, welcher die geistige Persönlichkeit angehört'. Solange diese Welt nicht betreten ist, wird sie zur Kraft, die warnt und hemmt. Jenseits der Schwelle, in der Sonnenzeit, erweist sie sich – so hören wir (IV/5) – als in der Nähe Luzifers stehend. Sie wird aber durch die Liebe zum Geistesführer erworben und angesprochen als 'Philia, die Liebe schafft'. Es ist Johannes' Eigenart, die auch in seinem Schicksal begründet ist, daß er durch die Wandlung der Liebeskräfte zur Einweihung schreitet. Sie weist ihn auf «verzaubertes Weben des eigenen Wesens», das ihm in der Meditation vor Augen tritt (IV/2). Er muß im Geisteslicht die Schattengestalten erkennen lernen, die in seinen Seelengründen wesend ihn beirren, solange er sie nicht erkennt. In der Meditation – nach den ägyptischen Szenen – erlebt er also nicht als erstes das eigene höhere Selbst, wie Maria es tat. Er hat unmittelbar das Bild der lang vergangenen Inkarnation vor sich, die Ägypterin vor der Pforte, deren sehnsuchtsvolle Leidenschaft am Mißlingen der Einweihung mitwirkt. Er muß sich fragen, was das Bild ihm künden soll, das ihn ergreift und festhält. Maria bringt ihm helfend die begangene, die aufzuhebende Schuld zum Bewußtsein.

Das eigene höhere Selbst, das die Rückschauerlebnisse haben soll, ist für ihn nicht so selbstverständlich klar zu ergreifen wie für Maria.

Wenn er sich dazu aufschwingen soll, muß ihm die andere Philia dabei helfen. Er muß sich denkend mit ihr vereinigen. Sie sagt: «Gib mir, was du dir denkend selber bist.» Aber er darf sich dabei nicht verlieren. «Verliere dich nur kurze Zeit in mir, doch so, daß du dir nicht ein andrer wirst!» Er erlebt sie in der eigenen Seele: «Die Kraft der Liebe bin ich selbst in dir, des Herzens Hoffnung.» «Die Früchte lang vergangener Erdenleben» kann sie ihm zum Erlebnis bringen. Aus diesem Erlebnis steigen ihm die weiteren Bilder der ägyptischen Einweihung auf. Er schaut den Neophyten und hört die Aufforderung des höchsten Opferweisen. Er erlebt: «Wer dachte deiner vor der Opferflamme – wer fühlte dich in Weiheortes Nähe?» Maria erscheint ihm als «Gedankengestalt» und weist ihm den Weg: Will er den Geist der Jugend, der ihn verführt und verwirrt, entzaubern, so muß ihm etwas zu Hilfe kommen: Er muß sich der «Frau in Tempelnähe», die einst in ihrer Leidenschaft mitschuldig wurde am Mißlingen der Einweihung und als Schattengeist in ihm fortlebt, bewußt werden. Er muß erfahren, daß der Geist der Jugend, wenn er ihn nicht bewußt sucht und erlebt, «den grausen Schatten schlimme Dienste leistet». Aber der kann erlöst werden, wenn er die Verbindung zu dem ehemaligen Neophyten, dem jungen Mysten, in Treue pflegt. Das kann er nur, wenn er Maria in Wahrheit schaut. Er darf sich kein Wunschbild von ihr machen, das seinem Eigenwahn schmeichelt. Er darf nicht träumen und sich nicht täuschen über die Art ihrer Beziehung. Er muß ihren Opferweg teilen wollen! Er hat aber von den Erlebnissen der Weltenmitternacht die Kraft mitgebracht, die ihn die Entsagung nicht mehr empfinden läßt als durch «ewig leere Eisgefilde» führend. Maria kann zu ihm sprechen:

> Du findest mich in hellen Lichtgefilden,
> Wo Schönheit strahlend Lebenskräfte schafft;

Sie ruft ihn auf:

> In Weltengründen suche mich, wo Seelen
> Das Götterfühlen sich erkämpfen wollen,
> Durch Liebe, die im All das Selbst erschaut. (IV/10)

Auch Johannes kann sich nun erheben zu einer Liebe, die in den reichen Erlebnissen geistiger Vereinigung volles Genüge findet. Da meldet sich Luzifer zum Kampfe. Doch Benediktus kann, auf Marias Gelöbnis weisend, sagen: Es

> Wirket in seiner Seele jetzt die Heil-Erstrahlung.
> Er wird dich schätzen, doch dir nicht verfallen.

Im Rückblick auf das fünfte und sechste Bild bleibt zu ergänzen: Wir erlebten in der Sonnenzeit die Vorbereitung auf die Inkarnation des künftigen Strader und – besonders im Zugehen auf die Weltenmitternacht – des Capesius. Beide haben die Rückschau im gegenwärtigen Erdenleben nicht selbst. Strader ist – im elften Bild – erfüllt von seinen Erlebnissen am Abgrund und muß zunächst die Umwertung aller Erlebnisse lernen: «Du schaffst ins Licht die wirre Finsternis» – das mußte ihn wie ein schwerer Vorwurf treffen. Es bezeugt aber, daß er sich «auf der Bahn des Geistes um eine Stufe höher» hob. «Deshalb bezeugte der Geist – was Ihr vorher erreicht, als Finsternis.» Oder ebenso: «Weil du zu feige bist, dein Licht zu strahlen» deutet darauf hin, daß seiner Seele «wahrlich feige ist, was für geringe Seelen Tapferkeit.» Die Entwicklung seines höheren Selbstes steht im Vordergrund. Die sich bietenden Bilder sind «nicht wesenhaft». Benediktus erschaut in ihm: «Der Geist – führt in raschem Fluge zu hohen Seelenstufen euch hinan.» Aber dieser Weg ist wiederum ein individueller und ein ganz anderer als bei den Geistesfreunden. Es ist für diesen abstrakten und sittlich so hochstehenden Geist ein großer Fortschritt, als er zu einer ersten bildhaften Wahrnehmung kommt. Er schildert es Benediktus:

> Ich war in einem Schiff; am Steuer Ihr,
> Besorgen mußte ich das Ruderwerk;
> Maria und Johannes fuhren wir
> An ihre Wirkungsstätte; da erschien
> Ganz nah an uns ein andres Schiff; in ihm
> Romanus mit dem Freunde Gottgetreus.
> Sie stellten sich uns feindlich gegenüber.
> Ich kämpfte gegen sie; – im Kampfe trat

> Dann Ahriman an ihrer Seite auf.
> Noch schaut' ich mich in hartem Kampf mit ihm,
> Zur Seite trat mir helfend Theodora. (IV/11)

Und es taucht ihm dabei der Gedanke auf, daß die äußeren Widerstände auf geistige Kämpfe weisen können, die zunächst bestanden werden müssen:

> Kampf mit Ahriman?
> Bin ich für diesen Kampf denn auch gerüstet?

Diese aufdämmernde Einsicht ist ein gewaltiger Entwicklungsschritt. Und doch wird ihm bedeutet, daß er das Bild weiter in sich tragen soll, damit es reife durch seine verstärkten Kräfte. Vom Sterbelager dann empfängt Benediktus Kunde von ihm, wie dieses Bild sich wandelte. Strader erlebte, daß «nicht Ahriman als Kämpfer» erstand:

> ... ein Geistesbote
> Erschien an seiner Stelle, dess' Gestalt
> Sich als mein eignes irrtumsvolles Denken
> Mir deutlich fühlbar gab. (IV/11)

Jetzt also kann das freie höhere Ich den Doppelgänger des eignen irrtumsvollen Denkens sich klar gegenüberstellen! Bendiktus aber bezeugt danach von ihm:

> Du aber, Straders sonnenreife Seele,
> Die du durch Stärkung deiner Geisteskräfte
> Den Irrtumsboten zum Verschwinden zwangst,
> Du wirst als Geistesstern den Freunden leuchten. (IV/14)

Fühlen Sie, wieviel mit diesen Worten ausgesprochen ist: Die Erkraftung der Straderseele, die von Benediktus reif genannt wird und den ahrimanischen «Irrtumsboten» vertrieb, geschieht nicht aus dem natürlichen Wesen Straders allein. Der Entwicklung durch Anstrengungen und Leiden kommt aus der geistigen Welt etwas entgegen:

Höheres Wesen, das zu dem Menschen gehört und sich noch nicht im Leben auswirken konnte, vereint sich mit ihm. Geistiges kann stärker durchdringen, die eigentliche Individualität voller in Erscheinung treten. Die Möglichkeit solcher Erlebnisse wurde aber dem Menschen geschenkt durch Tod und Auferstehung Christi.

Von Capesius wurde bereits in Brief XXI berichtet. Wir werden darauf zurückkommen, wenn wir die Mysteriendramen nun noch einmal von einem neuen Blickpunkt aus ansehen. Wir sahen sie vom Standpunkte der Sinnenwelt, dann mit der Frage nach der Geistesschülerschaft. Wir versuchten, uns zum Verständnis vom Hereinwirken geistiger Welten zu erheben und schließlich die karmischen Entwicklungen zu verfolgen. Zu diesen drei Ebenen der Betrachtung darf die vierte gefügt werden: Welches sind die Christuserfahrungen, die in den Dramen gestaltet sind?

XXVI

Sie baten mich darum, nachdem ich von fast allen Gestalten gesprochen habe, aber noch nicht von Benediktus, nun auch zu dieser Gestalt Erläuterndes zu schreiben. Ich glaube, es ist jetzt die Zeit und der Ort, es zu tun. Sie werden im Verlaufe das Zögern entschuldigen und verstehen, warum es erst jetzt geschieht.

Wir erinnern uns: Benediktus hat den Vortrag gehalten (I/1). Einige Hörer haben sich danach im Zimmer mit Maria eingefunden. In den Nachklang des Erlebens tritt der Lehrer ein, verweilt eine kurze Zeit. Er geht durch ihren Kreis und entschwindet wieder. Seine Worte knüpfen an das Erscheinen von Felix und Felicia Balde an. Von ihnen wurde sein Vortrag mit Ehrfurcht voll aufgenommen. Ebenso von Maria. Die anderen empfingen Denkanstöße, gerieten in Auseinandersetzungen. Es kann uns klar werden, daß sie in einer anderen Sphäre leben als er. Das wird vollends deutlich, wenn im dritten Bild Johannes und Maria bei ihm Hilfe suchen. Zu der Kindesseele – Maria bittet ihn, dem mitgebrachten Kind ein Abendwort für den rechten Eintritt in das Schlafbewußtsein zu geben – strahlt er unmittelbar seine liebende Weisheit hin. Die Erwachsenen kommen mit ihren Konflikten und bitten um Rat aus einer Welt, die ihnen nicht zugänglich ist. Er spricht dabei auch von sich, und wir verstehen oder ahnen, daß er weit hinausragt über die anderen Menschen: Er hat die Stufe erreicht, die es ihm ermöglicht, mit seinem «Rat zu dienen in den Geistessphären». Er hat in dieser Zeitenwende geholfen, daß «ein Götterwesen, das niedersteigen sollte, um eines Menschen Fleischeshülle zu bewohnen», in Maria das geeignete Gefäß fand (I/3). Seine weit fortgeschrittene Entwicklung gibt ihm eine hohe Würde. Er schaut, wie Schicksalsfäden sich zum Knoten formen. Er hat Marias Leben die Richtung gegeben und nimmt Johannes als Schüler an. Er ist der Geisteslehrer der Epoche.

Im zweiten Drama ist er in dem Augenblick überraschend zur Stelle, als Capesius zusammenbricht und Hilfe braucht. In den Tempelbildern (jeweils am Schluß der ersten beiden Dramen) spricht er als Hierophant der Weisheit, im Osten stehend. In der großen mittelalterlichen Rückschau (II/6-9) wird das Bild ergänzt. Er ist in der Zeit, als die letzten Kämpfe zwischen der Kirche und den Rittern stattfinden, nicht verkörpert. Er erscheint aber etwa 50 Jahre nach seinem Tode dem Abt seines Ordens (der späteren Maria). Er ist also einer der großen Führergestalten der Dominikaner und Scholastiker. Er fordert den Mönch auf, das, was er im Leben zu sagen hatte, lebendig fortzuentwickeln im Sinne einer neuen Zeit, so wie er selbst es jetzt sähe. Wir erleben ihn der Zeitentwicklung verbunden und den Wandel mittragend. Damals stellte er der Zeit die Aufgabe, von der ich ausführlich sprach (Brief XIV). Er konnte erkennen, daß sich die Kirche im Rückblick auf das Ereignis von Golgatha einseitig entwickelte, indem sie das kosmische Christentum – das Natur und Kosmos einbezieht und den Sonnenkeim, der sich in die Erde einsenkte, erkannte – als Ketzerei verdammte. Er forderte die Vereinigung zum Friedenswerk beider Strömungen, der kirchlichen und der 'ketzerischen', die damals noch nicht möglich war.

Im dritten Drama führt das Schlußbild in den Tempel eines Mystenbundes, dessen Großmeister, Zeremonienmeister und Präzeptoren die Tradition der Rosenkreuzerströmung weitergeführt haben. Benediktus, als 'Führer des Sonnentempels' im Personenverzeichnis angeführt, erweist sich als von weit höherem geistigen Range. Der Großmeister des Bundes, Hilarius, sagt zu ihm:

> Ihr weiset uns die Richtung, die Ihr selbst
> Im Weltenschicksalsbuche lesen durftet. – – –

Aus ihm spricht in Realität die geistige Welt. Wir erinnern uns an Worte, die er zu Maria im ersten Drama spricht:

> Als auf dem Pilgerpfad der Seele
> Erreicht ich hatte jene Stufe,
> Die mir die Würde gab,
> Mit meinem Rat zu dienen in den Geistersphären. (I/3)

Er hat selbst eine hohe Stufe erreicht und hat seine Schüler wohl vorbereitet. Er unternimmt den weltgeschichtlichen Versuch, inmitten der Zivilisation des 20. Jahrhunderts eine zeitgemäße esoterische

Strömung zu begründen. Damit ist der Menschheit ein Keim anvertraut, der, vielen Gefahren ausgesetzt, gehütet und gepflegt werden muß. Die Schwierigkeiten, mit denen zu kämpfen ist, werden klar erkennbar. Von einem Scheitern ist nirgends die Rede.

Im vierten Drama sehen wir Benediktus in seiner hohen Würde. Er ist der höchste Opferweise im ägyptischen Tempel, «schweigsam wie die Einsamkeit». In der Gegenwart geschieht nun etwas tief Anrührendes: Während 'Der Seelen Erwachen' verändert sich die Art seines Sprechens. Er muß Maria bekennen:

> Es dringt mein Schauen jetzt zu Reichen wohl,
> Wo solcher Rat (der Schicksalsweisung) in meiner Seele
> leuchtet;
> Doch seiner Wirkung Bild erblick ich nicht.
> Versuch ich dies, erstirbt der Blick im Schauen. (IV/4)

Seine hohen Fähigkeiten sind eingeschränkt, da er sich enger an die Schüler, an die anderen Menschen also, gebunden hat. Im Personenverzeichnis heißt es: «Benediktus ist nicht mehr bloß über seinen Schülern stehend zu denken, sondern mit seinen eigenen Seelenschicksalen in die Seelenerlebnisse seiner Schüler verwoben». Und wenn wir auf den Schluß hören, so wird dieser scheinbare Abstieg vollends deutlich.

Es ist mir zuweilen gesagt worden, daß sich die letzteren Bilder von 'Der Seelen Erwachen' bedrückend auf die Seele legen: Das geplante Werk sei gescheitert, Dr. Strader gestorben, und selbst Benediktus könne nicht sogleich durchschauen, daß er Ahriman vor sich habe! Man kann aber noch etwas anderes dabei erleben. Der hohe Eingeweihte und Seher ist ganz Mensch geworden. Er hat das, was er anderen Menschen voraushatte, das Schauen, geopfert. Ihm ersteht die Geisterkenntnis neu innerhalb der menschlichen Fähigkeit des Denkens. Diese wurde dem Menschen einst gegeben, als das alte Schauen erlosch. Durch sie entwickelte der Mensch das Selbstbewußtsein und errang die Freiheit. Es war in Brief VIII schon die Rede von dieser Wandlung. Jetzt wohnen wir einem wichtigen neuen Schritt in der Entwicklung des Denkens bei. Es kann den Widersacher zwingen, sich voll zu erkennen zu geben.

Wer du auch sei'st, dem Guten dienst du nur,
- - - - - - - - - - -
Wenn du im Menschendenken dich verlierst
Und so im Weltenwerden neu erstehst.

Und Ahriman bezeugt:

- - - sobald sein Schauen
Mich auch in meiner Wahrheit denken kann,
Erschafft sich mir in seinem Denken bald
Ein Teil der Kraft, die langsam mich vernichtet. (IV/15)

Das menschliche Denken gewinnt also in Benediktus die Kraft, die das Böse überwindet. Auf den kommenden schweren Kampf, in dem die Waffe dieser jetzt errungenen Denkkraft dringend gebraucht wird, ist hingewiesen, wenn es von Maria und Johannes heißt:

Doch wird er Schülern meines Mystenwerkes
Sein Wesen künftig nicht verhüllen können. -
Sie sollen ihn in Wachsamkeit auch denken,
Wenn er in ihrem Schauen walten wird.
Sie sollen seine vielen Formen deuten,
Die ihn verbergen wollen, wenn er sich
Den Menschenseelen offenbaren muß.
- - - - - - - - - -
So werden sie durch dich noch stärker sich
Zu ihrem Geisteswerke rüsten können
Und sich als Seelenlichtes Offenbarer
Gedankenkräftig auch noch dann bezeugen,
Wenn über voll erwachtes Geistesschauen
Der finstre Ahriman, die Weisheit dämpfend
Des Chaos Dunkelheit verbreiten will.

In dieses Denken kann die Hilfe der Toten aufgenommen werden. Hier ist hingewiesen auf den «Geistesstern», die Seele des kurz vorher über die Schwelle gegangenen Dr. Strader mit den Worten: «So werden sie durch dich – noch stärker sich zu ihrem Geisteswerke rüsten können». Wir dürfen also einer Verwandlung des Denkens beiwohnen, in dem das Licht der Geisteswelt voll aufgeht. Wenn wir uns in dieses Geschehen vertiefen, das mit dem Opfergang des Benediktus verbunden ist, dann spricht es von der Nachfolge Christi, von Tod und Auferstehung. Wir erleben das Dunkel, wie wir es immer wieder erleben werden im Verlaufe der Weltentwicklung, und den Aufgang einer neuen Sonne.

Damit steht das Urmotiv der Dramen vor uns, das im Beginne anklang mit dem Hinweis: Ein Rosenkreuzermysterium. Wir erlebten es in den Opfern der Maria und dem schmerzensreichen Weg von Johannes Thomasius. Wir erlebten den Tod der Theodora und den Durchbruch zum Geiste in Dr. Strader. Als Capesius zu der Erkenntnis kam, daß Schauen und Denken sich nicht mehr feindlich gegenüberstehen, und er die Aufgabe sah, beides: meditatives Leben und Vortragstätigkeit als miteinander vereinbar zu pflegen, da sprachen wir von einer Christuserfahrung (Brief II). Wir wollen diese Christuserfahrungen nun, gegen Ende unserer Betrachtungen, in den Mittelpunkt stellen.

XXVII

Sie warten schon darauf, daß ich zu dem, was ich – Ihnen erstaunlich – 'Christuserfahrungen' nannte, weiteres hinzufüge. Es erscheint Ihnen ungewöhnlich und neu, solche Verwandlungen im Erkenntnisleben mit dem Christus in Verbindung zu bringen. Sie finden nicht den Zusammenhang mit den Ereignissen in Palästina. Das ist sehr begreiflich; denn wir alle sind – soweit wir überhaupt ein religiöses Leben haben – beeinflußt durch die kirchlichen Strömungen, die in den mittelalterlichen Szenen durch den Abt repräsentiert werden und die dann in dieser oder jener Art durch die Reformation modifiziert wurden. Im Mittelalter wurde die Entwicklung von Rom beeinflußt und mehr und mehr auf eine rein menschlich-moralische Sicht beschränkt. Sie schloß die Natur und den Kosmos aus. Die irische Kirche aber, die bis ins 6./7. Jahrhundert ihre Boten nach West- und Mitteleuropa sandte, fühlte sich mit der Natur verbunden. Sie kannte heilige Quellen und Haine. Der Christusbote, der in der Rückschau des ersten Dramas erscheint, sagte:

> Ihr habt zu Euern Göttern
> In Ehrfurcht aufgeschaut.
> Ich liebe diese Götter,
> Wie ihr sie selber liebt.
> Sie schenkten eurem Denken Kraft,
> Sie pflanzten Mut in eure Herzen.
> Doch stammen ihre Gaben
> Von einem höhern Geisteswesen.

Die Götterwesen, die in aller Schöpfung wirken, sollten Christi Licht empfangen. Christus wurde erlebt als Sonnenwesen, das herabgestiegen ist in einen Erdenmenschen. Ein Sonnenkeim wurde von der Erde empfangen. Der Same erstarb, damit der neue Keim wachsen könne.

An das kosmische Christentum knüpft der Beginn des ersten Dramas sogleich an: Die Kinder singen «Der Sonne Licht durchflutet die

Raumesweiten – –» Vogelsang und Pflanzensegen künden von seiner Herrlichkeit, die der kindliche Mensch in Dankbarkeit verehrt. Von diesem Lichte ist das ganze Drama überleuchtet. Der Abendspruch für Marias Pflegekind lautet: «Es tragen Lichtgewalten mich in des Geistes Haus.» Mit dem Erleben des Lichtes beginnt die Meditation des Johannes Thomasius: «Des Lichtes webend Wesen – –». So schafft sie über alles hinaus, was sonst zu ihr gesagt werden kann – eine erste neue Verbindung mit dem Christuswesen. Das Sonnenmotiv wird weitergeführt in jener Märchenerzählung des sechsten Bildes, die wir in Brief IX besprachen. Hier folgte ein Wesen dem Sonnenlauf und blieb bei dem Menschen, «als die Sonne unterging». Das Schauen der Sonne um Mitternacht war in den alten vorchristlichen Mysterien wohl bekannt. Eine innere geistige Kraft wurde erweckt, die es möglich machte, im tiefsten Dunkel das aufkeimende Licht wahrzunehmen. Das in Finsternis neu erstehende Licht, dem der ganze seelisch-geistige Mensch als Auge gegenüberstand, wies in die Zukunft, in der das Licht der Welt zur Erde herniedersteigen würde. Es begann im Innern aufzuleuchten als Gewissen. Es wurde wahrgenommen im Menschen Jesus von Nazareth. Davon spricht Johannes der Evangelist: «Im Urbeginne war das Wort – – – In ihm war das Leben, und das Leben war das Licht der Menschen. – – – und das Licht scheint in die Finsternis – – – Allen aber, die es aufnahmen, gab es die freie Kraft, Gotteskinder zu werden.»[29)]

Ein breiter Strom von Verwandlungen ist von diesem Licht ausgegangen. In Franz von Assisis' Sonnengesang ist noch die ganze Schöpfung liebend davon durchdrungen. Erst allmählich entschwand der Zusammenhang, verengte, beschränkte sich auf die menschlich-moralische Nachfolge. Ein kosmisches Christentum lehrten noch die Ritter in der mittelalterlichen Rückschau. Der Jude Simon spricht:

> Zu euren Lehren fühl ich mich gezogen,
> Die von dem Geisteswesen offenbaren,
> Das aus dem Sonnenreiche niederstieg
> Und, durch des Menschen Sinnenform erscheinend,
> Begreiflich wollte Menschenherzen werden.

Und wenn die Ritter begannen, die Stoffeswelt zu erforschen, so suchten sie in ihr den Leib Christi zu erkennen und nicht nur materielle Stofflichkeit. Sie wußten auch schon von kommenden Christuserlebnissen.

> Wir wissen aus des Meisters Offenbarung,
> Wie künftig Menschen durch das Geisteslicht
> Das hohe Sonnenwesen schauen werden,
> Das einmal nur im Erdenleibe wohnte.

Dieser neue Sonnenaufgang überleuchtet das ganze erste Drama durch die Worte der Seherin Theodora (I/1). Wir haben das Ereignis im dritten Brief kurz erwähnt, ohne auf den Inhalt ihrer Schau eingehen zu können. Sie wurde zum Künder der neuen Christusoffenbarung.

> Ihr habt gelebt im Glauben,
> Ihr wart getröstet in der Hoffnung,
> Nun seid getröstet in dem Schauen,
> Nun seid erquickt durch mich.
> Ich lebte in den Seelen,
> Die mich gesucht in sich,
> Durch meiner Boten Wort,
> Durch ihrer Andacht Kräfte.
> Ihr habt geschaut der Sinne Licht,
> Und mußtet glauben an des Geistes Schöpferreich.
> Doch jetzt ist euch errungen
> Ein Tropfen edler Sehergabe,
> O, fühlet ihn in eurer Seele!

Wir dürfen uns also tief damit durchdringen: Ein kosmisches Wesen, ein Sonnenkeim hat sich mit der Erde vereint in der Zeitenwende, hat die Menschen aufgerufen zur Nachfolge und zum Erfassen der Auferstehungskräfte. Es offenbart sich aufs Neue, beginnend in unserer Zeit, und es entsteht ein neues Schauen, dem wir als Geistesschüler entgegengehen. Auf diesem Wege haben wir die Schüler des Benediktus durch alle vier Dramen begleitet.

Aus solcher Sicht konnte der Blick auch auf die übersinnlichen Widersachermächte gerichtet werden, die in der Versuchungsgeschichte des Neuen Testamentes nur kurz erwähnt werden, auf den Teufel und Satanas, das heißt auf Luzifer und Ahriman. Wir sahen schon auf das ungeheure Ringen mit Luzifer, der Johannes immer wieder an sich zu fesseln suchte. Er wurde gerettet durch die Opfer, die Marias starkes Herz brachte.

Nachdem wir so von Ihm gesprochen haben, der dem Erdenleben und Menschenstreben den Sonnenkeim einsenkte und damit auch dem Menschen das Auge zu öffnen begann für die geistige Sonne, für die kosmischen Kräfte und Wesen, wollen wir auf den Kampf mit den Widersachermächten noch etwas eingehen. Es heißt von Luzifer im dritten Bilde von 'Der Hüter der Schwelle':

> Du Träger jenes Lichtes, welches Liebe
> Im Dienst der Eigenheit nur halten will,
> Du hast im Erdbeginn den schwachen Menschen
> Erkenntnis schon verliehn, als sie von Göttern
> Bestimmt erst waren, ohne Eigenwille
> Dem Geisteswillen unbewußt zu folgen.
> Seit jener Zeit sind alle Menschenseelen
> Der Ort, auf welchem du mit Göttern kämpfst.
> Doch nahen schon die Zeiten, welche dir
> Und deinem Reich Verderben bringen müssen.
> ‒ ‒ ‒ ‒ ‒ ‒ ‒ ‒ ‒ ‒ ‒
> Doch wisse in dem Herzen, das Maria
> In dieser Stunde dir entgegenstellt,
> Hat Geistesschülerschaft die Kraft belebt,
> Von allem Wissen stets die Eigenliebe
> Entfernt zu halten. Niemals will ich künftig
> Von jener Seligkeit mich finden lassen,
> Die Menschen fühlen, wenn Gedanken reifen.
> Zum Opferdienst will ich das Herz mir rüsten,
> Daß stets mein Geist nur denken kann, um denkend
> Des Wissens Früchte Göttern hinzuopfern.
> Erkenntnis wird mir dann zum Weihedienst.
> Und was ich so in meinem Innern wirke,
> Es strömt dann auf Johannes kraftvoll über.
> ‒

> Du wurdest einst im Erdenurbeginn
> Erhört, als du der Weisheit Früchte zeigtest,
> Der Liebe Früchte sollen Menschen nur
> Aus Götterreichen sich gewähren lassen. (III/3)

Damit ist zugleich eine weitreichende, folgenschwere Forderung ausgesprochen, die sicher nur befolgt werden kann, wenn der Mensch die Christuskraft ständig in sich aufzunehmen sucht. Denn wenn wir umherblicken, so sehen wir fast überall, daß die Menschen ihre Beziehungen zueinander aus egoistischen, aus luziferischen Motiven suchen. Für eine Gesundung unseres Lebens in dieser Hinsicht finden wir gerade in den Dramen bedeutsame Hinweise.

Es gibt im dritten Drama noch eine Stelle (III/10), die das Motiv weiterführt. Es heißt dort:

> Es ist gewiß, daß Luzifer sich zeigt
> Als Lichtesträger vor dem Seelenauge,
> Wenn dieses sich den Geistesweiten neigt.
> Doch will des Menschen Seelenwesen stets
> Im eignen Innern auch in sich erwecken,
> Was es bewundernd nur erblicken darf.
> Es soll die Schönheit Luzifers erschauen,
> Doch darf es niemals seiner Macht verfallen,
> So daß er ihm im Innern wirken kann.
> - - - - - - - - -
> Doch zu dem andern Geiste ruft der Mensch,
> Wenn er sich selber recht begreifen kann:
> Es ist der Erdenseele Liebesziel:
> Nicht ich, der Christus lebt in meinem Sein.

Luzifer, der das Sinnesauge für die Schönheit der Welt öffnete und den Menschen zum Eigensein führte, ist also auch der «Lichtesträger» vor dem Seelenauge, wenn dieses sich den Geistesweiten neigt. Damit muß der Geistessucher rechnen. Wie begegnet er ihm richtig? Wenn er die Schönheit Luzifers erschaut, darf er bewundernd zu ihm aufblicken. Dann aber muß er davon trennen können, was ihm im Innern lebt. Zunächst will die Bewunderung, die mit der Sinnenfreude verbunden ist, den ganzen Menschen ergreifen und zu Taten mitreißen. Dieser Erhöhung aller Empfindungen, dem Schaffensrausch, darf sich der Schüler nicht überlassen. Einschalten muß er die Besonnenheit – die Meditation – und antwortend auf den Ansturm – das höhere Ich sprechen lassen. Wir sahen schon, wie Johannes dazu kam, die Zweiheit in sich zu bejahen, und wie er doch (im vierten Drama), wieder überwältigt von dem Zauber der Landschaft und der Nähe Marias, impulsiv handeln wollte. Es ist ein sehr kräftiger Willensruck nötig. Johannes bringt ihn – von Maria unterstützt – auf und hat daraufhin ein echtes Geisterlebnis. Es tritt vor sein inneres Auge, was naturhaft elementarisch auch in seinem Unterbewußtsein, was in seinem Ätherleib wirksam ist, was ihn in seiner Seele führen und verführen will. Er erschaut Sylphen und Gnomen (IV/2), die andere Philia und den Geist seiner Jugend. Er erschaut zugleich als helfende Kraft die Hilfe der Toten, die Nähe Theodoras. In diesem Tun und Erleben stellt sich die Schöpferkraft seines höheren Selbstes dem gegenüber, was in ihm, sofern er Geschöpf ist, wirkt. Damit gewinnt er die Möglichkeit, Luzifer zu erkennen und sich ihm wirksam entgegenstellen zu können.

Noch einmal wandelt Johannes Thomasius meditativ diese Wege anhand der Worte, die von der anderen Philia stammen:

> Und wachendes Träumen
> Enthüllet den Seelen
> Verzaubertes Weben
> Des eigenen Wesens. (IV/2)

Wir dürfen die Beweglichkeit und Wandelbarkeit der elementarischen Welt dabei miterleben. Der Doppelgänger tritt an den Ort, den vordem die andere Philia einnahm (im vierten Bilde), und an die Stelle des Hüters treten Benediktus und Maria. Beim dritten Mal, als die Erlebnisse der Weltenmitternacht in das gegenwärtige Bewußtsein geholt werden, erweist sich die andere Philia als Hilfe dafür, daß die längstvergangenen, aber stark fortwirkenden Erlebnisse der ägyptischen Inkarnation im Bewußtsein aufleuchten können (IV/10). Maria offenbart sich ihm hier in ihrem tiefsten Wesen.

Das höhere Selbst ist erstarkt, hat sich tief mit allen Lebenskräften des Weltalls verbunden. Es bleibt wach, auch im täglichen Tun. Es erweckt sich ständig mit innerer Schöpferkraft und nährt sich aus den zuströmenden Kräften der Natur und des Weltalls. Es erkennt, daß das Leben mit seinem täglichen Ablauf, dem Auf und Ab der Gefühle, nicht das Ganze, nicht einmal die Hauptsache ist: Das eigentliche Selbst lebt im Rhythmus des Tages, der Jahreszeiten, mit dem Weltall. Es erhebt sich über Neigungen und Leidenschaften, die zunächst die Menschen miteinander verbinden, und kann dem tiefsten Wesen des anderen begegnen. Johannes hat einen großen Entwicklungsschritt getan.

An der Sinneswelt in ihrer Schönheit darf und muß sich der Mensch bewußt bilden. Er soll auch kraftvoll sein Eigensein in ihr ausbilden. Aber er muß dazu im Innern ein höheres Selbst erwecken, das die starke irdische Persönlichkeit als Instrument frei handhaben kann. Das kann er, wenn er sich mit Christus verbindet, mit Seinem Opfer zur Zeitenwende und mt Seinen Offenbarungen in der heutigen Zeit. Der Geist-Erweckende im Menschen, der Christus, kann gefunden werden. Das bewirkt zunächst eine Kraftzufuhr, ein Aufleuchten und dann das Erlebnis, daß man mitten in Lebenstragik sich doch vom Lichte getragen fühlen kann. Es führt zu konkreten einzelnen Erlebnissen, nämlich zu Erkenntnissen von vergangenen Inkarnationen, von vergangener Schuld und von in der Vergangenheit erworbenen Kräften zur Aufhebung dieser Schuld. Es führt zu neuen schöpferischen Kräften. Da erahnen wir: Christus ist der Herr des Karma. Über diese Seite des Christus-Erlebens dann im nächsten Brief.

XXVIII

Christus, der Herr des Schicksals! – Dürfen wir das sagen, wenn sich doch zunächst so viel Dunkles, Ungerecht-Erscheinendes mit dem Worte 'Schicksal' verbindet? Als Tröster, als Helfer – um auch den bedrückendsten Verhältnissen noch eine Gegenkraft abzugewinnen – kennen wir Ihn, aber als 'Herr des Schicksals'? Um hier zu Antworten zu kommen, brauchen wir wieder einen längeren Atem, eine größere Übersicht.

Wir erinnern uns, daß in den alten griechischen Tragödien auf die schwere, manchmal unwissend begangene Schuld ein zermalmendes Schicksal folgte. Auch Goethe dichtet: «Ihr laßt den Armen schuldig werden, dann überlaßt ihr ihn der Pein. Denn alle Schuld rächt sich auf Erden!»

Eine andere Sicht aber bietet sich, wenn man den Blick erweitert über verschiedene Erdenleben. Hier ergibt sich – was uns Rudolf Steiner eindringlich darstellt – eine wunderbare Erkenntnis: Bleibt man bei der Betrachtung aufeinanderfolgender Erdenleben bei der Zahl Zwei stehen, dann sieht man, daß auf ein untatenerfülltes Erdenleben häufig eines folgt, das Leid und Krankheit bringt. Geht man über auf die Zahl Drei – jene Zahl, die wir als christlich erkannten –, dann erweist es sich, daß in einem dritten Erdenleben oder in einem noch folgenden – jedenfalls in einem dritten Schritt! – ein neues Gutes entstanden ist. Ein Beispiel hierfür ist die von Rudolf Steiner geschilderte Inkarnationsreihe von Pestalozzi[30]. Er wurde im Altertum mitschuldig an Unrecht, das den Sklaven zugefügt wurde. Er hatte dann – im Mittelalter – als Frau darunter zu leiden, daß er in einer feindlich gesonnenen Dorfgemeinschaft leben mußte, und er konnte in einem dritten Erdenleben, als Pestalozzi – mit Schülern, die seine ehemaligen Sklaven waren – eine neue, geisterfüllte, zukunftsweisende Pädagogik begründen. Dieser Dreischritt: Schuld – sühnendes Leid und Früchte des Leidens – kann auch, nicht ganz so deutlich voneinander abgesetzt, in mehr als drei Erdenleben wirksam sein.

Blicken wir daraufhin die Dramengestalten an: Maria trat uns im alten Ägypten vor Augen als jener Neophyt, durch dessen Versagen beim Aufstieg in höhere Welten die heilige Handlung mißglückte. Er hatte überdies eine junge Ägypterin verlassen, ihr tiefsten Schmerz zugefügt, ja, sie vielleicht in Elend und Tod gestoßen. Als Christusbote nahm er in den ersten christlichen Jahrhunderten die Mühsal und Leiden auf sich, die mit diesem Auftrag verbunden sind, und durfte bereits die Christusbotschaft in die Seele des Weibes – der einst Verlassenen – senken. Im Mittelalter fügte die Individualität der späteren Maria als Abt neue Schuld hinzu, indem sie durch ihre intolerante Haltung die Kluft zwischen Vater und Kindern unüberwindlich machte. In der Gegenwart ist ihr die in Ägypten einst verlassene Geliebte zugeführt in Johannes Thomasius, dem sie nun ihre Freundschaft schenkt, den sie fördert, begleitet und schützt, derart gutmachend, was sie einst bewirkte. Nicht im irdischen, äußeren Leben kommt das voll zum Ausdruck. Wir sahen, wie der gemeinsame Weg durch Entsagung und neue Leiden führte. Doch müssen wir den Blick gerichtet behalten auf die Geistesziele, die beiden eigen sind. – Das gilt auch für die Beziehung zu Capesius: Was sie einst dem Vater zufügte, will sie nicht mit Luzifers Hilfe gutmachen, das heißt mit irdisch-sinnlicher Wärme. Sie darf ihn aber stützen in seiner schweren Aufgabe im Rosenkreuzertempel (III/10).

Capesius wurde in Ägypten als Opferweiser am Mißlingen der Mysterienhandlung schuldig. Er trägt noch in der Gegenwart an dieser Schuld, die damals die ganze Gemeinschaft betraf. Im Mittelalter, als Präzeptor einer mystischen Bruderschaft, litt er an der Einsamkeit, an der Entfremdung seiner Kinder, an der er wiederum selbst Schuld trug, eine Schuld, die er gern verheimlicht hätte. Hatte er doch seine Familie ins Elend gestoßen, als er sie verließ, um selbst den Rang eines Ritters und ersten Präzeptors in einer mystischen Bruderschaft zu erlangen. In seinem Dasein als Capesius findet er – trotz äußerer Erfolge als Hochschullehrer – wahren Trost und Hilfe nur im Hause Balde, durch Felicias Märchen. Jahre hindurch ist er krank. Es ist ein leidvolles Dasein, das er als Folge seiner Ehrsucht und früheren Verfehlungen erfährt. Aber wir erleben auch den Aufgang neuer Kräfte und Aufgaben, die ihn beglücken und in die Nähe Felix Baldes führen, alte Schicksalsbande erneuernd. Sein groß und bedeutend angelegtes Leben, das von Benediktus kraftvoll unterstützt wird, läßt uns ahnen, daß die vollen Erträgnisse des Leidensweges, die wir im vierten Drama kennenzulernen beginnen, noch in der Zukunft liegen und vielleicht in kommenden Erdenleben die Möglichkeit bieten werden, unheilvoller Entwicklung in der Menschheitsgeschichte zur Wende zu verhelfen.

Johannes Thomasius erlebte im alten Ägypten Schuld und Leid zugleich. Das Sehnen der jungen Ägypterin wirkte mit, die Initiation des Neophyten scheitern zu lassen. In vorchristlicher Zeit errang er als «tapfrer Krieger» in blutigen Kämpfen Mut und Selbstbeherrschung und wurde zu einer starken Persönlichkeit (III). In den Zeiten des frühen Christentums nahm er – wiederum als Frau – die Christusbotschaft tief in sein Herz auf und erfuhr zugleich Leid durch die Liebe zu dem Christusboten, der, dem Weibe unerreichbar, wohl bald den Märtyrertod starb. Die Entsagung mag die Glaubensinbrunst gesteigert haben. Im Mittelalter als Bergwerksmeister Thomas wurde wiederum Entsagung von ihm gefordert, als er in der begehrten Bergaufseherstochter Cilli seine frühverlorene Schwester entdeckte, während seine Seele durch den Abt die Seelennahrung erhielt. In der Gegenwart beginnen ihm die Früchte zu reifen: Er wird Schüler des Geisteslehrers Benediktus und vermag das Buch zu schreiben, das die Brücke schlagen soll zwischen der Kultur des 20. Jahrhunderts und dem Initiatenbewußtsein, dem Bewußtsein von der geistigen Welt. Betrachten wir diese aufeinanderfolgenden Erdenleben, so wirken mancherlei Motive zusammen. Die persönlich-menschliche, die mittelalterliche Schuld dem Vater gegenüber kann er sogleich in der Gegenwart aufgreifen und gutzumachen beginnen: Durch das Porträt gibt er Capesius einen entscheidenden Anstoß, sich aus dem als unbefriedigend-schattenhaft empfundenen Denken loszuringen und sein eigentliches Wesen zu entfalten. Die durch mehrere Leben gewachsene Beziehung zu Maria bringt Glück und Leid und ist immer mit seiner tiefsten Entwicklung verbunden. Die Schuld der Gemeinschaft im alten Ägypten hat er mitzutragen und umzuwandeln, daraus neue Kräfte für die Kultur der Gegenwart zu schaffen. Er wird durch sein Buch Entscheidendes bewirken!

Dr. Strader schließlich erhält das Motiv für seine Entwicklung im ägyptischen Tempel, als Vertreter des Feuerelementes. Wir finden das Feuer wieder in dem willenhaften Erkenntnisringen, in dem Strader immer wieder, die ganze eigene Existenz aufs Spiel setzend, sich selbst neu schafft. Das kennzeichnet ihn in der gegenwärtigen Inkarnation, wie es schon in Brief XXIII dargestellt ist. Es waltet in seinem tiefsten Wesen, womit sich der Vertreter des Feuerelementes einst im Tempel durchdrang.

Das Feuer wurde, so schildert es die Sage, von Prometheus einst den Göttern geraubt. Es wurde das Element der Auflehnung, des Eigenwillens. Ihm gegenüber steht die Weltenkälte. Der Mensch erfuhr «die ewig leeren Eisgefilde», wo Wünsche erfrierend ersterben. Luzifer lebt im Feuer, im «heißen Licht» – Ahriman in der Kälte. Der Vertreter des Feuerelementes muß auch den Gegenpol, die Kälte erfahren. Sein Weg führt in die Einsamkeit, in die Kälte des Intellektes. Er nimmt als Jude Simon vorweg, was in unserer Zeit mehr und mehr den Menschen auferlegt ist: die Erfahrung einer kalten, unpersönlichen, entgötterten Welt. Er wird der Vorläufer naturwissenschaftlicher Weltanschauung. Romanus empfängt eine Ahnung dieses Wesens und spricht es aus (IV/4):

> Wenn man es wagen dürfte, vorzustellen,
> In Strader lebte jetzt ein Geist sich aus,
> Der sich in einem frühern Erdenleben
> Zu seltner Seelenhöhe bringen konnte; – –
> Der vieles wußte, was die andern Menschen
> In seiner Zeit noch nicht erahnen konnten; – –
> Dann wär' es möglich, daß von seinem Geiste
> Gedanken ihren Ursprung einst genommen
> Und dann den Weg ins allgemeine Leben
> Der Erdenmenschen haben finden können,
> Durch welche jetzt die Menschen meiner Art
> Die Tüchtigkeit sich anerzogen haben.
> Was ich in meiner Jugend an Gedanken
> Aus meinem Umkreis mir zu eigen machte,
> Es könnte doch von diesem Geiste stammen.

Hier darf nun endlich auch etwas ausführlicher von dem Juden Simon gesprochen werden, Straders mittelalterlicher Inkarnation, einer geheimnisvollen und tief anrührenden Gestalt. Als dieser dem Vertreter des esoterischen Christentums, dem Großmeister, gegenübersteht, schildert er seine geistige Situation:

> Zu euren Lehren fühl ich mich gezogen
> ----------------------
> Verschließen kann ich mich der Schönheit nicht,
> Die eurer edlen Lehre eigen ist,
> Und kann ihr doch die Seele nicht ergeben.
> Ich muß des Menschenwesens Urgestalt
> In eurem Geisteswesen wohl erkennen.
> Doch hält mich trotzig ab mein Eigenwesen,
> Wenn ich mich gläubig an sie wenden will!
> So muß ich in mir selbst den Krieg erleben,
> Der aller äußern Kämpfe Urbild ist. (II/8)

Damit ist auf das Auseinanderfallen von fühlendem Denken und Eigenwillen hingewiesen. Dieser allgemein menschliche Zwiespalt steht urbildlich vor uns als Wurzel und Keim aller Kriege, und ruft uns auf, hier zu beginnen mit jeglicher Friedensbemühung! Man kann den Abgrund auch noch etwas anders beschreiben. Wilfried Hammacher macht in seiner anregenden Einführung in die Mysteriendramen Rudolf Steiners darauf aufmerksam, daß die Spaltung in Straders Wesen genau dem entspricht, was Ahriman dem Mönche in seiner Schau in der Ritterburg einflüstert: die Sphäre der geistigen Eindrücke und die Sphäre der Sinnes-Verstandeswelt voneinander zu trennen: Simon erlebt schon die Natur geistentblößt, sinnenhaft-äußerlich, und Göttliches fern der Natur, nur noch seelisch-innerlich, moralisch. Diesem Abgrund im eigenen Wesen sind wir schon begegnet in Brief III bei der ersten Betrachtung Dr. Straders. Er kann ihn auch in der gegenwärtigen Inkarnation zunächst nicht überbrücken.

Wir blicken mit diesem Weg des Vertreters des Feuerelementes wie des Juden Simon und Dr. Straders auf die Situation des Menschen seit dem Sündenfall: Luzifer stachelt des Menschen Eigensein auf, so daß er im bloßen Eigenwollen die Nachfolge und den Gehorsam gegenüber der göttlichen Welt verweigert. Ahriman fälscht das Denken, indem er es intellektualisiert, typisiert. Christus aber kann nur gefunden werden, wenn der neue Keim des höheren Menschen gepflegt wird und die Auferstehungskraft an allen Widerständen wächst. Dem Großmeister mag in dem Gespräch mit dem Juden Simon vor Augen gestanden haben, wie die Zulassung der Widersachermächte den Menschen von der göttlichen Führung löste und ihm die Freiheit gab. Schaute er schon, wie die schwere Aufgabe des Menschen erst einer Lösung näherkommen kann durch ein neues, zukünftiges Christusereignis, das auch die Erkenntniskräfte heilt und wandelt? Er spricht:

> Und während du dann weiter zu mir sprachst,
> Erweitert sich das Bild vor meinem Blick,
> Und ich vermochte Dinge zu erschauen,
> Die Weltenziel und Menschenschicksal binden.

Den Worten des Vertreters des Feuerelementes folgten einst im Tempel die Worte des Siegelbewahrers, der eng und verantwortlich verbunden war mit den Weihevorgängen im Tempel. Wir fanden seine Individualität im Mittelalter wieder als Cilli, deren Seele sich in Frömmigkeit mit dem Christentum der mittelalterlichen Kirche erfüllte. Wann und wo sie dem ehemaligen Vertreter des Feuerelementes so begegnete, daß vorbereitet wurde, was sie in der Gegenwart als Theodora für Dr. Strader bedeutete, ist nicht bekannt. Vielleicht hätte das geplante fünfte Mysteriendrama darüber Aufschluß gegeben.

Was aber wirkt im Schicksal aller dieser Menschen? Fühlbar ist eine weisheitsvolle Liebe, die den Menschen durch Schicksalsschuld und -sühne zu neuen Anfängen, zu neuen Fähigkeiten und Aufgaben führt. «Es formt sich hier in diesem Kreise ein Knoten aus den Fäden, die Karma spinnt im Weltenwerden», so sagte Benediktus. Dieser «Knoten», diese Gemeinsamkeit wird im Weiterwirken gemeinsame, größere Taten zeitigen. Christus ist der Herr des Schicksals, des Karma geworden. Und was derart seit Golgatha zu wirken begann und von gläubigen Herzen gefühlt wurde, kann heute vom einzelnen geschaut und erfaßt werden, wie es hier in diesen Dramen erstmalig geschah, weil durch das Christuswirken im 20. Jahrhundert ein neues Denken und Schauen möglich zu werden beginnt.

XXIX

Nachdem wir uns durchdrungen haben mit jenen Bildern der Dramen, die vom Sonnenchristentum und von dem Mysterium von Golgatha künden, obliegt es uns, mit gleicher Hingabe und Andacht uns dem Christusereignis des 20. Jahrhunderts zuzuwenden. Darauf wies die Seherin Theodora schon im ersten Bilde hin. Wir finden Seine Spur im Schicksal, das alle Gestalten vereinigt, so daß sie nun auf individuellen Einweihungswegen mitten im Leben eine neue Mysterienkultur zu begründen beginnen.

Wir finden Ihn in einem neuen Miteinander der Menschen derart, daß ein Austausch innerster Kräfte möglich wird, wie er im ersten Drama (Bild 11) dargestellt ist und in Brief XII erläutert wurde.

Wir finden Ihn als Herrn des Schicksals, die einzelnen Wege so leitend, daß ein Schicksalsausgleich zugleich Geistesfortschritt bringt.

Wir finden Ihn als Schöpfer neuer Liebequellen. Von ihnen kündet Maria. Der Egoismus, welcher der Liebe verborgen innewohnt, wird aufgehoben, wenn die Einsicht in vergangene Erdenleben alte Lebensfehler erkennen und durch «freien Opferwillen» sühnen läßt (II/13).

Wir finden Ihn in Marias Worten, zwischen Luzifer und Ahriman das Gleichgewicht schaffend, in jenen Szenen des dritten Dramas, in denen die geistigen Reiche immer wesenhafter vor uns stehen.

Er lebt in Marias Worten da, wo sie von dem Erdenleibe des Menschen spricht. Ich erwähnte diese wichtige Stelle schon in Brief XVI. Der Erdenleib erscheint uns nicht mehr als das, was uns vom Göttlichen trennt, und das Ich trägt nicht länger nur den Fluch des Sündenfalles: Das Erdendenken kann Göttlich-Schönes nachschaffen und das Ich sich erleben nicht nur irdisch-egoistisch, sondern aus dem Geiste sich neu erschaffend in immerwährendem Werden.

Diese tiefgreifenden Wandlungen[31)] weisen auf einen gewaltigen Entwicklungsschritt, der sich vielleicht am eindrucksvollsten in Marias Entwicklung offenbart. Wir erfahren durch Benediktus, wie ihre Ausnahmesituation zustande kam:

Ein großer Schritt im Weltengang
Ist möglich nur, wenn Götter
Sich binden an das Menschenlos.
Es können sich entfalten Geistesaugen,
Die keimen sollen in den Menschenseelen,
Erst wenn ein Gott das Samenkorn
Gelegt in eines Menschen Wesenheit.

Mein geistig Auge forschte.
Es fiel auf dich. (I/3)

Nun verstehen wir ihre Strenge, ihre zunächst manchmal befremdlich wirkende Hoheit und scheinbare Kühle. Aber sie ist nicht auf eine Weise verwandelt, wie wir das aus alten Zeiten kennen, wenn der völlig Verwandelte unter einem neuen Namen lehrte, wenn etwa aus dem Königssohne Suddhodana der Buddha wurde. Das Gotteswesen, das herniedersteigen sollte, vereinigte sich mit ihrem schon hoch entwickelten Ich, das die geforderten Opfer willig brachte. Die nachträgliche Bejahung des früh Auferlegten bewirkt ihre Entrückung auf Geisteshöhen und das Erlebnis der ersten Rückschau (I/7). Das Opfer der Trennung von Johannes, das sie aus Einsicht freiwillig vollbringt (II/2), läßt sie die Brücke mitschaffen, welche das esoterische Leben mit der gesamten Zivilisation verbindet und für alle gangbar und fruchtbar werden läßt.

Das dritte Opfer vollbringt sie im vierten Drama, wie wir schon sahen (IV/3). Sie durchschaut, daß mit jeder Erkenntnis auch ein Stück Egoismus verbunden ist: Die Befriedigung über das Gewonnene enthält eine Selbstbekräftigung, einen gewissen Stolz auf die eigenen Fähigkeiten. Sie gelobt – und weiß sich wach genug, die Situation jeweils zu durchschauen –, sich jener «Seligkeit» nicht hinzugeben, «die Menschen fühlen, wenn Gedanken reifen». Dieses dritte Opfer ist von tiefster geistiger Wirkung: Maria vermag den gefährdeten Johannes zum Ziele zu führen. Sie kann die vorgeburtlichen Kräfte der Sonnenzeit und der Weltenmitternacht in das gegenwärtige Leben hereinholen und den Rückblick auf die wichtige ägyptische, folgenschwere Inkarnation erringen. Die damit verbundene Geistesstärke aber erweist sich als notwendig, um die Geistesziele zu verwirklichen.

Johannes aber kommen zu Hilfe die Wesen, die wir in verschiedenen Briefen ausführlich betrachtet haben: Philia, Astrid und Luna sowie die andere Philia, zusammen mit der geheimnisvollen 'Stimme des Gewissens', des «Geistgewissens». Von diesem letzteren sagt Rudolf Steiner (München 18. 08. 1911), daß es «noch aus dem Unbestimmten hereintönt und heute noch nicht auf die Bühne darf». Diese Stimme gibt jeweils dem Bestürzten und vom Erlebten Überwältigten die sichere Orientierung, die Seelenstütze, die er braucht, um dem Geschauten in Freiheit standhalten zu können. Wir ahnen, wer uns nahe ist in diesen Worten, heute, in der Zeit eines neuen Christusereignisses.

Die Erlebnisse, die mit diesem zusammenhängen, sind zunächst unscheinbar. Man kann sie leicht übersehen. Wir sprachen schon in Brief II von einer Christuserfahrung des Capesius. Sie erinnern sich: Er macht sie, als er, Felix Balde folgend, sein Geisterleben erhalten will, indem er sich von Begriffen und Erdenwissen freihält. Ihm wird bedeutet, daß heute der Mensch die Kraft aufbringen kann und muß, inmitten seiner Erdenpflichten zum Schauen zu kommen. Er kann selbst in sich die Ruhe herstellen und sich bewußt vom Felde der Sinneseindrücke und der irdischen Gedanken zu meditativer Schau erheben, ohne sein äußeres Leben zu verändern, ohne sich in die Einsamkeit zurückzuziehen. Das Ich vollzieht im denkenden Bewußtsein die Übergänge, die ehedem nur durch einen scharfen äußeren Einschnitt, durch Eremitentum und Klosterleben erreicht wurden. Und das Leben selbst schafft die Situationen, welche die Individualität zu ihrer Entwicklung braucht. Auch Krankheiten können – wie wir sahen – zu Helfern auf dem Wege werden: Capesius' schwere Erkrankung löst ihn von der allzu festen Bindung an den alten Erdenleib und läßt ihn in der Einsamkeit eine Art Eremitentum durchmachen. Was er erlebte, schildert er Benediktus nach seiner Heilung (III/9):

> Ich konnte lange nur Gedanken finden,
> Wenn ich in eure Schriften mich vertiefte.
> Und dann, wie plötzlich, hatte ich um mich
> Die Geisteswelt in ihrer Wesenheit.

Benediktus' Antwort enthält die Richtung seines künftigen Strebens und die für ihn schwere Aufgabe:

> Du wirst deshalb mit voller Geistesschau
> An jener Schwelle dich erkennen müssen,
> Die andern erst das Seelenauge öffnet.

Das Streben nach echter Selbsterkenntnis und Selbsterziehung, das Auf-Sich-Nehmen von Pflichten, die in früheren Inkarnationen entstanden sind, wird seinen weiteren Weg bestimmen. Sein Denken zu wandeln, dessen luziferischen Charakter zu überwinden, und durch Weisheit Liebe strömen zu lassen, das wird seine künftige Aufgabe in der neuen Mysterienstätte am Ende des dritten Dramas sein. Diese neue Innenkraft im denkenden Bewußtsein ist ein Vorbote von dem, was Theodora verkündete (I/1). Sie sprach, wie schon in Brief XXVII dargestellt, von einem «Tropfen edler Sehergabe», der jetzt «errungen». Dem Schauen geht voran die Verwandlung des Denkens, das, was der Dichter Albert Steffen 'Auferstehung des Begriffes'[31] nannte.

Was im ersten Drama derart deutlich ausgesprochen ist, wird – wie wir sahen – wirksam, aber immer unscheinbarer auftretend im weiteren Verlaufe. Man muß aufmerksam sein, um es zu bemerken. Es macht den Gang mit, den auch Benediktus machte, der zuerst als hoher Eingeweihter auftrat und im vierten Drama ganz Mensch unter Menschen geworden ist.

Wirksam ist es auch im neunten und zehnten Bild des vierten Dramas, wenn es gelingt, die Erlebnisse der Sonnenzeit und der Weltenmitternacht in stiller Meditation in das Erdenbewußtsein zu holen. Dazu gehört eine Erkraftung, die vielen, die sich durch strenge Schulung heute darum bemühen, noch nicht gelingt. Wenn in Marias Schauen zunächst Astrid auftritt als «Stern in meinem Geisteskreise», so ist auch damit angedeutet, wer ihr zu Hilfe kommt. Astrid ist ein Vorbote eines neuen Christuserlebens.

Die ausführliche Ausgestaltung der Reden im dreizehnten und vierzehnten Bilde läßt nach den gewaltigen vorangegangenen Szenen vermuten, daß in unscheinbaren Worten Großes sich offenbaren will. Da ist der Hinweis des Romanus auf Strader:

> Der wird als Sieger sich bewähren können
> Im Kampfe, der die Geistespforten öffnet;

> Er wird am Wächter kühn vorüberschreiten,
> Der vor des Geisterlandes Schwelle steht.
> -------------------
> Ob er ihn *schaut*, ob er ihm unbewußt
> Sich naht, ich kann es wahrlich nicht ergründen;
> -------------------
> Der wird sich mutvoll zu der Einsicht wenden,
> Daß Selbsterkenntnis Schmerzen zeugen muß.
> Es wird der Wille ihm Genosse werden,
> Der mutig sich der Zukunft übergibt;
> Und durch der Hoffnung Kräftequell gestärkt,
> Erkenntnisschmerzen sich entgegenstellt.

Im nächsten Bild wird er geschildert, wie er im Leben steht:

> Er kann dem Geistesleben sich ergeben,
> Daß er der Erde ganz entrückt erscheint.
> Dann ist der Geist ihm volle Gegenwart.
> Ihm ist dann Theodora noch im Leben.
> -------------------
> – – – – – – – – Viele Mysten können
> Die Geistesbotschaft wohl in Worte prägen,
> Die nachbedacht die Überzeugung schaffen.
> Was Strader spricht, es wirkt im Sprechen selbst.

Er hat also eine innere Kraft errungen, die es möglich macht, daß er nicht nur über Geisteswelten und Geistwesen spricht, sondern daß in ihm wesenhaft anwesend werden kann, wovon er spricht.

Im fünfzehnten Bild ergänzt die Pflegerin die Schilderung. Sie spricht von Straders Seelengrunde:

> Er bedurft' der Liebe –; seine Lust nach Taten,
> Sie war doch Liebe, – – – – –
> Sein letztes Denken galt dem Werke noch,
> Dem er in Liebe sich gewidmet hatte.

Die Verwandlung seines Wesens und Denkens, diese alles durchdringende Liebeskraft erwuchs ihm im Verein mit Theodora. Die starke Eigenkraft, die in ihm schon im Mittelalter als Weisheit und Güte lebte, ist in der Gegenwart durchdrungen von Liebe, Selbstlosigkeit und Opferkraft. Sie ist gereift in der Sonnenweisheit des Benediktus. Erlebt man Straders Entwicklung in voller Anteilnahme mit, so spürt man, daß in ihm etwas wirkt, was der vollen Menschwerdung des Benediktus, von der wir gesprochen haben, entspricht.

Im ersten Bild des ersten Dramas wurde ein Wort ausgesprochen, das wir nun gegen Ende unserer Betrachtungen wunderbar erfüllt sehen:

> Wenn vieler Menschen Worte
> In solcher Art sich vor die Seele stellen,
> Dann ist's, als ob
> Geheimnisvoll dazwischen stünde
> Des Menschen volles Urbild.

Wir sahen dann, wie die verschiedenen Seelenglieder des Menschen in den Personen der Dramen in Entwicklung kamen, um sich dem Geiste hinzugeben. War es bei Maria das Geistselbst, dessen Aufblühen und Fruchten wir verfolgten, so sahen wir bei Capesius, der die Einweihung als Denker erlebte, die Erfüllung der Verstandesseele. Johannes' Ringen mit seinen Leidenschaften weist als Kampfplatz auf die Empfindungsseele. Beider sucht Luzifer sich zu bemächtigen.

Dr. Strader, der Naturwissenschaftler, der Beobachtende und mit den Phänomenen Ringende, lebt in der Bewußtseinsseele, deren kühle Einsamkeit durch Theodora mit warmem Leben erfüllt wurde. Mit ihrem reinen, lichten Astralleib, der ihr wie ein Gottesgeschenk mitgegeben worden war und sie zu Einblicken in die Geistwelt und zur Christusprophetie befähigte, steht sie neben ihm und hilft ihm, der da ringt mit dem Stoffe, bemüht, die verhärteten Erdenverhältnisse neu zu ordnen, im Reich der Technik und im Kampf mit Ahriman. Jeder muß sich ein jeweils andersgeartetes 'Schwert' schmieden.

Auch die anderen Träger und Bewahrer von Fähigkeiten einer älteren Menschheitsstufe treten uns entgegen: Felix und Felicia Balde. Sie leben in der reinen Ätherkraft der Natur, in Waldeseinsamkeit. Sie bewahren und spenden Leben.

Jeder findet den individuellen, ihm angemessenen Weg, mit seinen Prüfungen und Erreichnissen, Aufruf und Führung. Derart werden wir herangeführt an den tiefsten Sinn und Inhalt unserer Zeit und beginnen zu ahnen, daß alle Kämpfe und Nöte nicht darüber hinwegtäuschen dürfen: Wir erleben den Sonnenaufgang einer neuen Christuserfahrung.

XXX

Sie schreiben dankbar, daß ich Sie auf manches aufmerksam gemacht habe, was Ihnen bisher entgangen sei, und äußern zugleich die Frage, ja den Zweifel, ob dem Zuschauer dieser reiche Inhalt bei einem Miterleben der Aufführungen wirklich aufgehen könne. Müßten nicht z.B. die letzten Bilder von 'Der Seelen Erwachen' mit ihren schlichten Gesprächen nach dem gewaltigen Erleben der Sonnenzeit, der Weltenmitternacht weniger eindrucksvoll erscheinen? Ich versuchte Ihnen anzudeuten, welch erhabener Inhalt darin enthalten ist. Er erfordert freilich vom Zuhörer, daß er die Zusammenziehung aus der Weite der geistigen Welten in die Enge des Erdenbewußtseins mitmacht, selbst mit aufwachend, selbst spürend, wie auch ihm Wesenhaftes zu Hilfe kommen will, das auf der Bühne dargestellt ist durch Astrid und Luna. Das Mitgehen mit der Komposition des Ganzen – gewiß eine starke Bemühung erfordernd, ein Sich-Weiten in große Geistesräume und Zusammenziehen in stärkster Konzentration – führt in den Mysteriendramen über das Erleben von Furcht und Hoffnung, die im alten griechischen Drama die Katharsis, die Läuterung, bewirken, hinaus. Aber ich muß noch etwas hinzufügen.

Ich erlebte die ersten Aufführungen der Dramen im zweiten Goetheanum unter der Regie von Marie Steiner und durfte mit den anderen Eurythmisten auch in den Hauptproben anwesend sein. Sie wissen, daß ihr Hauptanliegen die Sprache war, weniger zunächst die Gebärden. In dem Sprechen erreichte sie, daß Intellekt und persönliches Gefühl zurücktraten hinter dem Bemühen, der Sprache selbst zu folgen. Es galt, in völliger Hingabe, bis der Atem völlig verausgabt war, die Lautgebärden zu gestalten und mit der Einatmung dann das neue Bild zu ergreifen. Es war oft ein schmerzliches Bemühen. Denn diese Umwandlung, diese Selbstlosigkeit fiel gerade begabten Schauspielern schwer. Mir wurde daran deutlich, daß in der Theaterwelt sonst meistens ein entgegengesetztes Prinzip herrscht: Die Schauspieler bilden einen gewissen Typus aus, der sich aus ihrem 'Doppelgängerwesen' ergibt und den sie in den Modifikationen verschiedener Rollen sehr eindrucksvoll einsetzen können. Oft spielen sie im Laufe ihrer Karriere dann die Hauptrollen bestimmter, auf ihren Typ zugeschnittener moderner Stücke und üben dadurch eine starke Faszination aus. Ich sehe dabei verschiedene bekannte Schauspieler vor mir, die ungemein fesselten und mich zugleich doch nicht befriedigten. Am Goetheanum wurde nicht auf den Doppelgänger, auf den Typus reflektiert, und das ist dem an gröbere Reize gewöhnten Zuhörer schwerer zugänglich. Da geht es nicht nur um die Inhalte von Handlungen und um Charaktere, um dargestellte Schicksale und Wort-Bedeutungsinhalte. Sondern das Wort führt hinein in ein unmittelbares Miterleben – auch geistiger Vorgänge. Es eröffnet sich gerade durch die Lautsphäre – das Einleben in die Eurythmie unterstützt dieses Verständnis – ein Zugang zu tieferen Zusammenhängen. Gute und böse Geistwesen, Elementarwesen können überzeugend dargestellt werden, weil die poetische Sprache selbst über ihren sinnenfälligen Inhalt hinausgeht.

Für die Goetheanum-Schauspieler, die z. T. schon auf größere Erfolge an bedeutenden Bühnen zurückblicken konnten, erforderte es ein Opfer, als sie sich der Erneuerung der Schauspielkunst aus dem Worte zur Verfügung stellten. Sie verzichteten darauf, ihre Begabungen auszuleben und sich mit ihrer Rolle aus den Kräften ihres gewöhnlichen Menschseins zu identifizieren. Sie lernten, sich hinzugeben an die Sprache, an die Laute. Sie erlebten selbst oft staunend, wie sich daraus die Charaktere und Situationen gestalten ließen, in die sie dann – manchmal erst bei den Aufführungen – mit ihrem ganzen vollen Menschen hineinschlüpften.

Die Schauspielkunst, einst aus den Mysterien entstanden und vom Worte lebend, hat eine Entwicklung durchgemacht, die am Anfang des 20. Jahrhunderts zum naturalistischen Erleben der menschlichen Seele und menschlicher Schicksale führte. Dabei bedienten sich die Schauspieler im Bemühen, jedes leere Pathos zu vermeiden, der Alltagssprache, und das Empfinden von dem, was in den Lauten lebt, abgesehen von dem Bedeutungsinhalt der Worte, ging verloren.

Daß jedoch in den Lauten, in der Wort- und Satzbildung eigene Gestaltungskräfte leben, war durch Rudolf Steiner bereits in der Eurythmie erlebbar geworden. Im Anfang der zwanziger Jahre wurde am Goetheanum die Pflege der Sprache zur wichtigsten Grundlage der neuen Bühnenkunst. Schon vor dem Ersten Weltkrieg waren die

Mysteriendramen Rudolf Steiners von Laien auf den sommerlichen Tagungen aufgeführt worden. Nach dem Kriege, als die Sehnsucht nach der Erneuerung vieler Berufszweige die Menschen, zumal die jüngeren ergriff, gab Rudolf Steiner den Schauspielern zwei Kurse[32]. Marie Steiner, der eine Erneuerung der Schauspielkunst besonders am Herzen lag, nahm sich dieser neuen künstlerischen Arbeit an. Die Aufführungen des Dornacher Sprechchores offenbarten die Kraft des Wortes und ergriffen die Zuhörer tief, am Goetheanum wie in vielen Städten Europas, zu denen die Gastreisen führten. Die dramatischen Aufführungen auf der großen Bühne des 1928 eingeweihten zweiten Goetheanum-Baues wurden Höhepunkte des künstlerischen Erlebens.

Ergänzt wurde die Schulung an den Lauten durch die Kunst der Gebärde und der Bühnengestaltung. Daß in den Lauten, in der Wort- und Satzbildung schöpferische Gestaltungskräfte leben, war bereits durch die Eurythmie erlebt worden. Jetzt wurde die Sprache zur wichtigsten Grundlage der neuen Bühnenkunst. Angaben für Gebärden und Bühnengestaltung kamen hinzu.

Ich studierte damals in Dornach. Wir hatten zu den Proben Zutritt. Das Miterleben der Proben war eine wunderbare Schulung, den Geist der Sprache real anwesend zu erleben. Das waren erstaunliche Prozesse: Dem Zuhörer konnte zunächst eine Darstellung recht gut gefallen, ja, man konnte fast etwas wie Abwehr spüren, wenn die korrigierende Unterbrechung den Ablauf zerriß. Zumal, wenn die Proben nach der Abendveranstaltung stattfanden und Mitternacht überschritten war! Aber wenn es dann erreicht war, das Opfer persönlich-eigenwilliger Gestaltung gebracht, dann sprach der Geist unmittelbar, und die Vorgänge der Dichtung konnten voll aufgenommen werden. Mit großer Bewunderung und Dankbarkeit denke ich an die Schauspieler, die sich diesem neuen Wege zur Verfügung stellten und ermöglichten, die inhaltvollen Worte geistig real erklingen zu lassen.

Mit Ehrfurcht erinnere ich mich an Marie Steiner, die in reiner Hingabe an das Werk das Opfer subjektiver Gefühlsbetonung forderte und die Künstler als echte Geistesschüler zum Erfolg führte. – Immer aber wird die eigene Beschäftigung mit den Dramen, vielleicht unterstützt durch etliche gute Interpreten, das Bewußtsein weiten, die Aufmerksamkeit erhöhen und jedes Miterleben der Aufführungen fruchtbarer machen. –

Ich habe den Briefwechsel mit Ihnen dankbar begrüßt, weil er mir Gelegenheit gab, das in einem langen Leben Erarbeitete festzuhalten und weiterzugeben. Damit ist zu den schon vorhandenen wichtigen Veröffentlichungen über die Dramen etwas hinzugefügt, was – wie mir scheint – bisher noch nicht berücksichtigt ist: der Blick darauf, daß in den Dramen eigentlich alle Probleme der Gegenwart – erstaunlicherweise wirklich alle, die ich kenne – enthalten sind, und daß in ihnen auch die Ansätze zu Lösungen gefunden werden können.

Sie werden die persönlichen, die zwischenmenschlichen Probleme selbst herausgefunden haben. Aber auch auf die Fragen, welche die Umwelt an uns heranträgt, finden Sie Antworten. Wir haben darüber einmal eine Wochenendtagung veranstaltet, von der ich noch einiges erwähnen möchte. Die Erziehungsfrage z.B. taucht gleich am Anfang auf. Ein bedeutender anthroposophischer Pädagoge sagte mir einmal, er fände die im ersten Drama angedeutete Art der Erziehung höchst unpädagogisch! Es sei unnatürlich, daß die Kinder nach ihrem Lied «Der Sonne Licht durchflutet die Raumesweiten –» in ihre Stube geschickt würden, um darüber nachzudenken (I/1), oder daß Marias Pflegekind das Wort des Benediktus in die Nacht mitnähme (I/3). Zunächst erscheint dieses Urteil nicht falsch. Aber wir müssen bedenken: Wir haben kein naturalistisches Drama vor uns, dessen Vorgänge sich ohne weiteres ins Leben versetzen ließen!

Im Kunstwerk stehen Bilder, steht Urbildliches vor uns, das im Leben mannigfach abzuwandeln ist. Das 'Überdenken' der Worte des Liedes könnte geschehen, indem die Kinder – mit oder ohne Anleitung – Bilder zu dem Text malen, wie das oft in den Rudolf-Steiner-Schulen gemacht wird. Die angedeutete pädagogische Handlung müßte individuell situationsgemäß gestaltet werden! Ebenso könnte dem Kinde, das bei Maria aufwächst, das «Geisteshaus», zu dem sich der Mensch des Nachts hinaufschwingt, längst bekannt und lieb sein, sowie die «Geistgewalten» durch Engelbilder vertraut. So enthält das zunächst Schockierende keimhaft grundlegende pädagogische Anregungen, wie sie dann in vielen Abwandlungen in den Rudolf-Steiner-Schulen und anthroposophischen Elternhäusern praktiziert werden.

Die sozialen Fragen sind durch Dr. Strader berührt. Sein Mechanismus sollte helfen, «rein technisch jene Freiheit» zu bringen,

> In welcher Seelen sich entfalten können.
> Nicht weiter wird man Menschen zwingen müssen,
> In enger Arbeitsstätte würdelos
> Ihr Dasein pflanzenähnlich zu verträumen.
> Man wird der Technik Kräfte so verteilen,
> Daß jeder Mensch behaglich nutzen kann,
> Was er zu seiner Arbeit nötig hat,
> Im eignen Heim, das er nach sich gestaltet. (III/1)

Die Befreiung von unwürdigen Arbeitsbedingungen, die ihm vorschwebt, wird aber hintangehalten – der Mechanismus erreicht nicht die letzte Gestalt, die dem Erfinder vorschwebte. Und wir erfahren, daß in Strader selbst etwas Hemmendes lebte. Benediktus sagt von ihm:

> Verbunden sah ich euch mit Wesensarten,
> Die Böses wirken müßten, griffen sie
> Schon jetzt ins Menschenwalten schaffend ein;
> Doch leben sie ein keimhaft Sein in Seelen,
> Um künftig für die Erde reif zu sein. (IV/4)

Es wird kein äußeres Rezept geboten für eine äußere Lösung der brennenden Fragen. Aber es wird eine Wachheit dafür erzeugt, daß durch die Technik Gewalten aufgerufen werden, die sich verselbständigen können und in den Untergang führen statt in menschenwürdigere Lebensumstände. Wenn das Gleichgewicht nicht erstrebt wird von geisteswissenschaftlicher Forschung, menschlich-spiritueller Ich-Entwicklung und andrerseits technischen Erfindungen, werden letztere nicht den erstrebten Segen bringen und die neuen entsprechenden Sozialformen nicht gefunden werden können. In der geistigen Entwicklung ist der erste Schritt zu tun![33]

Auch die Rassenfrage kann in einem neuen Licht erscheinen. Man muß klar unterscheiden: Blickt man auf den innersten Kern im einzelnen Menschen, dann kann man zur Erkenntnis der Individualität kommen. Diese kann Geisteswege beschreiten und zu immer höheren Stufen aufsteigen. Blickt man aber auf die Rasse, in der die Individualität verkörpert ist, so erweist es sich, daß sie dem Menschen Möglichkeiten bieten kann von Begabungen und Schicksalssituationen, aber andrerseits auch Schranken setzt. In dem mittelalterlichen Juden Simon mit seiner inneren Größe steht es ergreifend vor uns. Durch ihn tritt zugleich ein allgemein menschlicher Seelenzwiespalt mit besonderer Stärke hervor:

> Verschließen kann ich mich der Schönheit nicht,
> Die eurer edlen Lehre eigen ist –
> Und kann ihr doch die Seele nicht ergeben.
> – – – – – – – – – – – –
> Doch hält mich trotzig ab mein Eigenwesen. (II/8)

Das starke Ich soll sich mit Erhaltung seiner Eigenkraft für die kosmische Christuskraft öffnen. Das kann es nur, wenn es sich nicht mehr stützt auf die Leibesform, auf irdische Güter, auf Besitz und Ansehen, sondern wenn es sich seines Geistesursprunges bewußt wird und sich ständig neu erzeugt in dauerndem Werden. Dem Geistesleben Mitteleuropas (Fichte, Schiller, Goethe – – –) war es ein innerstes Anliegen, diese Geistes-Ichkraft zu wecken. Es gibt aber im Menschen eine starke Gegenkraft, die sich dem ständigen «Stirb und werde» verweigert. In Dr. Strader tritt diese Verweigerung zunächst, wie wir sahen, innerhalb seines materialistischen Denkens in Erscheinung. Seinem ehrlichen Ringen kommt Theodora zu Hilfe, die mit der Christus-Verkündigung schon im ersten Bild des ersten Dramas die Entwicklung aller in Bewegung brachte. Er verbindet sein Leben mit dem ihren und beendet die Gemeinsamkeit nicht, als sie stirbt. Ihr Tod bringt ihn in immer intensivere Verbindung mit der Geistwelt. Als Benediktus' Schüler – auf Theodoras, der verstorbenen Gattin Wunsch hin – durchbricht er die harte Schale, legt das Hemmende ab und wird nach seinem Tode zum «Geistesstern».

Und noch ein letztes, das für das Verständnis der Gegenwart bedeutungsvoll ist: Sie bemerkten, daß der Sohn von Felix und Felicia Balde sowie das Pflegekind von Maria später nicht mehr vorkommen und offenbar in die Geistesströmung der Eltern nicht mehr hineingefunden haben, trotz guten Vorbildes und gewiß sorgfältig-liebevoller Erziehung. Damit ist allerdings die Aufmerksamkeit kraß darauf gelenkt, daß Familienbande in diesen Zusammenhängen keinen Platz haben. Warum mag das so sein? Im Leben kenne ich durchaus erfreuliche Gegenbeispiele! Mir scheint, wir werden dadurch auf etwas aufmerksam, was nicht ausgesprochen und doch wichtig ist. Rudolf Steiner hat 1924 dargelegt, daß die Bewußtseinsentwicklung der Menschheit von geistigen Wesenheiten gelenkt wird. Es ist auffällig, daß im 18. Jahrhundert die Erbfolgekriege in der Geschichte eine große Rolle spielen, daß noch im vorigen Jahrhundert Rasse und Familie bestimmend für das Leben waren und die Fragen der Vererbung in der Literatur brennend wurden. Mit Staunen können wir feststellen, daß sich das im 20. Jahrhundert weitgehend geändert hat. Heute erleben wir, daß der einzelne, unabhängig von seiner Abstammung, seiner Tüchtigkeit gemäß gewertet wird. In der Politik sehen wir, daß sich Rückfälle in die alte Anschauungsweise – wie wir sie in den dreißiger Jahren erlebten – als verhängnisvoll und trügerisch erwiesen. Wo heute noch das Ansehen der Menschen von Blutsbanden abhängt, blickt man auf die Relikte, die, noch als altehrwürdig geduldet, praktisch nicht mehr allzuviel Einfluß haben. Man erlebt sie jedenfalls als Zustände, die überholt sind.

Und nun muß ich hier, wo meine Briefe zunächst abschließen, noch etwas sehr Gewichtiges aussprechen: Eine allgemeine Änderung der Stimmung und der Geisteshaltung der Menschheit geschieht nicht von selbst und wie zufällig. Wie der einzelne Mensch Sinn und Führung in seinem Leben verspüren kann, so werden auch die Völker und die Zeitepochen durch höhere Mächte angeregt und geleitet. Eine Folge geistiger Wesen bestimmt die Entwicklung. Der Erzengel Gabriel – wir kennen ihn als den Verkündigungsengel in der Weihnachtsgeschichte – 'regierte' in den Zeiten, da Vererbung, Volkstum und Familie eine große Rolle spielten. Er wurde um 1879 abgelöst von Michael, der nicht an das Blut appelliert, der den Geist aufruft in jedem einzelnen Menschen. Michael bringt die Geister in Bewegung, löst und wandelt die ins Materielle verstrickte Intelligenz, so daß der Mensch sich auf seinen göttlichen Ursprung besinnen und die Wege suchen kann ins Übersinnliche, in höhere Welten. Dabei wird ihm die Tatsache wiederholter Erdenleben bewußt. Er erahnt und bejaht die großen Schicksalslinien seines Daseins und lernt, sein Karma anzunehmen und für seine Entwicklung zu nutzen.

Sie spüren, ohne daß es bisher ausgesprochen wurde, daß die Mysteriendramen Michaelsdramen sind! Und diese Tatsache wird dadurch unterstrichen, daß Sohn und Pflegekind andere Wege gehen als die Eltern.

So stehen für uns – wenn wir es recht bedenken – alle Wege und Wandlungen der dargestellten Geistsucher im Lichte des mächtigen Erzengels Michael, der da heißt 'Antlitz Gottes', Antlitz Christi.

Anmerkungen

Für die Zitate aus den Dramen gilt: Die römischen Zahlen I – IV weisen jeweils auf das betreffende Drama, die arabischen auf das Bild

1) Grundlegendes zum Verständnis der Wiederverkörperung findet sich in dem Buche «Theosophie» von Rudolf Steiner (Kapitel II 2), (GA 9).

2) Rudolf Steiner spricht von den Wesensgliedern des Menschen in seinen Grundwerken «Theosophie» und «Die Geheimwissenschaft im Umriß» (GA 13).
Maria ist eine starke, voll entwickelte Bewußtseinsseele eigen, die sie schon im ersten Bild des ersten Dramas so sicher die Situationen aller Anwesenden – auch ihre eigene – charakterisieren läßt. Die Bewußtseinsseele ist erfüllt von Geist. Wir dürfen Maria als Trägerin des Geistselbst erleben. Dieses Glied des menschlichen Wesens wird für die Gesamtmenschheit erst in Zukunft ausgebildet werden. Maria ist ein Vorläufer. So ist es verständlich, daß sie für die Freunde zum Mittler für den Geist wird, daß sie in höhere Welten aufsteigen, zu Luzifer vordringen kann (III/3). Und daß sie dem ringenden, schwer gefährdeten Freund Johannes immer wieder entscheidende Hilfe bedeutet, eine untrügliche Richtschnur des Strebens.

3) Von einem solchen Erlebnis berichtet z.B. der Chemiker Kekulé, der bekannt wurde durch die von ihm aufgestellte ringförmige Benzolformel.

4) In «Wie erlangt man Erkenntnisse der höheren Welten» (GA 10) und in «Die Geheimwissenschaft im Umriß» schildert Rudolf Steiner ausführlich einen Übungsweg und die möglichen Ergebnisse.

5) In den Mysteriendramen tragen die Nebenpersonen nicht nur dazu bei, geschichtliche, soziale oder seelische Situationen zu verdeutlichen. Sie vergegenwärtigen vielmehr Strömungen, in die des Menschen Seele eingebettet ist: z.B. werden Empfindungskräfte durch Philia, Gemüts- und Verstandeskräfte durch Astrid und Willenskräfte durch Luna erlebbar. Tatkraft und Frömmigkeit sprechen aus Romanus und Theodosius, soziale Fähigkeiten eignen der andren Maria, Naturverbundenheit lebt in Felix und Felicia Balde. Humor und Ironie sprechen aus German, Egoismus und Hochmut beherrschen die Seele der Helena, die Johannes den Seelenwahn vor Augen bringt und später als Luzifer erscheint. Siehe auch das Personenverzeichnis des ersten Dramas. Rudolf Steiner spricht jeweils von «Repräsentanten».

6) «Dreiheit»: Abgesehen vom Inhalt eines Mantrams wirkt die Struktur. Das Denken in Dreiheiten z.B. führt an die Erkenntnis des Lebendigen heran, des Ätherischen des Menschen, derart, daß der Geist darin erlebbar wird.
Die Zweiheit, wie sie im Zusammenhang mit Johannes Thomasius auftritt, wendet sich stärker an das Astralische, weckt und ruft auf zu Überwindung, zur Wandlung.

7) Zur «Empfindungsseele» heißt es in dem Buche «Theosophie»: «Ganz wesentlich unterscheidet sich die Tätigkeit, durch welche die Empfindung zur Tatsache wird, von dem Wirken der Lebensbildekraft. ... Man stelle sich den Menschen vor, wie er von allen Seiten Eindrücke empfängt ... Nach allen Seiten hin antworten die Empfindungen auf die Eindrücke. Dieser Tätigkeitsquell soll ‹Empfindungsseele› heißen.» (Aus dem Kapitel «Leib, Seele und Geist»).

8) Über die Mysteriendramen: Die Pforte der Einweihung und die Prüfung der Seele – Drei Vorträge, gehalten in Basel am 17.9.1910 und in Berlin am 31.10.1910 (GA 125) und 19.12.1911 (GA 127).

9) Rudolf Steiner spricht darüber ausführlich in «Die Mission einzelner Volksseelen», Christiana 1910 (GA 121). Hier sei nur kurz angedeutet: Den Völkern Europas ist es aufgegeben, die verschiedenen Seelenglieder des Menschen auszubilden. Siehe auch «Die Volksseelen Europas» von Hans Erhard Lauer (Verlag Freies Geistesleben), 1965.

10) Eine ausführliche Darstellung findet sich in dem leider vergriffenen Buche: «Die ätherischen Bildekräfte in Kosmos, Erde und Mensch» von Günther Wachsmuth (Stuttgart 1924) und «Die vier Ätherarten» von Ernst Marti (Verlag Freies Geistesleben).

11) Die Entwicklung der Eurythmie begann 1912. Heute gibt es auf allen Kontinenten, in vielen Ländern Eurythmie-Schulen.
Literatur: Rudolf Steiner, Die Entstehung und Entwicklung der Eurythmie (GA 277a), Eurythmie als sichtbarer Gesang (GA 278), Eurythmie als sichtbare Sprache (GA 279), Rudolf Steiner Verlag, Dornach (Schweiz).

12) Das Sechseck wird gebildet durch zwei Dreiecke ✡. Die untere Dreiheit △ kann hinweisen auf die Dreiheit von physisch-mineralischem Leib, Äther- oder Lebensleib und die Beseelung durch den Astralleib. In ihr lebt das Ich. Eine höhere Dreiheit, die sich von oben kommend der unteren verbindet ▽, verwandelt die drei unteren Glieder in Geistselbst (Manas), Lebensgeist (Buddhi) und Geistesmensch (Atman).

13) Rudolf Steiner beschreibt an vielen Stellen seiner Werke, wie in dem zum Egoismus führenden – niederen – Ich ein höheres Ich wirksam wird, das sich wieder und wieder verkörpert. Es kann sich durch Überwindungstaten, Weisheit suchend und sich mit Liebe erfüllend, mit dem Menschheits-Ich, mit dem Christus verbinden.

14) Über die Dramen liegen Veröffentlichungen bisher vor von Alice Fels (Philosophisch-Anthroposophischer Verlag am Goetheanum), 1961; H.D. Goudoever (Selbstverlag Den-Haag), 1950; Wilfried Hammacher (Philos.-Anthr. Verlag am Goetheanum), 2. Aufl. 1984; Hugo Reimann/Mathilde Scholl (Philos.-Anthr. Verlag am Goetheanum), 1977; Adelheid Sybel-Petersen (Philos.-Anthr. Verlag am Goetheanum), 1957; Kurt Walter (Verlag «Die Kommenden»), Freiburg o.J.; Adelyde Content (Philos.-Anthr. Verlag am Goetheanum), 1985.

15) Mit diesen Worten – als Thema einer Goetheanum-Tagung – ist einmal darauf hingewiesen worden, daß im geschichtlichen Werdegang der Menschheit eine wichtige Wende eingetreten ist: Während sich bis dahin das Walten des Initiationsprinzipes im Verborgenen abspielte, muß es im 20. Jahrhundert und in Zukunft die ganze Zivilisation durchdringen. Denn es greifen mehr und mehr finstere, okkulte Kräfte ein. Diese müssen erkannt und bekämpft werden, wenn sie nicht Verderben bringen sollen. Die nationalsozialistische Bewegung in Deutschland z. B. war eine solche und ist mit rationalen Begriffen allein nicht zu erfassen. Die Notwendigkeit neuer Erkenntnismethoden – um das Leben durchschauen zu können – muß erkannt werden, um Katastrophen zu vermeiden.

16) Das Leben nach dem Tode ist grundlegend behandelt in dem Buche «Theosophie» und in «Okkulte Untersuchungen über das Leben zwischen Tod und neuer Geburt» (GA 140), in Vorträgen, wie z. B. «Das Leben zwischen dem Tode und der neuen Geburt im Verhältnis zu den kosmischen Tatsachen», Berlin 1913 (GA 141) und in «Inneres Wesen des Menschen und Leben zwischen Tod und neuer Geburt» (GA 153).

17) Das Wort «Seele» ist vom Verfasser ergänzt.

18) Rudolf Steiner weist darauf hin in seinem Vortrage vom 19.12.1911, gehalten in Berlin, «Symbolik und Phantasie mit Bezug auf das Mysterium «Die Prüfung der Seele»» (GA 127).

19) Ernst Bindel sagt in seinem Buche «Die ägyptischen Pyramiden», Verlag Freies Geistesleben: «Allerdings enthalten die Zahlen weit mehr, als in unserem heutigen Bewußtsein von ihnen gegenwärtig ist. Sie sind nicht bloße Hilfsmittel unseres Verstandes, deren Zweck sich darin erschöpft, zur Abzählung von Gegenständen zu dienen, sondern darüber hinaus auch der Ausdruck schaffender, ordnender Geistwesen. Erst langsam muß sich unser Bewußtsein an diese ihm fremdartig gewordene Tatsache gewöhnen.» Und «Erst dadurch, daß die Zahl dem Himmel eingeschrieben ist, kommen alle diese Rhytmen zustande, deren wir uns noch heute im großen wie im kleinen bedienen. ... Das Geheimnis des Rhythmus im Zeitgeschehen ist zugleich das Geheimnis der Zahl überhaupt. Da, wo noch die Zahlen in ihrer ganzen schaffenden Kraft ergriffen wurden, wurden auch die Subtilitäten des Rhythmus voll empfunden».

20) Über die Dreigliederung des sozialen Organismus siehe: «Kernpunkte der sozialen Frage» (GA 23) von Rudolf Steiner.

21) Zur «Gemütsseele» heißt es in dem Buche «Theosophie»: «Die bloße Empfindungsseele ist verschieden von dem entwickelten, höheren Seelengliede, welches das Denken in seinen Dienst stellt. Als Verstandesseele sei diese vom Denken bediente Seele bezeichnet. Man könnte sie auch Gemütsseele oder das Gemüt nennen.» (Aus dem Kapitel «Leib, Seele und Geist»)

22) Die Worte der Grundsteinlegung wurden gesprochen bei der Begründung der Allgemeinen Anthroposophischen Gesellschaft in Dornach am 25. Dezember 1923. Siehe auch «Wahrspruchworte» von Rudolf Steiner (GA 40).

23) Das Wort «Abgrund» ist nicht nur ein bildhafter Ausdruck. In der Seelen- oder Astralwelt werden nicht nur Stürme erregt, wenn Lügen ausgesprochen werden, sondern auch Abgründe aufgerissen im Aufeinanderprallen von gegensätzlichen Weltanschauungen. Bleibt man nicht in seinen Gefühlen (Enttäuschung, Kummer usw.) stecken, sondern durchleuchtet die Situation denkerisch und imaginativ, so kann man sie real und wesenhaft erleben.

24) Diese Bezeichnung der «Seelenkräfte» gebraucht Rudolf Steiner im Personenverzeichnis des dritten Dramas.

25) Die malerische Darstellung des Heiligenscheines beruht auf einer dem Menschen früher möglichen Wahrnehmung der verwandelten, gereinigten Ausstrahlung der Kopfaura. Siehe auch den Vortrag über die Ätherisation des Blutes, Dornach 1.10.1911, in: «Das esoterische Christentum» (GA 130).

26) Über die andere Philia, den Geist der Jugend, den Doppelgänger und die Seelenkräfte Philia, Astrid und Luna spricht Rudolf Steiner in dem Vortragszyklus «Die Geheimnisse der Schwelle», München 1913 (GA 147).

27) Über die persische Kulturepoche siehe z.B. in «Die Geheimwissenschaft im Umriß», im Kapitel «Die Weltenentwickelung und der Mensch».

28) Felix Balde wird im Personenverzeichnis des vierten Dramas als Träger der subjektiven Mystik bezeichnet.
Zur weiteren Erarbeitung dieser Zusammenhänge sei auch auf die Ausführungen Wilfried Hammachers über «Der Seelen Erwachen» hingewiesen, Dornach 1984.

29) Übersetzung von Emil Bock, Verlag Urachhaus, Stuttgart.

30) Rudolf Steiner hat in den Karmavorträgen eine Reihe von Lebensläufen vergangener Inkarnationen bekannter Persönlichkeiten dargestellt. So sprach er z.B. über Pestalozzi im zweiten Band der Karmavorträge (GA 236).

31) Siehe «Goethes Geistgestalt» von Albert Steffen im Verlag für Schöne Wissen-Wissenschaften/Dornach.
Über die Entwicklung und Wandlung des Denkens siehe auch Brief VIII.
Indem das Ich im Denken bewußt und tätig wird, kann es sich in der Bewußtseinsseele als Geistselbst ergreifen. Dadurch entringt es sich der Macht Luzifers und Ahrimans, die in das Ideenleben inspirierend hineinwirken. Christuskraft beginnt, es zu impulsieren.

32) «Die Kunst der Rezitation und Deklamation» 1920, (GA 281) und «Sprachgestaltung und dramatische Kunst» 1924, (GA 282).

33) Auf die sozialen Fragen wird in den Dramen nicht ausführlich eingegangen. Diese entstanden vor dem ersten Weltkriege. Die «Gedanken zur Dreigliederung des sozialen Organismus» kamen erst während desselben zur vollen Reife. Vergleiche «Die soziale Frage» (GA 328).